アフリカ音楽の正体

塚田健一

音楽之友社

推薦のことば

二十世紀以降のジャズやロックを含む全てのポピュラー音楽は、アフリカ音楽の影響を受けている、あるいはそれ以上に基底にはアフリカ音楽があると言っても過言ではない。ところがそれらのほとんどはアメリカなど欧米で発達したもの、あるいは欧米のフィルターを通ったものであり、アフリカ音楽そのものではない。

なのでぼくは長らくアフリカ音楽自体をより深く知りたいと思っていたところ、何と大学の同学年であった塚田健一氏が第一級の研究者になっていたのである。そこで早速彼に連絡をとり、かねてから私が監修している「スコラ」シリーズの「アフリカ音楽」の巻の監修を依頼し、おまけにTV出演までお願いしてしまったが、塚田氏はこちらの期待以上に全力をもって応えてくださった。とても感謝しています。

この本で氏は、歴史的なアフリカ音楽の研究を追いながら、それらがどう批判され、歴史的な偏見が徐々に取り除かれ、世界がより真実のアフリカ音楽の理解に近づいていきたか、ご自身のフィールドワークや考察を含めて紹介している。

あの広大でたくさんの部族が暮らしているアフリカに、ある共通するリズムパターンがある不思議。

西洋とは異なるハーモニー感覚がなぜ生じるのか、人類がもつ言葉と音楽の関係の根源に対する考えを促すような音楽と言葉との関係など、アフリカ音楽には尽きない魅力が満載である。ぜひこの本を手にとってその魅力に触れてほしい。

坂本龍一

はじめに

(1)

いま、この本を手にしているあなたは、学生さんかもしれない。音楽の先生かもしれない。あるいはまたポピュラー音楽のファンかもしれない。プロのミュージシャンかもしれない。いずれにしても、何らかの形でアフリカが、あるいはアフリカ音楽が気になっている方にちがいない。この本は、そういうあなたの関心をさらに二歩、三歩と、アフリカ大陸に引き寄せることをもくろんで書かれたものだ。

ぼくがこのようなスタイルの本を書かねばと思い立ったのは、三年前にある衝撃的な体験をしたことによる。二〇一三年二月から三月にかけて四週にわたって放送された、NHKのテレビ番組『Schola(スコラ) 坂本龍一 音楽の学校 アフリカ音楽編』にゲスト講師として出演したときのことだ。このEテレの番組は、音楽家坂本龍一さんの企画によって、アフリカ音楽のおもしろさをさまざまな角度から一般視聴者にわかりやすく紹介することを目指して制作されたもので、一回目の放送開始直後から、若い世代の視聴者からであろう、次々とコメントやメッセージがツイッターで発信された。視聴者の反応が気になって、ぼくはそれらのツイッターを毎回かなり念入りにフォローしていった。すると、二回目の放送後に発信されたひとつのツイッターを見て、ぼくは大きな衝撃を受けた。この二回目はアフリカのハーモニーと楽器を扱う内容で、前半部分で中央アフリカ共和国のバンダ人の「オンゴ・ホルン合奏」という管楽器の合奏を聴かせたのだった。この演奏は、冒頭部分に一八人の奏者による、「ポストモダン的響き」と形容して良いような強烈な「不協和音」が一音、奏でられる。スタジオにいるゲストからは、「すごい不協和音ですね」と感嘆の声が上がった。ふつうわれわれ音楽の専門家は、あの音を聴いて、正確に「音符化」できるとは考えない（おそらく、坂本さんもそうだろう）。あの響きを通常民族音楽学者が正確に「採譜」する方法とは、次のようなものだ。あのホルン（木製や角製）はそれぞれ単体で一音しか出せない。すると、一八の音が鳴っているはずだ。民族音楽学者は中央アフリカ共和国のバンダ社会に入って行って、あのホルンをひとつずつ吹いてもらって録音する。その後、その音高を五線譜に書きとって、一八の音を縦に並べてみる。おそらく、これがあの「不協和音」の正体だ、と。

さて、例のツイッターは、ぼくにこう呼びかけていた。

「塚田先生、あの音を拾ってみました。これで、どうでしょうか」

見ると、そのあとに五線譜にたくさんの音を並べた不協和音が記されている。ギョッとした。ぼくがギョッとしたのは、その採譜が正しかったからではない。それが正しいかどうかといった問題を越えて、専門家が採譜できないと考えるものを採譜して専門家に突き出してくる、この若者の勇気と自信と、そして、それ以上に音楽的な意識の高さに、ぼくは仰天したのである。

じつは、この若者ばかりではない。ツイッターを追っていくと、坂本さんやぼくの説明に対して、かなり「音楽分析」的なコメントを発信しているものがいる。毎回、ツイッターを眺めながら、しだいにぼくは感動のぬくもりを覚えるようになった。日本の聴衆の音楽的意識と知性のレベルの高さに対して、である。

一五年前、アフリカ音楽を一般の人々に少しでもわかってもらおうと『アフリカの音の世界』(新書館)を上梓したとき、楽譜を掲載したらどうかとの編集者からの再三の申し出をかたくなに拒み、楽譜を一切使わずに音楽を語る姿勢を貫き通した。一部に「オタマジャクシ・アレルギー」が存在することを意識してのことだった。ところが、ツイッター・フォローの衝撃体験は、日本の一般聴衆や一般読者に対する、そのような「偏見」(あえて「偏見」と言おう)を木っ端みじんに打ち砕いてくれたのである。『Schola(スコラ)』の番組でも、楽譜を結構使ったけれども、それに戸惑いを示しているような「つぶやき」は一切聞こえて来なかった。その経験はぼくに、一方で反省の気持ちを、他方で勇気を与えてくれた。反省の気持ちとは、日本の音楽読者層のレベルを自分はそれまで見誤っていたのではないかという嬉しい自省の念であり、勇気とは、アフリカ音楽について楽譜を使用してもっと突っ込んだ議論をしても一般読者はついてくるという確信に基づく、行動への強い意志と決断である。そして、ぼくは書き始めた。

(2)

この本には、さらにもうひとつの意思が働いている。それは、「音楽を語る」とは結局、「音と音楽そのものを語る」こと以外にはありえないという、ぼく自身の哲学のようなものだ。アフリカ音楽を扱っていると、とくにその感を強くする。今日、音楽研究の分野では、文化政策とか、音楽産業の役割とか、民族的アイデンティティとか、音楽とジェンダーとか、音楽に関わるありとあらゆる事柄が話題にされ、それなりに研究されて興味深い成果も出されている。しかし、そうした事柄をどんなに究めても、アフリカ音楽そのもののおもしろさやすごさを浮き彫りにすることはできない。言ってみれば、それは、城を攻略するのに、一生懸命「外堀」を埋めているだけで、いっこうに「本丸」に攻め込んではいないようなものだ。これでは、「本丸」にどんな「宝物」が隠されているか、わからないではないか。「外堀」を埋めることしかしていないものに、「本丸」について語る資格はない。「本丸」に切り込んでいって、自らも負傷し、それでも何とか逃げ延びてきて、初めて「本丸」がどんなところだったかを語ることができる。

従来の音楽学（民族音楽学を含む）と呼ばれる学問分野が、この「本丸」に切り込んでいかなかったというわけでは決してない。むしろ逆で、長い間「本丸」にいる「城主」の首を取ることだけを考えて、「本丸」で戦ってきた観がある。ところが、あまりにも「本丸」で戦うことに夢中になりすぎたため、音楽学は、この「城主」がなかなかの知恵者で、じつはこっそりと「外堀」にも「宝物」を隠していたことに気づかなかった。それにようやく気づいたのは、一九八〇年代に入ってからのことである。そして、いったんそれに気づくと、今度はみな一斉に「外堀」に向かっていった。それ以降に音楽の研究に携わった世代は、「外堀」発掘工事の喧噪に幻惑されて、この「外堀」工事こそ、音楽の研究だと勘違いしたのではなかったか。

(3)

さて、この本は、「外堀」にはほとんど目をくれず、アフリカ音楽の「本丸」に切り込んでいく。先にも言ったように、アフリカ音楽そのもののおもしろさ、すごさをわかってもらうためだ。

つい最近、ある音楽大学で授業をしていて、ナイジェリア南東部に住むイボ人の踊りの曲を学生に聴かせたことがあった。木琴と太鼓、それにラットル（がらがら）による合奏の曲だったが、とくに向かい合った三人の奏者による木琴の錯綜した響きと太鼓の音との絡み合いが極妙で、どうなっているのかわからない。聴き終わってしばらくすると、一人の学生がぽつりと言った。

「なんか、みんなデタラメやっているみたい」

整然とした拍子にはまる西洋クラシック音楽のシステムに慣れた耳には、そのように聞こえたのであろう。それはそれで致し方あるまい。しかし、本書第一章では、そのように「デタラメ」に聞こえるアフリカ音楽の構造の深層には、厳然たる規則的な拍子が流れていることを分析的に明らかにする。

今日、世界中に拡散している西洋のポピュラー音楽の根底にはアフリカ音楽の影響がある、などという言い回しをよく耳にする。それは、単なる「うわべの印象」なのだろうか。それとも、たしかな証拠に裏づけられた言説なのだろうか。第二章では、実証的なアプローチによって、この問題に最終的な決着をつけよう。

西洋芸術音楽の歴史を学んだものは、中世のポリフォニーから近代のハーモニーに歴史が発展していったことを知っている。ところが、アフリカの音楽文化にはこの「ポリフォニー」と「ハーモニー」が共存し、西洋文化のように歴史的な前後関係とは関わりなく、まったく別な音楽原理によって両者が存在してきたことがわかっている。では、その原理とはいったい何か。それを第三章で明らかにしよう。

ジャズの即興演奏とアフリカ音楽とは、どのような関係にあるのだろうか。アフリカの伝統的な旋律を分析することによって、第四章ではジャズの即興の「萌芽」ともいえる形式がアフリカに存在することを示すことにしよう。

アフリカには「トーキング・ドラム」と呼ばれる、太鼓を打って「太鼓に話をさせる」文化的慣習がある。第五章ではぼく自身の経験からトーキング・ドラムが成立するメカニズムを明らかにし、その必然的帰結として、太鼓が「話をする」ことができるかどうかといった問題に対して、従来の通説をくつがえす回答を提示することにしよう。

アフリカの原野で子どもたちと一緒に過ごしてみて、驚くことがある。「花いちもんめ」だの「かくれんぼ」だの「お手玉」だの、日本のわらべうたと同じものが各地で行われている。しかも、日本のわらべうたが大人の民謡の構造を単純な形で反映しているように、アフリカの子どもの歌も大人の歌の「ひな形」になっている。第六章では、そんなアフリカの子ども文化の諸相に光を当ててみよう。

さて、音楽は楽しいものである。知性的にどんなに理解しても、その楽しさが感性的にわからないのでは、アフリカ音楽を充分に理解したことにはならない。アフリカ音楽に頭ではなく体でぶつかっていき、ある時はそのむずかしさに当惑し、またある時はうまく行って欣喜《きんき》雀躍《じゃくやく》し、そうした経験を通して、アフリカを肌で感じてほしいと思う。そのことが、とりもなおさず、アフリカの人々と文化に敬意を払うことにつながってゆく。そのために、本書ではあえて最後に実践編として一章を設けている。

また、音楽之友社のウェブサイトでは、ぼく自身がアフリカのフィールドで録音した豊富な音源を、本書の内容に沿って聴くことができる（巻末の「付録音源一覧」参照）。ぜひ、アフリカ音楽の豊饒な響きを堪能してほしい。

知性と感性でアフリカに迫っていくこと、それが本書の目指すところである。

目次

理論編

図　アフリカ諸国

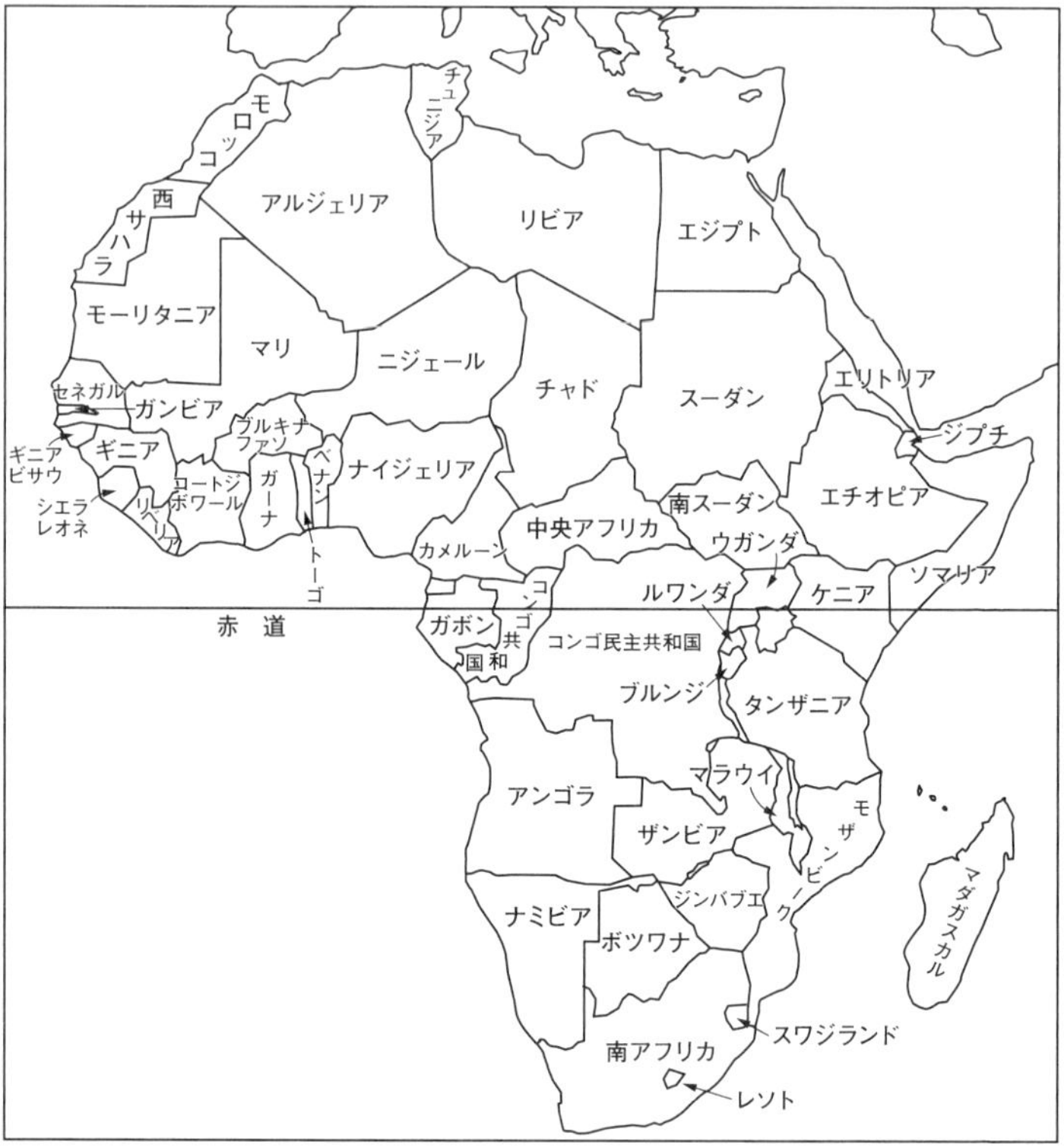

チュニジア
モロッコ
西サハラ
アルジェリア
リビア
エジプト
モーリタニア
マリ
ニジェール
チャド
スーダン
エリトリア
セネガル
ガンビア
ジブチ
ブルキナファソ
ギニアビサウ
ギニア
ベナン
ナイジェリア
コートジボワール
ガーナ
シエラレオネ
リベリア
南スーダン
エチオピア
中央アフリカ
ウガンダ
カメルーン
トーゴ
ソマリア
ルワンダ
ケニア
赤　道
ガボン
コンゴ共和国
コンゴ民主共和国
ブルンジ
タンザニア
マラウイ
アンゴラ
モザンビーク
ザンビア
マダガスカル
ジンバブエ
ナミビア
ボツワナ
スワジランド
南アフリカ
レソト

第一章　アフリカ・リズムの衝撃

一　シンコペーション論争

アフリカ・リズムの伝説

一五世紀半ばに始まる大航海時代から一九世紀にいたるまで、アフリカ大陸を訪れた西洋の探検家や宣教師、旅行者はその記録のなかで、アフリカをほとんど例外なく「未開の」「遅れた」大陸として描いている。たとえば一六世紀半ば、イギリスの探検家ロバート・ベーカーが西アフリカ、ギニアを旅して出会ったアフリカ人の印象を記した詩は、その後の西洋の「アフリカ人観」の原型ともいえる印象的なものだ。

川をさかのぼっていくと、見よ
黒いものがいる
姿は人のように見える

が、どこもかしこも石炭のように真っ黒だ
首領格が私の方へと近づいてくる
私の爪のように丸裸で
恥も外聞もなく
尻を隠そうともせずに

また、『千一夜物語』全一〇巻の翻訳者として知られるリチャード・バートンは、一九世紀を代表する探検家でもあって、アフリカ大陸の東部、中部、西部を幅広く調査している。ただ、アフリカ人に関しては、「間の抜けた眼つきで、未開人の愚鈍さと無頓着さとを示していた」と人種の偏見丸出しである。

こうした西洋社会のアフリカとアフリカ人に対する否定的な評価と言説は、当然、音楽にも及んでいた。のちに紹介するウィリアム・バーチェルのように、アフリカ音楽に対してかなり好意的な反応を示すものもいたが、しかし多くは、アフリカの音楽をはじめから「未開の音楽」と決めつけていた。たとえば、一七世紀後半にオランダ西インド会社の商人で、西アフリカの奴隷貿易に中心的な役割を果たした人物に、オランダ人のウィリアム・ボスマンがいる。彼はその著書のなかで、「アフリカの楽器は多様で数も多いが、それらはことごとく、ぞっとするような野蛮で不快な音を出す」と語っている。西アフリカ特有の砂時計型太鼓の演奏についても、「休日に子どもたちが、遊びでなべをカンカン叩いて出す雑音にそっくりだ」とこき下ろす。

このようなアフリカ音楽に対する否定的な物言いが、その後二世紀以上も続くのである。その証拠に、一九世紀半ば、中央アフリカの奥地に足を踏み入れたドイツの旅行家で植物学者のゲオルク・シュヴァインフルトは、そこで耳にした音楽を後の旅行記のなかで、「ある時はキャンキャンといった犬の鳴き声を、またある時はモーモーといった牛の鳴き声を思わせる」と語っている。こうした例は、じつに枚挙にいとまがない。

ところが、ことリズムに関しては、西洋人の反応はまるでちがっていた。アフリカのリズムは、西洋人の心に、いわば「逆方向の人種の偏見」を芽生えさせた文化的特徴だったのである。アフリカに対して強い偏見を抱いていた西洋人も、アフリカのリズムに関しては、彼らが「例外なく生まれながらに特殊な才能に恵まれている」ことを認めざるをえなかった。

たとえば、一九世紀前半に、当時フランスの民族学協会の重鎮であったアルマン・ダブザックが、パリで知り合った元奴隷のヨルバ人に聞き取りをおこなった興味深い記録が残っている。それによると、ヨルバ王の祭典では王族が壮麗な行列を組むなか、楽師たちが大きな象牙製ホルンで楽器ことばを吹奏し、他方、太鼓奏者たちはそれぞれ異なる「ビート」を打ち鳴らしたとして、四台の太鼓のリズム型を書き取った楽譜を掲載している。ダブザックが、かなりリズムに関心を寄せていることがわかる。

また、一九世紀後半に、アフリカ探検で一躍「時の人」となった人物に、イギリス人ジャーナリストのヘンリー・スタンリーがいる。彼は、当時アフリカで行方不明と伝えられた有名な探検家デイビッド・リビングストンをタンガニーカ湖畔で見つけ出し、世界的に脚光を浴びた人物だ。その後、スタンリーはアフリカ大陸中部の大規模な探検を二度おこなっているが、コンゴ北東部で目にした踊りの光景を次のように記している。

大小一〇台の太鼓が熟練した奏者たちによって打ち鳴らされ、すばらしいリズムを刻んで、その打ち出されたすさまじい音量は数マイル先まで聞こえたろうと思われるほどであった。（中略）歌う声の拍子と轟く太鼓音の正確さ、絶えず槍の刃を振り回す踊り手の上下動の規則性、身体動作の斉一性。（中略）それは、たしかに私がアフリカで目にしたもっともすぐれた、もっとも興奮させるシーンのひとつであった。

こうした言説の積み重ねが、西洋社会のなかでアフリカのリズムに関する「伝説」を生み、そしてそれが今日にいたるまで、われわれのアフリカ音楽のイメージ形成に少なからぬ影響を及ぼしてきた。しかし、見方を変えれば、このことは、西洋人の側からすると、つまり、西洋音楽的観点からすると、アフリカ人がリズムに関していかに「驚くべきこと」をやっていたかを物語るものだ。

では、いったいアフリカのリズムの何が、それほどまで西洋人を驚かせたのだろうか。

本章では、このあたりの問題をわかりやすく解き明かしていく。実際、その後のアフリカ・リズム研究の議論を歴史的にたどっていくと、アフリカ音楽におけるリズムの問題がいかに複雑で多様な解釈を許すものであるかがわかる。

ホルンボステルの「シンコペーション」

さて、二〇世紀の初頭、アフリカ音楽のリズム分析をめぐってちょっとした論争が起こっている。それは、当時の西洋の音楽研究者にとって、アフリカのリズムがいかに厄介なものであったかを物語るものなので、ここでちょっとそのあらましを見てみることにしよう。

発端は、当時著名な比較音楽学者であったエーリッヒ・フォン・ホルンボステルの「アフリカ黒人音楽」という論文だった。エーリッヒ・フォン・ホルンボステルと言えば、今日よく知られた楽器分類法、いわゆる「ホルンボステル・ザックス法」の考案者のひとりで、二〇世紀初頭に比較音楽学（民族音楽学の前身）が台頭したころ、ベルリンでその先導役を務めた重要な人物のひとりだ。北アメリカ先住民の研究のほか、日本音楽に関する論文なども残したが、一九二八年にアフリカ音楽の構造的な特徴をさまざまな民族集団を例に論じるなかで、カメルーンの民族集団パングウェの合唱付き木琴合奏のリズム構造を詳細に分析したのだった。もちろん、当時は音楽学者が自分で現地調査に赴くといったことはほとんどなかったから、ホルンボステルは当地に出向いた旅行者たちが開発されて間もない蝋管《ろうかん》式蓄音機で録音した音源を使って、採譜したのである。

ところが、そのリズム構造たるや複雑で、どのような拍子になっているのかがわからない。彼は最初、**楽譜1－1**の冒頭二小節に現れる木琴の下声部のリズム進行から、最初の四分音符を弱起にして、全体を八分の一二拍子と考えて縦線を入れてみた。しかしそうすると、木琴の上声部にシンコペーションが頻出するばかりではなく、合唱部分（楽譜1－1の三～四小節目）に入ると、たちまち拍子が行きづまってしまう。結局、合唱部分からこの曲の拍子を四分の六拍子と判断し、それを曲全体に敷衍《ふえん》して、

楽譜 1-1　パングウェ人の合唱付き木琴合奏（ホルンボステル譜）

楽譜1－1のような記譜の仕方に落ち着いたのだった。そして、木琴の下声部には、「われわれの理解を越えるシンコペーションが見られる」と述べた。

　この「シンコペーション」について、ホルンボステルはたいへん興味深い説明をしている。それによると、アフリカ人は西洋人とは異なり、リズムの始まりを実際に音が鳴ったときにではなく、楽器（太鼓・木琴など）を演奏するために必要な身体運動を始めたときに感じるのだという。したがって、彼らにとっていわゆる「強拍」は、西洋音楽のように「下拍」にあるのではなく、楽器を打つために手を上げた時点（「上拍」、つまり西洋音楽でいう「弱拍」）にある、ということになる。それが、西洋人の側からは、「シンコペーション」のように感じられるのだと主張した。このホルンボステルの説は、その後、アフリカ・リズムの「運動概念」説として知られるようになる。

ジョーンズの「ポリリズム」

さて、それから六年後の一九三四年、この説はアーサー・ジョーンズによって根本から覆されることになる。ジョーンズは当時、南部アフリカの北ローデシア（現ザンビア）で宣教師を務めていたが、かたわらアフリカの太鼓演奏を習得するなど、聖職者としてはまことに異例の活動で知られていた。その後、名著『アフリカ音楽の研究』によって、アフリカ・リズム論の金字塔を打ち立てた音楽学者である。ただ、他人を批判することにかけてはまったく容赦がなかった。かのホルンボステルも、「その分析はほとんど完全に的はずれ」とバッサリ切られている。

ジョーンズがまず強調するのは、アフリカのリズムは他人の録音からは採譜できない、まず自分自身で演奏に参加し、アフリカのリズムを体験していなければならない、ということだ。これは、まさしく卓見である。正確にアフリカのリズムを採譜しようと思ったら、厳密に言えば、採譜者がそのリズムを正確に演奏できる（つまり、再現できる）ということが前提になる。ジョーンズは、アフリカの太鼓演奏の体験から学んだリズム構造の原則――たとえば、二拍子系と三拍子系のリズムが一緒に打奏されることなど――を示し、それに基づいてホルンボステルが分析したパングウェ人の合唱付き木琴合奏を逐一分析し直した。すなわち、ホルンボステルがこの曲に付した小節線をすべて取り去り、自ら新たに小節線を付け直したのである。その根拠となったのは、アフリカ音楽においては、各声部はそれぞれ独自の拍子（リズム周期）と開始点をもつ、という考え方であった。そして、その結果生じるリズム構造を、彼は「ポリリズム」と呼んだ。「ポリリズム」とは通常、拍ないし拍子が異なる複数のリズムが同時に進行していくリズム構造のことをいう。

ジョーンズによれば、この曲の主要なリズム構造を理解するためには、まずホルンボステル譜（楽譜1－1）の五小節目以降に注目するとよい。この部分の木琴上声部は最初の二音の四分音符を除くと、八分の三拍子の♩ ♪（ないし♪𝄾♪）のリズム反復になっていることがわかる。一方、木琴下声部は♪♪♪♪♩のリズム型が頻出するため、四分の三拍子と考えることができる。また合唱のパートも、同じリズム型が出てくるため四分の三拍子であろう。では、木琴上声部（五小節目）の最初の二音は、どのように解釈するのか。これは、一小節目の最初の二音にならった、フレーズの最初の拍子合わせだと彼はいう。このあたりの説明は、やや説得力に欠ける。

いずれにしても、彼はホルンボステル譜を洗いざらい分析し直して、**楽譜1－2**のように書き改めたのである（なお、このジョーンズの楽譜には、拍子と拍数が厳密には一致しない部分がある。拍子の基本的な問題のみを扱い、楽譜が煩雑になることを避けたのであろう）。この楽譜1－2では、木琴の上声部が八分の四拍子、下声部が八分の三拍子、あるいは上声部が八分の三拍子、下声部が四分の三拍子と、拍子の異なるリズムが同時に進行していく。また、木琴上声部では、ひとつの旋律が八分の四拍子から八分の三拍子へと、拍子を変えていく。これらはすべて、ジョーンズによれば、もっともアフリカ的な「ポリリズム」の特徴なのである。

こうしてジョーンズは、このパングウェ人の木琴演奏には「われわれの理解を越えるシンコペーション」のごときものは何もないこと、あるのは「ポリリズム」の構造であることを明らかにした。それに

楽譜 1-2　パングウェ人の合唱付き木琴合奏（ジョーンズ譜）

よって彼は、ホルンボステルのいう「シンコペーション」の存在を否定し、同時に彼の「運動概念」説をも葬り去ったのだった。

　さて、気の毒なことに、こうして批判の憂き目にあったホルンボステルは、それに反論する間もなく、その翌年に世を去ってしまう。しかし、この「シンコペーション」論争は、その後も延々と続いていく。

二　アップビートかダウンビートか

ブラッキングの洞察

アフリカのリズム分析をめぐって、ジョーンズの批判の矢面に立ったホルンボステルは、死後二〇年を経た一九五五年、ひとりの若手音楽学者によってその価値を再評価されることになる。彼を擁護したのは、ジョン・ブラッキングというイギリス生まれの、当時南アフリカ連邦（現南アフリカ共和国）で活動する弱冠二七歳の研究者だった。奇しくも彼は、論争の発端となったホルンボステルの論文が発表された一九二八年に生まれている。

ブラッキングは、名門ケンブリッジ大学で社会人類学を学び、一時コンサート・ピアニストをやっていた時期もあったが、その後ひょんなことから南アフリカへ渡り、そこでアフリカ音楽の研究を始めたのだった。やがて民族音楽学者として頭角を現し、ついにはアフリカ音楽研究の世界的権威となった人物である。一九九〇年、第一回小泉文夫音楽賞を受賞するなど、日本の専門家の間でもよく知られた存在だった。しかしながら、残念なことに受賞内定後、授賞式を待たずして小泉文夫と同じ膵臓ガンのため、享年六一歳でこの世を去ってしまった。

さて、では、このブラッキングはホルンボステル説の何を買ったのだろうか。

彼は多方面から幾多の事例を引きながら、ホルンボステルの「運動概念」説を支持している。しかも、彼が人類学者であるとともにピアニストでもあったという特異な経歴を反映して、その議論は鋭い洞察に満ち、アフリカ音楽から西洋音楽、さらに舞踊文化にまで及んでいる。

彼によれば、ホルンボステルの指摘する演奏前の身体運動の重要性に関しては、アフリカ音楽も西洋音楽もほとんど変わらない。アフリカの太鼓奏者は、打奏の際、バチ（あるいは手）を上げて腕の筋肉を緊張させ、次にその緊張を弛緩させてバチ（手）を下ろし、音を鳴らす。力で膜面を「打つ」のではない。同様に西洋のピアニストの場合も、筋肉の緊張は音を出す準備段階でなされ、実際に音符が打たれる瞬間には筋肉は弛緩する。指は「打つ」のではなく、鍵盤に「落ちる」のである。

では、これら両者の違いはどこにあるのか。

ブラッキングは、それを演奏の際の身体運動と音に対する考え方にあるとする。つまり、「西洋人は音をつくり出す身体運動よりも、音そのものに関心を払うが、アフリカ人は音を身体運動の副産物と考える」というのだ。

このようなアフリカ人の身体運動への関心は、どうもアフリカの音楽が舞踊と分かちがたく結びついているということに関係しているらしい。ブラッキングによれば、アフリカの舞踊は緊張と弛緩のパターンをくり返すが、緊張のときには身体を上方へ向ける。たとえば、南アフリカのングニ人の「足踏み踊り」では、まず体を引き上げて緊張させ、次に体を弛緩させて足を踏み下ろす。このパターンを仮に四拍子に当てはめるとすると、いわゆる「強拍」（西洋でいう「下拍」（ダウンビート））の部分には、体を引き上げる「上拍」（アップビート）がくることになる。つまり、アフリカでは、西洋音楽でいう「強拍」＝「下拍」、「弱拍」＝「上拍」という関係が逆になるというのだ。

こうして彼は、ホルンボステルの「運動概念」説を支持したばかりではなく、それを舞踊の動きにまで敷衍して、アフリカの「シンコペーション」現象に合理的な説明を加えようとした。

合唱指揮者のアップビート

さらにブラッキングは、このようにホルンボステル説を擁護する一方、ジョーンズのポリリズム論の重要性も見逃すことはなかった。モザンビークのチョピ人が演奏するンガランガ舞踊の音楽のなかに、彼は「運動概念」説とポリリズム論の双方の妥当性を裏づける恰好の事例を見出している。それも彼らしく、議論は一貫して彼自身の太鼓演奏の習得に基づく実践的な経験に根ざしている。

楽譜1－3は、そのンガランガ舞踊音楽のリズム譜の抜粋である。ブラッキングは、ンクル太鼓のパートを演奏する際に、最初三連符のそれぞれ最初の音にアクセントをつけて演奏した。ところが、チョピの太鼓奏者は、それは間違いだという。そこで、今度はホルンボステルの説に従って、楽譜1－3のように、リズム・フレーズの最後の音にアクセントをつけて演奏すると、それで良しと言われたという。その理由をブラッキングは、速い打奏の場合、各フレーズの前に筋肉の緊張がなされ、その弛緩の瞬間に一気にフレーズが演奏されるためだとする。事実、ンクル奏者は、上方から下方へ体を揺らしながら、このリズム・フレーズを演奏していたという。

楽譜 1-3　チョピ人のンガランガ舞踊のリズム譜

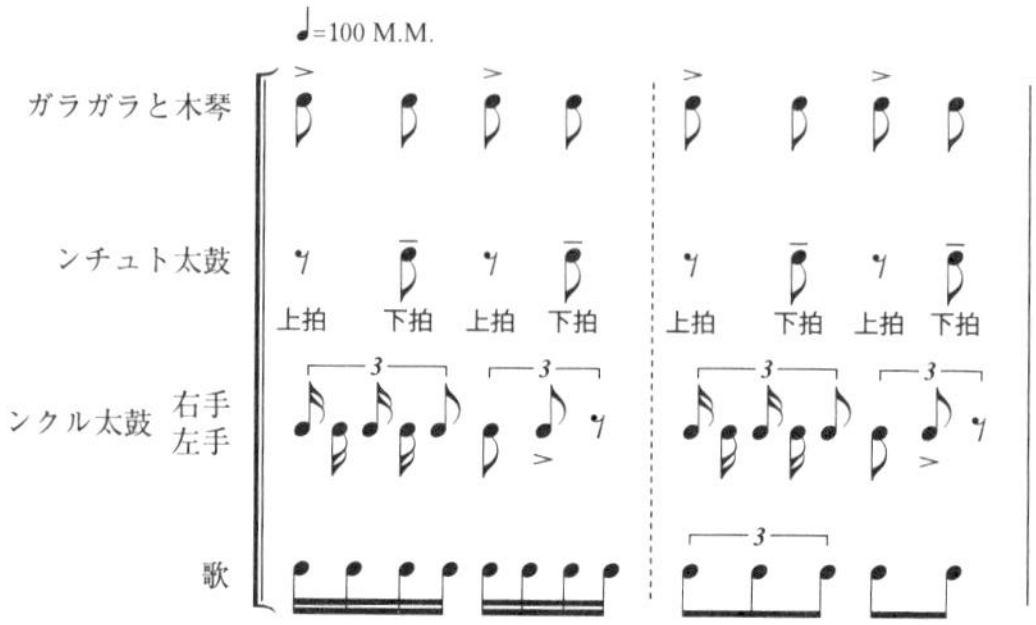

さらに今度は、ンチュト太鼓のパートをンクル太鼓の三連符の二番目の音に合わせて打奏してみた。するとここでも、間違いだと言われた。よく聴いてみると、ンチュト太鼓のパートは、楽譜1－3のように、ンクル太鼓の三分割に対して二分割のリズムで絡み合っていたのである。つまり、ンクル太鼓のパターンはホルンボステル説を、またンチュト太鼓（およびガラガラと木琴）とンクル太鼓の打奏パターンの関係はジョーンズのポリリズム論を、それぞれ例証していたというわけだ。

またブラッキングは、アフリカ人が西洋音楽を指揮する際の上拍と下拍の逆転現象にも注目している。あるとき彼は、南ローデシア（現ジンバブウェ）のブラワヨで開かれたアイステッドフォッド芸術祭に出席する。そしてそこで、西洋の合唱曲を指揮するアフリカ人の合唱指導者たちの多くが、強拍をすべて「上拍」として指揮しているのを見て仰天する。西洋の指揮者であったならば、それらはすべて「下拍」として指揮するはずだったからである。のちに彼らに聞いてみると、自分たちは「上拍」を強拍に感じているのだという。彼らの伝統的な感覚は、西洋音楽を指揮する際にも頭をもたげるらしい。この事例も、ホルンボステル説を支持する有力な証拠になると彼は考える。

さて、こうして若きブラッキングに熱烈に支持されたホルンボステルの「運動概念」説は、では、果たしてその後、不動の位置を占めることになっただろうか。いや、決してそうではない。ホルンボステルへの反論はなおも続いていく。

三　ポリリズムの「前景」と「背景」

メリアムの一言

民族音楽学者のなかでもっとも劇的な死を遂げたものの一人に、アラン・メリアムがいる。一九六〇年代半ばに『音楽人類学』を著し、民族音楽学研究のその後の方向性を決定してしまった、この分野の大御所である。諸民族の音楽の研究とは、「音」そのものを自律的に扱うのではなく、音楽をつねに文化的な脈絡のなかで捉えていかなければならない、というのが彼の主張の根幹であった。

ぼくが一九七〇年代末に、インディアナ大学人類学科に在籍して彼のもとで学んでいた頃、彼はアフリカ音楽ではなく、北アメリカ先住民の音楽を講じていた。「ワルシャワ大学に集中講義に行って来るから、二週間のちにまた会おう」とわれわれ学生に言い残して空港を発ち、それっきり二度と帰らぬ人となった。ワルシャワ空港で着陸態勢に入ったジェット機に着陸装置の故障が見つかり、緊急事態にそなえて消防車や救急車が待機するなか、旅客機は着陸復行に失敗して滑走路に激突したのだった。一九八〇年三月、享年まだ五六歳であった。

メリアムは、もともと北アメリカ先住民フラットヘッドの音楽文化の研究者として出発したが、その後ベルギー領コンゴ（現コンゴ民主共和国）のソンゲ人の研究を経て、アフリカ音楽の専門家としても名を馳せた人物である。ブラッキングによる擁護論の数年後、ホルンボステル・ジョーンズ論争に彼も加わっている。簡単明瞭だが、しかし本質的なことを一言、言っている。つまり、ホルンボステル説は証明不足であるというのだ。「アフリカ人は西洋人とは異なり、リズムの始まりを実際に音が鳴ったときにではなく、楽器を演奏するために必要な身体運動を始めたときに感じる」というホルンボステルの「運動概念」説は、究極的にはいい心理学的な学説であり、アフリカ人が実際リズムをそのように捉えているかどうかという点の証明がなされていない、というわけだ。ただこの点に関しては、すでに述べたように、ブラッキングが部分的に傍証を与えてはいる。

ホルンボステル説の終焉

とはいえ、ホルンボステル説への反論は、一九七〇年代に入っても止むことはなかった。その頃には、すでにアフリカのリズムに関する研究も相当進展して分析も精緻をきわめ、そして何よりも、アフリカの地に住みつき、太鼓演奏などをかなりのレベルでマスターする欧米の音楽学者たちが出てきた。ジョン・チャーノフ、デイビッド・ロック、ヒューイット・パンタレオーニといった人々である。多くは西アフリカの音楽が専門だった。それもそのはず、西アフリカこそ、太鼓音楽と錯綜するリズムの宝庫だったからである。

ホルンボステル説は、彼らから見ると、「アフリカ音楽の実際」を知らないものの説と映ったようだ。たとえばパンタレオーニは、次のように言う。ホルンボステルは太鼓を演奏するためにバチを上げることは腕の筋肉を緊張させることだと言うが、実際の太鼓演奏では、太鼓の膜面にバチを下ろすと、その反動でバチが上がるため、バチを上げるときには下ろすときほど筋肉の緊張も力も要しない、と。そのことを、チャーノフはこう皮肉る。ホルンボステルは、おそらくトランポリンを見たことがなかったのではないか。彼は太鼓を打つときに木製のバチではなく、一〇キロの鉄のハンマーを使うのではないか、と。また、膜面を打ったあとバチをそのまま膜面に押さえつけるストップ奏法に関しても、彼らはホルンボステル説とは合致しないという。手や手首はバチを押さえつけるために弛緩するどころか、力が入っているからである。

このように一九七〇年代に入ると、ホルンボステル説は基本的な事実認識の点で誤りが指摘され、その妥当性が根本的に疑われるようになった。しかし、それによってこの説が完全に学界から葬り去られたかというと、そうでもない。一九八〇年になってもロバート・カウフマンのように、ホルンボステルを部分的に擁護するものもいた。カウフマンは、ブラッキングがホルンボステル説の洞察の正しさを裏付ける事例をいくつか提示しているとして、彼のホルンボステル擁護論を再評価し、この説のいくつかの面は等閑に付すべきではないと主張した。それは、カウフマン自身がアフリカ音楽の教授経験を通して、西洋音楽とアフリカ音楽とでは強弱法に根本的な相違があることを感じていたからである。また、あの皮肉たっぷりのチャーノフでさえ、ホルンボステルの身体運動からリズムを考える発想は正しかっただろうとし、彼の研究を軽視するつもりはないと述べている。

いずれにしても、日進月歩のこの時代に、半世紀以上も前（現在からは一世紀近く前）の学説がなお問題にされていること自体、学問史上稀なことだ。しかし、そのことは逆に、ホルンボステル説がいかに影響力が大きく、洞察に満ちたものであったか、また、アフリカのリズムそのものがいかに厄介な問題をはらんでいるものであるかを物語っている。

新「ポリリズム論」

さて、一九七〇年代になると、ホルンボステル説を「的はずれ」とバッサリ切り捨てた自信過剰のジョーンズの「ポリリズム論」も無傷では済まされなくなった。先にパングウェ人の木琴合奏の楽譜をジョーンズが書き直したことを説明した際に、敏感な読者の方々は、すでにお気づきになっていたにちがいない。彼は拍子を決定して新たに小節線を入れ、拍子記号を付していくが、その拍子が頻繁に変わる。しかし、どのようにして彼がそれらの拍子を決定していったのか、その判断の根拠が充分に示されてはいない。あきらかに彼は、自身が身につけていた西洋音楽のリズム感覚でアフリカ音楽の拍子を決めていった。パンタレオーニらが批判するのは、まさにこの点である。

それに対して、そのようなジョーンズの恣意的な、あるいは西洋的偏向による拍子の決定を廃し、アフリカ音楽における拍子構造の一貫した原理を解明しようとした人物がいる。ガーナの民族集団エウェ出身の世界的な音楽学者で、現在プリンストン大学教授のコフィ・アガウである。アガウは、最初西洋芸術音楽の記号論分析を専門とする音楽理論家として出発したが、その後西アフリカの音楽研究にも着手し、リズムをはじめとするアフリカ音楽の緻密な分析で知られるようになった。一九九五年に出版された『アフリカのリズム――北部エウェ人の視点――』は、彼の代表作である。このなかでは、さすがにアガウも、すでにホルンボステルと四つに組むことはしていない。ただ、アフリカのリズムを考えるうえで言葉の重要性を認識している彼は、「アフリカのリズムは太鼓演奏に基づいている」というホルンボステルの言説に批判的なコメントを加えている程度である。

その代わり、一九五〇年代に確立されたジョーンズのポリリズム論には真っ向から挑戦して、ジョーンズの拍子区分の根本的な誤謬《ごびゅう》を批判している。アガウによれば、ポリリズムを二拍子系と三拍子系のリズムの交替や同時進行によるものとするジョーンズの理解は正しい。しかしながら、ジョーンズはアフリカ音楽のより深層にあるリズム構造を捉えなかったために、頻繁に拍子を変えて記譜し、アフリカ音楽を不必要に複雑化してしまったという。

アガウのアフリカ・リズム論の中核をなす考え方は、アフリカのリズム構造には「階層」があり、これまでわれわれが主に注意を向けてきたリズムの「前景」に対して、じつはその背後にリズムの「背景」がある、という考え方である。このリズムの「階層」において、「背景」の果たす役割はきわめて重要で、「前景」でどのようなリズム上の変化や工夫が行われようと、「背景」の拍子構造はつねに一定で、変わることはない。そして、その「背景」とは二拍子である、とアガウは言い切った。もっと正確に言えば、それは八分の六拍子として表記できる構造である（もちろん、四分の二拍子として、一拍を三連符で表記しても良い）。それに対して、「前景」はつねに変わりやすく、二拍子系のリズムになったり、三拍子系のリズムになったりする。

一方、ジョーンズは個々の器楽パートの拍子構造に注意を向け、複数の拍子が同時に進行すると考えたため、もっとも肝要な拍子がひとつ存在するということに気づかなかった。その結果、彼は楽譜のなかで「変拍子」を連続させ、拍子構造の説明もまことに七面倒くさいものになってしまったとアガウは言う。アガウにとって、ポリリズムとは、要するに一定不変の「背景」と可変的な「前景」の間で生じるリズム的緊張に起因する現象であって、その規則性、すなわち、リズム構造全体を基礎づける統一的な原理（「背景」、すなわち八分の六拍子）のあることが理解されるならば、従来からよく言われた「アフ

楽譜 1-4　エウェの子どもの歌

A　ジョーンズによる採譜

B　アガウによる採譜

リカ音楽は複雑だ」といった、アフリカ音楽を特殊化したようなイメージは払拭されると考える。

　こうしてアガウは、ちょうどジョーンズがかつてホルンボステルの採譜を書き直したように、今度はジョーンズの採譜したエウェの子どもの歌の楽譜を書き替えたのだった。ジョーンズの楽譜（**楽譜1－4A**）とアガウの楽譜（**楽譜1－4B**）を比較すると、旋律構成音の音価や休符の位置などに異なる点があることがわかるが、アガウ自身がエウェ人であり、この歌がエウェの有名な遊び歌であると語っていることから考えると、アガウの楽譜の方が実際の歌をより正確に反映していると考えてよいだろう。そして、このアガウの楽譜には、われわれから見て「奇異」と感じられるものは何ひとつない。

四　ジャンルを越えるヘミオラ

遍在する八分の六拍子

アガウの新「ポリリズム論」は、いま見たように、ジヨーンズの「ポリリズム」の基本的な発想を継承しながらも、そのリズム構造には「背景」として、全体を基礎づける不変にして一貫性のある単純な拍子（八分の六拍子）が存在していることを強調する点に、その特徴があった。しかし実のところ、そのようなアフリカ音楽に関するリズム認識は、とりたてて新しいものではない。たとえば、一九七四年に出版されたアフリカ音楽研究の泰斗クワベナ・ンケティアの『アフリカ音楽』（邦訳一九八九年）には、全体を八分の六拍子で採譜した楽譜がいくつも掲載されている。また、これまでアフリカ音楽を数百曲採譜した経験をもつぼくからすると、これはほとんど自明のことなのである。二〇年以上も前のことになるが、アフリカ音楽をめぐるシンポジウムに参加した際、同席したパネリストのジャズ・ミュージシャン渡辺貞夫さんも、彼自身の経験から多くのアフリカ音楽は八分の六拍子で採譜できると言っていた。

とはいえ、サハラ以南のアフリカのすべての音楽が、そのような八分の六拍子で採譜できるわけでは決してない。ただ、西洋音楽に慣れた耳で聴くと、そのような拍子で採譜できると感じられる曲が多いということである。では次に、そのもっともわかりやすい例を紹介することにしよう。

ムカンダの歌

南部アフリカ、ザンビア北西部のサバンナにルヴァレと呼ばれる人々が住んでいる（図1-1）。そこは首都のルサカから車で二日もかかる辺境で、隣国アンゴラとの国境沿い、ザンベジ川の上流である。百数十年前、かの有名なイギリスの探検家デイビッド・リビングストンが探検したのも、このあたりである。この地域はカラハリ砂漠の北にある高原地帯で、四月から半年間続く乾季には雨は一滴も降らず、すべてのものは干上がり、自然界は小麦色に化す。しかし雨季に入ると、自然はたちまち緑をとり戻し、ほそぼそと流れていたザンベジ川は水かさを増し、二月ごろには氾濫して幅数キロにも及ぶ怪物のような大河となる。もちろん、この地域には電気もなければ、ガスも水道もない。人々は、ほとんどすべてが自然のままの伝統的な生活を送っている（**写真1－1**）。このチャブマ地方が、ぼくの研究のフィールドだ。

このルヴァレの人々の伝統文化のひとつに、ムカンダと呼ばれる少年のイニシエーション儀礼（成年式）がある。一五歳から一八歳くらいの少年たちが割礼された後、ブッシュの小屋に隔離されて一定期間集団生活を営みながら、将来成人になるための教育を受ける。われわれの学校教育に代わる、伝統的なアフリカの教育制度といって良いものだ（**写真1－2**）。ただ最近では、この制度もかなり変化して加入年齢が低下しているため、卒業してもただちに「成人」という訳にはいかない。

さて、このブッシュでの隔離生活は、ほとんどすべてが音楽とともに進行する。少年たちは朝起きると、朝日に向かって歌を歌い、また日の入りの頃にも夕日を背にして、皆で合唱をする。一日二度の食事の際には、こと細かに儀礼の手順が定められていて、しかもその手順のひとつひとつが、少年たちの歌によって進んでいく。さらに、夜はまた夜で、近隣の村々から男たちが大勢集まってきて、ククーワ（「歓喜の歌」）と呼ばれるジャンルの秘伝の歌を歌う。そうした一連のムカンダの歌のなかに、日の入りの際に歌う「クンビエ・リナイ」（「お日様が沈んだ」）という歌がある。

図 1-1　ザンビアのルヴァレ居住地

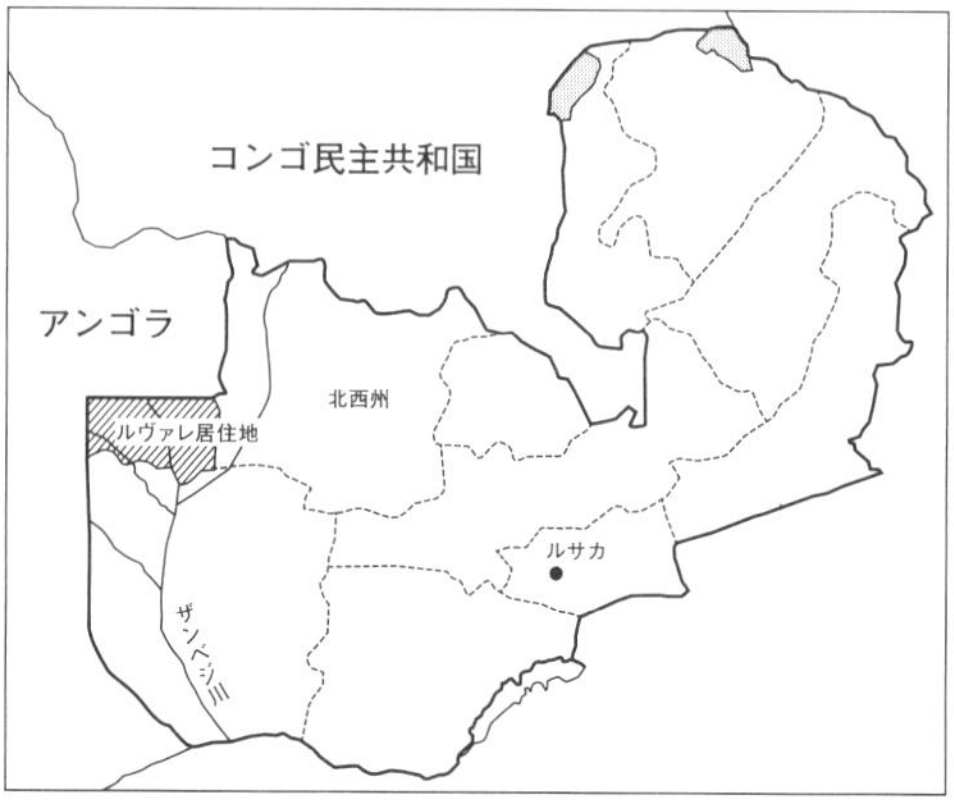

写真 1-1　ルヴァレの村落（ザンビア北西部）

写真 1-2　ムカンダ終了の儀式の一シーン

（写真は、断りがない限り、すべて著者撮影）

楽譜 1-5　日の入りの歌

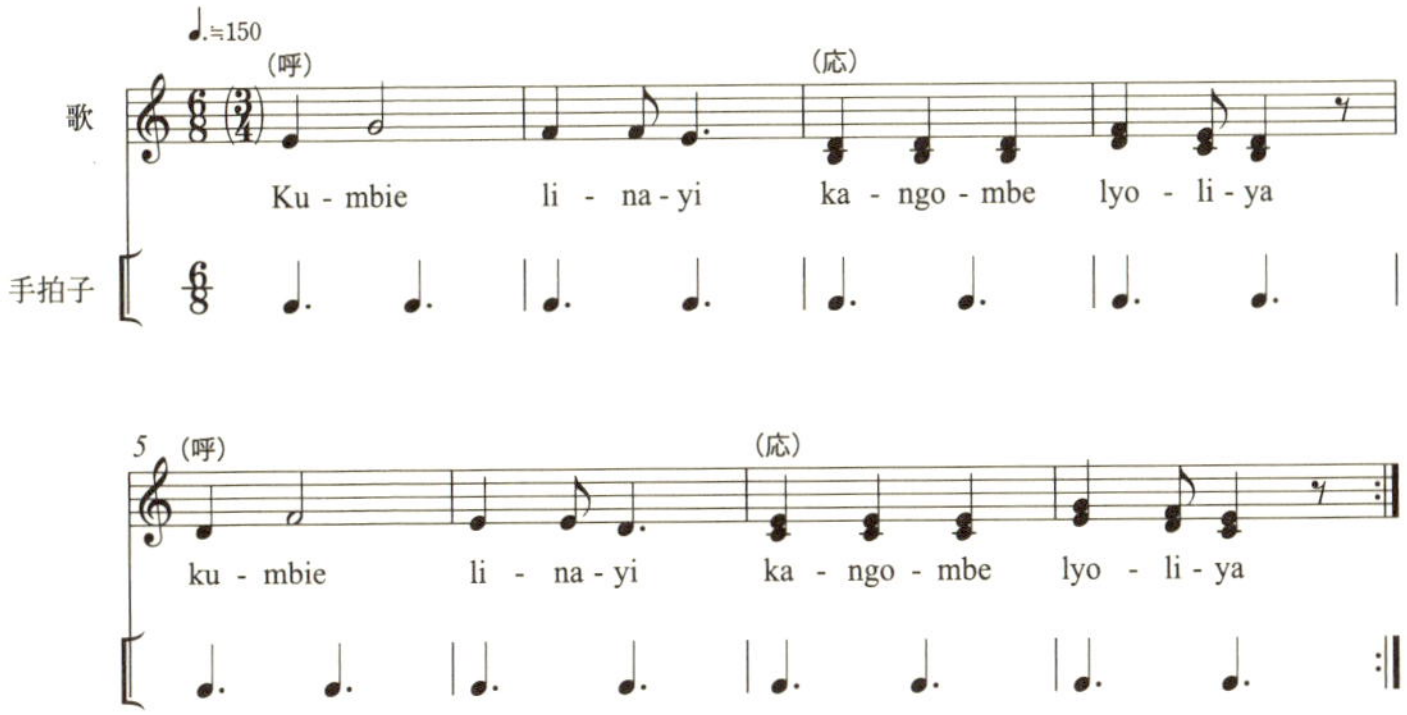

アフリカのヘミオラと西洋のヘミオラ

この「日の入りの歌」（楽譜1－5）は、アフリカのポリリズムの基本的な特徴をまことによく示している。まず、この楽譜の表記に関して言えば、楽譜の上の（呼）と（応）の印は、「呼唱応唱形式」（コール・アンド・リスポンス、独唱と合唱を交互にくり返す形式）の呼唱部分と応唱部分をそれぞれ表している。歌唱パートの拍子記号には（便宜的に西洋音楽の拍子記号を用いて）八分の六拍子とカッコ内に四分の三拍子と記されているが、これは小節によって六拍子になったり三拍子になったりするということである。

さて、この楽譜の歌唱パートを見ると、呼唱部分も応唱部分もそれぞれ二小節からなり、その二小節は八分の六拍子と四分の三拍子を交互にくり返す。このように二拍子系と三拍子系のリズムが交互に入れ替わる構造をふつう「ヘミオラ」という。これは、第二章で詳述するローズ・ブランデルが一五、六世紀の西洋音楽の定量記譜法からアフリカ音楽に転用した用語で、彼女はこのような旋律構造をアフリカ・リズムの基本的な特徴として、「水平的ヘミオラ」と名づけた。すなわち、水平的ヘミオラとは、一定の時間単位を二分割するリズムと三分割するリズムを旋律のなかに併用することによって生じる拍子の転換を意味する。

しかし、このヘミオラは、何もアフリカ音楽に限って見られるものではない。西洋音楽で言えば、たとえば、中世末期からルネサンス期の音楽のなかによく現れる。**楽譜1－6**は、一五世紀の作曲家ダンスタブルのモテット「天の女王よ、喜ばれよ」の最上声部の旋律だが、最初の三小節は四分の三拍子、次の三小節は八分の六拍子、その次の二小節は四分の三拍子、それ以降は八分の六拍子と、一小節を三分割するリズムと二分割するリズムが交互に現れ、拍子が転換する。また、その後のバロック音楽にも、さらには古典派・ロマン派の音楽にもヘミオラは散見される。**楽譜1－7**は、一七世紀のフランス・バロック音楽の作曲家リュリのコメディ・バレ「町人貴族」第四幕からの抜粋だが、ここでは拍子記号が二分の三拍子となっているものの、実際には一小節ごとに四分の六拍子と二分の三拍子が入れ替わる。この部分の規則的な拍子の転換は、構造的にはルヴァレの「日の入りの歌」に近い。

さらに、古典派の音楽でよく引用されるヘミオラの例に、モーツァルトのピアノ・ソナタ第一二番K．332第一楽章の、**楽譜1－8**に示した部分がある。この第一楽章は全体が四分の三拍子で進行していくが、破線でくくった二小節では、その前が強弱のきわだった明確な三拍子であるにもかかわらず、左手のリズムからも明らかなように、三拍子二小節が二拍子三小節であるかのようなリズム構造に変わる。すなわち、「二分割」が「三分割」に転換された水平的ヘミオラの例である。

たいへん興味深いことに、こうしたフレーズの終結部分、あるいは曲のクライマックスでヘミオラを使用する曲作りの手法は、じつは日本の演歌にも見られるものだ。典型的な例は、森進一の歌う「おふ

楽譜 1-6　ダンスタブルのモテット「天の女王よ、喜ばれよ」（最上声部）

楽譜 1-7　リュリの「町人貴族」第４幕より

楽譜 1-8　モーツァルトのピアノ・ソナタ第 12 番 K.332 第一楽章より

楽譜 1-9　おふくろさん

作詞 川内康範
作曲 猪俣公章

くろさん」のクライマックス部分である（楽譜1－9）。この曲は四分の四拍子で、クライマックスに近づくにつれて、「あなたの　あなたの」（）という二拍ひとまとまりのフレーズをくり返し、最後に「しんじつ」で四分の四拍子の最初の二拍（二分割）を三連符にして三分割する。これは、ブランデルのいう典型的な水平的ヘミオラである。

　では、西洋音楽におけるヘミオラ（日本の演歌も含む）とアフリカの伝統的なヘミオラとでは、いったい何が違うのだろうか。その違いは、決定的かつ明白である。すなわち、前者（西洋）の場合は、中世末期やルネサンス期の音楽を除くと、ヘミオラはおもにクライマックスの演出や強調の技法、あるいは楽想の色づけとしてきわめて限定的に使用されるのに対して、後者（アフリカ）の場合には、楽譜1－5からも明らかなように、それが拍子やリズムを形成するもっとも基本的にして重要な要素として曲全体にわたって用いられる、ということである。

さて、ブランデルがこのヘミオラの構造に、あえて「水平的」という形容詞をつけたことには理由があった。それは、彼女が考えるもうひとつのヘミオラと区別するためである。それをブランデルは「垂直的ヘミオラ」と名づけた。これは、これまでのポリリズムの議論と深く関わる重要な概念である。「日の入りの歌」（楽譜1－5）の歌と手拍子の関係に注目してみよう。手拍子は一貫して八分の六拍子、つまり二分割で進行するため、旋律が四分の三拍子で進行する部分（一、三、五、七小節目）では、同時に二分割と三分割のリズム型が組み合わされることになる。これがブランデルの言う垂直的ヘミオラであり、アフリカのポリリズムのもっとも原初的な形態と言えるものである。

ちなみに、日本のテクノポップ・ユニット、Perfume（パフューム）が二〇〇七年にヒットさせた「ポリリズム」（中田ヤスタカ作曲）という曲では、間奏部分に強烈で印象的な垂直的ヘミオラの構造が現れる。この曲のヒットのおかげで、アフリカ音楽に関係した「ポリリズム」という専門的な音楽用語が、日本で広く知られるようになった。

このリズム構造の原型を高度に発達させたのが、アフリカの複雑なポリリズムだと考えれば良い。この垂直的ヘミオラこそ、かつてジョーンズがそのポリリズム論においてくり返し強調したアフリカの特徴的なリズム構造であり、また、「日の入りの歌」に見られる手拍子のリズムこそ、アガウの言う「曲の背景に一貫して存在する八分の六拍子」のことなのである。

リズム・ゲシュタルトの出現

ここで、ひとつ注意しておかなければならないことがある。それは、五線譜を使ってこのように説明すること自体、西洋音楽的な説明の仕方であり、多かれ少なかれ西洋的な偏向を免れないということだ。ポリリズムという考え方自体が、もともとアフリカにはない西洋的な概念なのだから。しかし、今のところ、世界のさまざまな音楽の構造をそのような偏向をまったく排除して分析する普遍的な方法が開発されていない以上、重要なことは、われわれが西洋音楽の体験から日頃当然と考えている音楽上のいくつかの前提を、注意深く保留していくことである。

たとえば、二分割と三分割のふたつの拍子が同時に進行していく垂直的へミオラの構造は、西洋音楽的にはふつう「むずかしい」ものとされる。しかしアフリカ人は、垂直的へミオラを決してそのようなものとしては捉えていない。アフリカの演奏者と聴き手にとって重要なのは、演奏される個々のリズム型ではなく、それらのリズム型が組み合わされた結果生じる一種の「リズム・ゲシュタルト」なのである（リズム・ゲシュタルトについては、第二章で詳しく説明する）。それを、ジョーンズは「合成リズム型」と呼んだ。この考え方は、西洋音楽に慣れたわれわれの通常の聴き方を一時保留して、「アフリカ人がどのように聴くか、どのように考えるか」という観点から、アフリカのリズムを捉え直そうとするジョーンズの立場をよく表している。

具体的な例を示そう。「日の入りの歌」（楽譜１－５）の一、三、五、七小節目は、手拍子（八分の六拍子）と歌（四分の三拍子）のリズムの複合により、垂直的ヘミオラが形成されることはすでに述べた。こうした垂直的ヘミオラに対して、アフリカ人はそれぞれのパート（手拍子と歌）を個々別々に聴いているのではなく、そのリズム的複合によって結果的に生じたリズム型、すなわち、合成リズム型を聴いている。その合成リズム型とは、**楽譜１－10**のCに示したものだ。彼らにとって、個々のリズム型が正確に演奏されているかどうかは、個々のリズム型そのものではなく、合成リズム型がどのように響くか、あるいは聞こえるかによって決まる。とくに太鼓合奏などの場合、個々の太鼓の各音の音高と音色の違いにより、それぞれ固有の旋律、リズム、場合によって和声をそなえた複合的な「ゲシュタルト」が形成される。合奏のなかで、ひとつの太鼓のわずかな打ち間違いでさえ、ゲシュタルトは微妙に変わってしまう。したがって、これを一元的にリズム譜に採譜してみても、アフリカ音楽（とくに太鼓音楽）の場合、あまり意味をなさないということが多い。

楽譜 1-10　合成リズム型

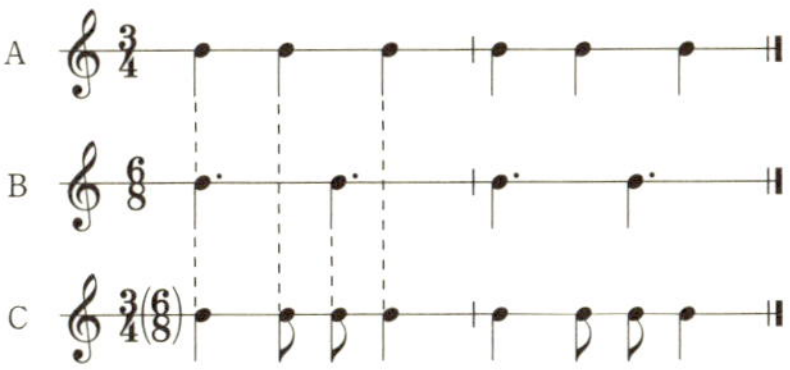

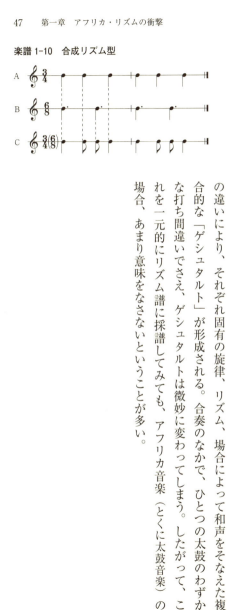

第二章　アフリカ・リズムの奥義

一　演奏していないリズムが聞こえる

アフリカ・リズムの不思議

アフリカ音楽のリズムをめぐっては、昔から「謎」とされている現象がいくつかある。たとえば、サハラ砂漠以南の広大なアフリカ大陸に特徴的な一二拍よりなる同一のリズム型が広く分布している。合奏の際に鉄製ベルや一対の斧の刃などを打ち鳴らして奏されるリズム型だ。それも、今はやりのポピュラー音楽のなかで演奏されるのなら何も驚くに値しないが、その土地に先祖代々伝わる伝統音楽のなかに見られるのだ。自動車も飛行機もない時代に、それもアフリカ大陸のサバンナやジャングルの奥地を人が旅をしてリズムを伝えた、なんていうことが果たしてありうるだろうか。

もっと具体的な例を挙げよう。カメルーン中部のブテ人の親指ピアノとウガンダ南部のガンダ人の木琴の演奏では、等間隔に調律された二つの音列を交互にかみ合わせるリズム奏法がまったく同一の形で行われている。両地域の隔たりは、最短距離にして二三〇〇キロメートル近くもある。しかも、近い過去に両者の間で接触があったという事実もない。これは、一体どうしたことだろう。

あるいは、アフリカの器楽合奏のなかで、個々の演奏者が奏するリズム型ではなく、別のリズム型、誰も演奏しているはずのないリズム型が聞こえてくることがある。では、いったい誰がそれを演奏しているのか。

アフリカのリズムをめぐってはまだまだ「不思議」は尽きないが、本章ではそんな「不思議」のいくつかをとり上げ、アフリカ音楽のさらなる理解につなげていこう。

図2-1　ガーナのファンティ王国

リズムの知覚と「耳の錯覚」

さて、西アフリカ、ガーナ南部の熱帯雨林地帯のギニア湾岸にケープコーストという、人口一四万人ほどの都市がある（図2－1、写真2－1）。ここは一五世紀末から西洋社会と接触し、その後西アフリカにおける交易の拠点として栄えたところだ。もともと小さな漁村だったが、一七世紀以降西洋列強が次々と交易に押し寄せると、内陸各地から人々が移り住んで急速に発展し、ついには西アフリカにおける奴隷貿易の中心地のひとつになってしまった。またここは、イギリス統治下の黄金海岸（現ガーナ）のかつての首都でもあり、同時にガーナ南部に広がるファンティ王国の王都でもある。このケープコーストが、ぼくのガーナでのフィールドワークの拠点だ。

さて、ファンティ王国は、ガーナに存在する幾多の王国（現在は「伝統的領地」と呼ばれている）のひとつで、オマンヒンと呼ばれる最高首長（国王）のもとに組織だった王制を敷き、宮廷にはさまざまな宮廷音楽を演奏する楽師たちがいる。このファンティ王国の宮廷音楽のなかでとりわけ重要なものに、四種の片面太鼓と鉄製ベルで演奏されるフォントムフロムと呼ばれる太鼓合奏のジャンルがある（写真2－2、2－3）。

ファンティの宮廷楽師のもとで、このフォントムフロムの太鼓演奏のレッスンを受けていたときのことだ。ぼくは大型樽型太鼓のフロムの打奏を教わっていた。舌を巻くほどむずかしいが、そのうちこちらの演奏が安定してくると、今度は先生が一緒に中型杯型太鼓のアトゥンパンを打ち始めた。やがてぼくも合奏に慣れ、二人の息がぴったりと合ってリズムにのってくると、いつの間にか自分の打っていたはずのリズム型が消え、別のリズム型が聞こえてくるのだった。もちろん、それは先生が演奏していたリズム型でもない。しかも、そのリズム型は時間が経つにつれて、二人とも同じことをやっているにもかかわらず、微妙にその

写真 2-1　ギニア湾岸の都市ケープコースト

形（パターン）を変えていく。

何とも不思議な「演奏しているリズム」と「聞こえてくるリズム」とのギャップ。

じつはこうした現象については、かなり前からいろいろな報告がなされている。たとえば、ウガンダのガンダ人の木琴や弓型ハープの演奏、中央アフリカ共和国のザンデ人あるいはジンバブウェのショナ人の親指ピアノ（リケンベおよびムビラ）の演奏、さらにマラウィのトゥンブカ人のヴィンブーザ舞踊のための太鼓合奏などに関して、今言ったような聴覚体験が報告されている。これらすべてに共通していることは、耳に聞こえてくるリズム型が実際に演奏しているリズム型よりもはるかに複雑であること、そしてその聞こえてくるリズム型は実際には演奏者の誰も演奏してはいないこと、さらにそのリズム型は場合によっていろいろに変化して聞こえてくる、ということである。

写真 2-2　ファンティの宮廷太鼓合奏フォントムフロム

写真 2-3　王に随行するフォントムフロムの行進演奏

手品ではあるまいし、そんなことが本当に起こりうるのだろうか。これは明らかに――あえて語弊のある言い方をすれば――われわれ人間の「耳の錯覚」によるものだ。しかし、この「耳の錯覚」による聴き方こそ、アフリカの音楽の作り

手がまさに意図しているものなのである。アフリカで実技のレッスンを受けながら、この感覚に捉えられると、何とも妙な、「狐につままれたような」感じがしてくるものだ。

アフリカ・リズムとゲシュタルト心理学

アフリカ音楽のこの現象にいち早く注目し、その解明に力を注いだのは、ゲルハルト・クービックというウィーン生まれの、当時弱冠二六歳の研究者だった。それから半世紀を経た今日、圧倒的な勢いでアメリカの学界がアフリカ音楽研究の主導権を握るなか、クービックはドイツ語圏が輩出した数少ないこの分野の泰斗であり、その業績の大きさと影響力、また洞察の鋭さにおいて、現役の研究者のなかで彼の右に出るものはおそらくいまい。それほどの大御所である。

クービックはウィーン大学で民族学、音楽学、アフリカ言語を専攻し、二〇代半ばにウィーンからヒッチハイクをしてエジプト経由でスーダン、ウガンダに入ったのが最初のアフリカの旅。それ以後、半世紀にわたって大陸の東部、中部、南部、西部の音楽文化を緻密にフィールド調査し、その成果をまとめた著書・論文数は優に三〇〇点を超える。また一九九〇年以降は、アフリカン・ディアスポラ研究として、ブルーズの起源やアフリカ系ブラジル人の音楽の研究にまで手を伸ばしている。毎年のように講演に招かれては、世界中を飛び回っている人物だ。

さて、一九六〇年、ウガンダにたどり着いたクービックは、ガンダ音楽の名手のもとで四ヶ月間木琴演奏を学び、かなりのレベルまで習得するのだが、その過程で妙な体験に遭遇する。練習のときの演奏を録音して再生してみると、その曲が演奏したばかりの曲とはまったく別様に響き、しかも自分が演奏

楽譜 2-1　バシビラ・マライカのリズム型

楽譜 2-2　バシビラ・マライカの木琴合奏

していたものよりはるかに複雑に聞こえてきたのだった。さらに、自分の演奏していたリズム型は聞こえずに、逆に誰も奏していないリズム型がいくつか聞こえてきたという。この現象に驚いたクービックは、なぜ、このようなことが起こるのかを木琴の各パートを採譜し、分析することによって明らかにした。

彼が分析したのは、ガンダ人の木琴合奏曲「バシビラ・マライカ」（「イスラム教徒が断食している」）という曲だった。これは一七音板のアカディンダと呼ばれる木琴を三人が向かい合って演奏するものだ。この曲を演奏し始めると、一貫して**楽譜２－１**に示すリズム型がきわだった形でくり返し聞こえてくる。しかし、三人の奏者のうち誰ひとりとして、このリズム型を奏しているものはいない。では、どうしてこのリズム型が浮き上がって聞こえてくるのだろうか。

クービックによれば、それは、三人が奏する音の複合から人間の耳が特定の音をピックアップして、このリズム型を「つくり上げている」からだという。しかも、その「つくり上げられた」リズム型は、採譜が正確な場合には、そこから演繹することができる。この曲では、三人の奏者のなかの二人は同じ音をオクターヴ離して演奏するので、出てくる音だけを簡略化して二段の楽譜で示すと、**楽譜２－２ＡとＢ**のようになる（Ｂが、二人の奏者がオクターヴ離して演奏するパート）。ここでは、楽譜２－１のリズム型がどのようにして生まれてくるのかを示すために、対応する音符を破線で結んでおいた（楽譜２－２C）。

では、人間の耳はそのような多くの音から、どのようにして特定の音だけを選び出してひとつのまとまったリズム型として聞くのだろうか。

クービックはそれを、ちょっとむずかしい言い方になるが、「ゲシュタルト心理学」の観点から説明する。ゲシュタルト心理学とは、二〇世紀初頭にドイツで始まった心理学で、その基本的な考え方によれば、知覚内容は単に個別的な感覚刺激によってではなく、それら個々の刺激には還元できない全体的な枠組み（これを「ゲシュタルト（形態）」と呼ぶ）によって形づくられるという。たとえば、メロディーは各構成音の単なる集合ではなく、それらの全体的性質によってまとまりのあるメロディーとして認識される。そして、そのメロディーが移調されても同じメロディーだとわかるのは、われわれの知覚が個々の構成要素の違いを越えて、そこに全体的な「形態」（ゲシュタルト）を認識するからであるという。

こうした考え方に沿ってクービックは、木琴演奏で人間の耳が知覚するのは個々の音ではなく、つねに「ゲシュタルト」であるとし、そのゲシュタルトは、広い音域で構成される音楽の場合、ほぼ同じ音高の音を選び出し、それをグループとして知覚することによって生じるという。そこで、楽譜２－２を見てみると、さまざまな音高の音が奏されているにもかかわらず、ゲシュタルトとしてのリズム型（楽譜２－１）はG音を中心にA音とF音の隣接した三音によって構成されていることがわかる。もっとも、これはあくまでも心理学的な現象なので、聴き手が少し高音に注意を向けると、たちまち別のリズム型が立ち現れる。楽譜２－１に示したリズム型は、そのなかでももっとも明瞭に、もっとも強く響いてくるゲシュタルトにすぎない。そして、クービックは、こうしたリズム・ゲシュタルトを「内在的リズム」と名づけた。

さて、このように説明すると、読者のなかには、そんな複雑な聴き方は自分にはできないと心配する向きもあるかもしれない。しかし、心配には及ばない。そのように聴こうと聴くまいと、このリズム型は浮き上がって聞こえてくるから大丈夫。それが、アフリカ音楽というものだ。

内在的リズムとヨハン・ゼバスティアン・バッハ

さて、内在的リズムは心理学的な現象といって良いものだが、ここで重要なことは、すでに触れたように、アフリカの音楽の作り手はそうした人間の聴覚上の特性を知り、特定の内在的リズムが現出することを意図して作曲している、ということだ（もっとも、このことは、すべてのアフリカ音楽について当てはまるわけではない）。その意味では、いわゆる「ミニマル・ミュージック」のあるタイプについても、同じことが言えるだろう。たとえば、スティーヴ・ライヒの「ドラミング」を聴くと、いくつもの内在的リズムが聞こえてくるが、そのリズム・ゲシュタルトは作曲の過程で意図的・意識的につくり出されたものにちがいない。

ただ、そのような人間の聴覚上の特性を利用して内在的リズムを浮き上がらせるには、一定の条件が必要となる。第一に、音程に大きな開きがあること、第二に、いずれの拍にもアクセントが付けられていないこと、第三に、各音が急速に流れていること、第四に、各音が規則的なリズムで進行すること、である。このような条件が整っていないと、内在的リズムは浮かび上がって来ない。

楽譜 2-3　バッハ　平均律クラヴィーア曲集第一巻第二番「前奏曲」より

さて、次が重要な点なのだが、このことは逆に言えば、アフリカ音楽だけでなく、われわれに馴染みのある西洋音楽の場合にも、そのような条件さえ整っていれば、内在的リズムのようなものは生じてくるということだ。とくにバロック音楽にはよく見られる。たとえば、ヨハン・ゼバスティアン・バッハの平均律クラヴィーア曲集第一巻第二番の「前奏曲」（楽譜2－3）では、両手とも一六分音符で急速な音型をくり返すが、音程の開き、急速な音の流れ、規則的なリズムといった条件が満たされているため、ことさらその音を強調しなくても、二拍ごとに最上音にC－C－A♭－A♭－B♮－B♮－C－Cと進行していく「旋律」が浮き上がって聞こえてくる。

アフリカ音楽に特徴的な内在的リズム、すなわち「聞こえてくるリズム」とは、言ってみれば、これと似た（同一ではない）音の現象なのだと考えれば良いだろう。そして、この人間の聴覚上の特性をフルに生かしているのが、アフリカ音楽の特徴なのである。

二　大陸を横断するリズム型

ジョーンズの発見したリズム型

かつて西アフリカのコートジボワール中部に住むバウレ人の音楽をCDで聴いて、たいへんな衝撃を受けたのを覚えている。自分が専門に研究する南部アフリカ、ザンビア北西部のルヴァレ人の音楽とハーモニーやリズムの構造がそっくりだったからだ。また、西アフリカ、ガーナのファンティ人の村で男声合唱を録音しながら、その前年に東アフリカ、タンザニアのポゴロ人の村で録音した音楽を思い出し、巨大な大陸の西と東に住む人々の奏でる響きの類似性に驚嘆したものだった。

アフリカ大陸の西部と東部にアラブ文化の影響が色濃く見られるとはいえ、サハラ砂漠以南の「アフリカ」全域に共通する、「これぞアフリカ」と言える音楽の要素を見つけ出すことは、それほどむずかしいことではない。ポリリズムの構造もそのひとつだ。リズムに関して言えば、もうひとつ、アフリカ全体をおおう重要な要素がある。

大陸の東へ行こうと、西へ行こうと、さらに南へ下ろうと、行く先々で音楽を聴くと、あるユニークな構造をもったリズム型にぶつかる。アフリカ大陸の北からサハラ砂漠を越えると、突然そのリズム型がいたるところで聞こえてくるようになるのだ。

このリズム型の遍在を最初に指摘したのは、第一章のポリリズム論のところで再三登場したアーサー・ジョーンズであった。アフリカはあまりにも巨大なため、そこに住む一〇〇〇以上とも言われる異なる民族集団のそれぞれの音楽を知ることなど、はじめから不可能である。実際、その音楽がどのようなものか、まだ知られていない民族集団の方が現在でもはるかに多い。また今日、アフリカ音楽の研究者は、たとえば、ぼくのルヴァレ研究のように、ある特定の民族集団を集中的に研究しているので、ほかの集団の音楽に関しては詳しく知らない場合が多い。しかしそれでも、大陸の東部、中部、南部、西部と広い地域をかなり深いレベルでフィールド調査し、アフリカ音楽を包括的に語ることのできる例外的な人物がいる。それは、前節で紹介したクービックである。

ところが、半世紀以上前の一九五〇年代となると、事情はまったく異なる。アフリカ音楽を広範囲に知るものなど、ほとんどいない。そんななかで、この大陸の音楽を包括的に語ることのできる人物と言えば、それがほかならぬジョーンズであった。もっとも当時は、アフリカの広い地域に実際に足を運んで調べるといったことは、不可能に近い。ジョーンズは北ローデシア（現ザンビア）に留まって、当時デッカやガロトンからリリースされたアフリカ音楽のレコードをひたすら聴き比べて、「ここにもある」「あそこにもある」と見つけ出したのが、例のリズム型だった。たとえば、南部アフリカ、ザンビアのベンバ人の間では歌の伴奏として一対の斧の刃を打ち鳴らしてこのリズム型を奏するが、西アフリカ、ガーナ（当時の「黄金海岸」）のエウェ人の間ではガンコグウィと呼ばれる鉄製ベルによって同じリズム型が太鼓合奏のなかで演奏される。そうかと思うと、東アフリカのケニア西部に居住するルオ人の間でも、歌の伴奏として金属を打ち鳴らして似たリズム型が聞こえてくるという（ただ、ルオ人の演奏するそのリズム型が、ベンバやエウェのものと同一のものかどうかは、ジョーンズの記述からははっきりしない）。

では、それはどんなリズム型だろうか。

標準リズム型とビート

楽譜2－4に、そのリズム型の基本型とそのヴァリエーションを示した。このリズム型は、（西洋音楽的に表現すれば）八分音符を一拍として一二拍からなるリズム型として表記することができる。リズム型Aはそのもっとも重要な「原型」と言えるもので、二＋二＋三＋二＋三の拍数で構成され、鉄製ベルなどの楽器ばかりではなく、地域とジャンルによっては歌の手拍子としても用いられる。また、アフリカ音楽は反復を原則とするため、同じリズム型がBのように「逆転して」演奏されたり、聞こえたりすることもある。さらに、リズム型Aは二つの付点四分音符がCのように、一対二の比で二分割されることも非常に多い。同様に、リズム型BもDのように分割されて演奏されることがある。その他、リズム型Eも、とくに西アフリカで頻繁に用いられる。このリズム型の構造は、リズム型Bにおいて付点四分音符が一対二ではなく、二対一の比で分割されたと考えることができる。しかし、実際に合奏のなかで演奏されるリズム型Eは、リズム型Cとの強い類似性を感じさせ、むしろCの最後の付点四分音符に相当する音価が一対二ではなく、二対一の比に分割された、リズム型Cのヴァリエーションのように聞こえることが多い。

楽譜 2-4　アフリカに遍在するリズム型（標準リズム型）

さて、これらのリズム型は、アフリカ人の感覚からすれば、合奏の一

写真2-4　ガーナの単体鉄製ベル

写真2-5　ガーナの二叉鉄製ベル

パートとして演奏しているというよりも、実際には「拍子を取っている」感覚なのである。そのような役割を果たすリズム型をアフリカ音楽研究では、ふつう「タイム・ライン・パターン」と言う。タイム・ライン・パターンとは、主観的に数えるべき規則的な拍を演奏のなかに伴奏リズムとしてとり入れたもので、実際には単に一拍ずつ拍を刻むだけでなく、さまざまなリズム変奏を伴って現れる。そして、タイム・ライン・パターンには地域や民族によってさまざまなリズム型があるが、今挙げたAからEまでのリズム型は、サハラ以南のアフリカ大陸の広大な地域に見られることから、この地域の音楽的同質性を裏付ける根拠のひとつになっている。これらのリズム型は、俗に「ベル・パターン」と呼ばれる。それは、このリズム型がとくに西アフリカでは、よく鉄製ベル（写真2-4、2-5）によって奏されることから来ている。しかし実際には、このリズム型は鉄製ベルばかりでなく、民族集団によって高音太鼓や太鼓の胴の側面、あるいはビール瓶、斧の刃など、要するによく音の通る楽器や器具で打奏される。今日のアフリカ音楽研究では、これらのリズム型はふつう「標準リズム型」と呼ばれているので、本書でも以後、この用語を用いることにしよう。

ここで、標準リズム型に関して、ひとつ注意しなければならないことがある。それは、このようなリズム譜で表してしまうと、われわれは標準リズム型を四分音符を一拍として「シンコペーション」のきいたリズム型として演奏してしまいがちだが、じつはアフリカ人が標準リズム型を演奏するときには、八分音符を「基本パルス」として感じながら演奏する、ということである。したがって、たとえばリズム型Aであれば、二＋二＋三＋二＋三の拍数を意識しながら、あえてカタカナ表記をすれば「タン・タン・タンン・タン・タンン」（「ン」は無音を表す）といった感じで演奏することになる。

それをわかりやすく示したのが、**楽譜2－5**である。このようにリズムを基本パルスに基づき、X印（打奏時）とドット（休止時）で表す方法（これを本書では「ドット譜」と呼ぶ）は、西洋音楽の楽譜に付随するさまざまな先入観を排除するために、近年、アフリカ音楽の議論でよく用いられるようになった。ドット譜の冒頭に記した数字（12）は、リズム型の基本パルス数を表している。このドット譜では、前述した無音「ン」の部分はすべてドットで示されることになる。

基本パルスに関して重要なことは、アフリカ人は標準リズム型を演奏する際に、この基本パルス三つをひとまとまり（ビート）として感じている、ということである。楽譜2－5Aに、標準リズム型Aとそのビートをドット譜で記した。このビートは、リズム型Aを奏しながら、足で拍子を取る場合やこのリズム型で踊りのステップを踏む場合などに、はっきりとした形で現れる。このリ

楽譜2-5　標準リズム型とビートの関係

A	標準リズム型A	12	X . X . X . . X . X . . |
	ビート	12	X . . X . . X . . X . . |
B			
	標準リズム型B	12	. X . X . . X . X . X . |
	ビート	12	X . . X . . X . . X . . |

ズム型の最初の三音が、ビートのリズムと音価比二対三のポリリズム（垂直的ヘミオラ）を形成していることに注意しよう。

さらに注意を要するのは、標準リズム型Bとビートとの関係である。西洋のリズム譜で表記すると、隠されてしまうアフリカ・リズムの微妙な構造がここに顕在化している。すなわち、ビートに合わせて、このリズム型をドット譜で表すと（楽譜2－5B）、楽譜2－5Aの後半部分からも明らかなように、このリズム型は最初のビートが打たれた後、基本パルスひとつ分遅れて打たれるということがわかる。楽譜2－4に示したリズム型Bは、単に聞こえて来たリズムの印象を西洋譜に起こしたにすぎず、アフリカ・リズムの構造を厳密に表したものではなかったということが、これによって明白になる（参考のため、ドット譜の上にリズム譜も併記しておいた）。

さて、ジョーンズをまねて、ぼくが日本で入手できる多くのアフリカ伝統音楽のCDを聴き比べて標準リズム型を探してみると、西アフリカ沿岸部は標準リズム型の宝庫と言って良いほどこのリズム型（とくにリズム型CとE）に頻繁に出くわす。また中部・南部アフリカでも音楽のなかで標準リズム型が現れることは多い。ただ、限られたぼくの経験では、東アフリカではこのリズム型にぶつかることは比較的少ないという印象を受ける。この標準リズム型の分布の問題に関しては、のちにくわしく検討することにしよう。

読者諸氏が標準リズム型を耳にしたければ、西アフリカ（たとえば、ガーナやトーゴのエウェ人）の太鼓合奏を聴いてみるのがもっとも手っ取り早い。さまざまな太鼓の合奏に合わせて、かなり速いテンポで金属音が聞こえてくるはずだ。これが、鉄製ベルで奏でられている標準リズム型である。読者諸氏も、まずはこのリズム型を手で打って、アフリカのリズムを体感してみてはどうか。

標準リズム型の覚え方

さてこのリズム型、アフリカ人にとってはよほど重要なものと見える。それぞれの民族集団が、このリズム型のための特別な記憶法を発達させている。

ぼくの研究するザンビアのルヴァレ社会では、この標準リズム型はそのヴァリエーションも含めて、さまざまな音楽のなかに現れる。たとえば、第一章で述べた少年のイニシエーション儀礼ムカンダの際に、隔離小屋の前で夜、成人男性たちが少年たちと一緒に合唱する「ククーワ歌謡」というジャンルがある。その伴奏に用いられる一対の棒が打ち出すリズム型のひとつが標準リズム型とそのヴァリエーションなのである。あるいは、祝祭の際に踊られるムウォコロと呼ばれる踊りのカテゴリーでも太鼓合奏に合わせて、二本のバチをもった奏者が樽型片面太鼓の側面を叩いて標準リズム型を延々とくり返す（**写真2－6**、第七章第二節参照）。

写真2-6　太鼓の側面を叩いてリズム型を奏する（ザンビア、ルヴァレ社会）

ルヴァレの人々は、標準リズム型Cを「カニケ・ムンデホ・スンガモ」(kanyike mundeho sungamo)という唱え言葉で覚える。**楽譜2－6A**のドット譜からも明らかなように、この唱え言葉では、リ

楽譜 2-6　標準リズムの記憶法

A　ルヴァレ人の記憶法

```
12 .|X . X . X X . X . X X . |
   ka-nyi-ke mu - nde-ho   su - nga-mo
```

B　チェワ人の記憶法

```
12  X .  X  . X . .  X . X . . |
   cha - mpwe-te-ka  n' chi- ma - ŋga
```

C　エウェ人の記憶法

```
12  X . X X . X . X . X X . |
    ko ŋ ko ko ŋ ko ŋ ko ŋ ko ko ŋ
```

D　ヨルバ人の記憶法

```
12  X . X . X X . X . X X . |
    kɔ ŋ kɔ ŋ kɔ lɔ   kɔ ŋ kɔ lɔ
```

ズム型が唱え言葉の最初の音節「カ」ではなく、次の「ニ」から始まっている。リズム型よりも一基本パルス前から唱え言葉が始まることによって、「カニケ」の「カ」と「ケ」は実際には打奏されない基本パルスの場所で唱えられ、基本パルス全体の速度を決めているわけだ。この唱え言葉は、とくに大人が子どもにこのリズム型を教えるのに用いられる。「坊や、鍋のなかをかき混ぜな」という意味である。村では食事どきになると、主食のシマ作りが始まる。キャッサバの根を乾燥させて粉末にしたものを湯に溶き、鍋のなかでかき混ぜると、しだいに固まってシマという柔らかい食べ物ができ上がる。この言葉には、母親の料理を手伝う子どもたちへの生活上の教訓が含まれている。

ところが、これをよく調べてみると、その意味するところは想像以上に深い。老人などに聞くと、この「鍋」とは「女性の器」なのだという。なるほど、標準リズム型の唱え言葉には、子どもたちへの性教育の意味も含まれていたわけか。

さて、こうした唱え言葉には、この他にも民族集団によってさまざまなものがある。たとえば、ザンビアの隣国マラウィに住むチェワ人は標準リズム型Aを「チャンプウェテカ・ンチマンガ」(champweteka n'chimanga) と覚える（**楽譜２－６B**)。「トウモロコシのせいで具合が悪くなった」という意味である。ある少年がトウモロコシを火にあぶってから、まわりの友達に一粒もあげずに全部食べてしまった。すると、その直後にこの少年は腹を下してしまう。そこで、皆で（冷やかしながら）「チャンプウェテカ・ンチマンガ」と歌うのだ。なかなかユーモアがあって、子どもたちにとっては覚えやすい。ただ、この唱え言葉でも、ルヴァレの場合と同様、実際のリズム型では音の鳴っていない基本パルスの部分にもいくつか音節が割り当てられている（「テ」「ン」「チ」）。これは、アフリカ人がリズム型の背後に基本パルスを感じていることの証左であり、その一部を言葉の音節によって顕在化したものだと言えよう。

一方、標準リズム型の記憶法は、こうした意味のある唱え言葉だけではなく、無意味な音節からなる「口唱歌《くちしょうが》」としても各地で発達している。たとえば、西アフリカ、トーゴ南部に居住するエウェ人は彼らの鉄製ベルで演奏する標準リズム型Dを「コン・ココン・コン・コン・ココン」（koŋ kokoŋ koŋ koŋ kokoŋ）と覚える（**楽譜2-6C**）。これとたいへんよく似た口唱歌は、同じく西アフリカのナイジェリアにもある。ナイジェリア西部に住むヨルバ人は、ドゥンドゥンと呼ばれる三台の砂時計型太鼓の合奏のなかでカナンゴという高音太鼓で標準リズム型Cを奏する。そしてその口唱歌が、「コン・コン・コロ・コン・コロ」（kɔŋ kɔŋ kɔlɔ kɔŋ kɔlɔ）なのである（**楽譜2-6D**）。これらの口唱歌では、「ン」の音で実際には鳴らされない基本パルスの存在がはっきりと示されている。

それにしても、サハラ砂漠より南の地域に広く分布するこの標準リズム型。それはあたかも、何者かがかつて大陸を縦横に駆けめぐった跡のようだ。アフリカの歴史には不明な点が多いけれど、アフリカにも太古から大陸を縦横断する遠距離間の移動や伝播があったのである。自動車も飛行機もない時代に、アフリカ大陸のジャングルやサバンナの奥地を広く旅することなど想像すべくもないが、しかし、たしかにリズムは人とともに旅をする。

旅するリズム

さて、リズムが旅をするとはいえ、アフリカにおける標準リズム型の遍在の歴史的な根拠を探り当てようとすることは、とてつもない企てである。なぜなら、われわれの世界と違って、多くのアフリカ社会は伝統的に「無文字社会」であり、歴史的な事柄を文字にして残してはいない。たとえば、一三世紀はじめには西アフリカ海岸地域ですでに「あるリズム」が演奏されていたが、一五世紀末になると同じリズムがコンゴ盆地でも演奏されるようになっていた、などと推定させるような文字資料が皆無なのである。だから畢竟、考古学的資料に基づきながら、何とも頼りない推定をするほかはない。とはいえ、リズムそのものは考古学的資料にはなりえないから、現在でも標準リズム型を演奏する楽器、つまり、鉄製ベルに焦点を当てた推定ということになる。より具体的に言えば、製鉄技術の伝播と人の移動によって、標準リズム型の遍在の背景を考えてみるということだ。

このような問題に対して、状況はまったく絶望的というわけではない。問題の解明に有益な研究がすでにいくつか世に出ている。たとえば、著名なアフリカ史家のヤン・ヴァンシナは、サハラ以南のアフリカ大陸における鉄製ベルの過去と現在の分布を調べ、それをもとに分布図を作成している。**図2－2**は、それを一般向きに簡略化したものだ（なお、この図では、ぼくが西アフリカの情報を補足した）。一方、クービックは同じ地域の標準リズム型の分布図を作成している（**図2－3**）。彼によれば、汎アフ

図2-2　鉄製ベルの分布図

図2-3　標準リズム型の分布図

リカ的なポピュラー音楽が広範囲に拡散する前の二〇世紀前半までは、標準リズム型の分布はアフリカ言語学でいうところの「ニジェール・コンゴ語族」の比較的狭い地域に限られていたという。具体的には、西アフリカのギニア湾沿岸、そして中部アフリカの西部とコンゴからザンビア、アンゴラにいたる地域である。

さて、ヴァンシナの鉄製ベルの分布図とクービックの標準リズム型の分布図を比較してみると、両者が驚くほど重なり合っていることがわかる。唯一の際立った違いは、東アフリカにおける分布だ。東アフリカには鉄製ベルは存在しないが（図2－2）、図2－3には標準リズム型の分布が記されている。ところが、クービックのテキストをよく読んでみると、二〇世紀まで東アフリカでは標準リズム型は知られていなかったとくり返し述べている。この分布図は、おそらく今日の状況をやや加味したものだろう。

いずれにしても、ヴァンシナとクービックの分布図には大きな食い違いはないようだ。したがって、標準リズム型の伝播の歴史を鉄製ベルの伝播の観点から考えてみることは、あながち的外れとは言えまい。では、鉄製ベルの発祥地はどこなのか。また、標準リズム型の発祥地はどこなのか。

まず、鉄製ベルの成立は、明らかに製鉄技術の発達と密接に結びついている。そして、現在の考古学が明らかにしているのは、サハラ以南のアフリカにおける初期の鉄器時代文化の中心地は、スーダン北部のメロエ文化とナイジェリア北部のノク文化であったということである。ともに紀元前六世紀ころからと言われている。このなかでヴァンシナの分布図に含まれるのは、言うまでもなく西アフリカ最初の鉄器時代文化とされるノク文化である。事実、ヴァンシナは鉄製ベルの起源は西アフリカであるとし、この楽器の名称の分布など言語学的な資料に基づいて、鉄製ベルの発祥地はナイジェリアとカメルーンの南部国境付近であろうと推測している。

一方、標準リズム型の発祥地をクービックは、考古学と言語学の資料に基づいてアフリカ言語分類でいうところ「クワ語派」（ニジェール・コンゴ語族の一語派）地域であると見る。その根拠のひとつは、この地域が今日まで鉄製ベルの使用と標準リズム型の演奏においてもっとも優勢だからである。このクワ語派とは、西はコートジボワールからガーナ、トーゴ、東はナイジェリアまでの広い地域で話されている言語で、ファンティやアサンティ（ないしアシャンティ）、エウェやヨルバ、イボなど、多くの民族集団がここに含まれる（図２－４）。

では、この西アフリカから鉄製ベルや標準リズム型が、どのようにして中部や南部のアフリカ大陸にまで拡散していったのだろうか。ニジェール・コンゴ語族のなかに「バントゥー語」（ベヌエ・コンゴ語派のひとつ）と言われる言語がある。これはアフリカ大陸の中部、南部、東部の広大な地域に分布する言語だが、その発祥地はカメルーン最西端とされている。ナイジェリアとの国境付近で、ヴァンシナのいう鉄製ベルの発祥地とほぼ同一のところだ。今日の歴史言語学では、詳細に関しては諸説異なるもの

図 2-4　鉄製ベルと標準リズム型の発祥地

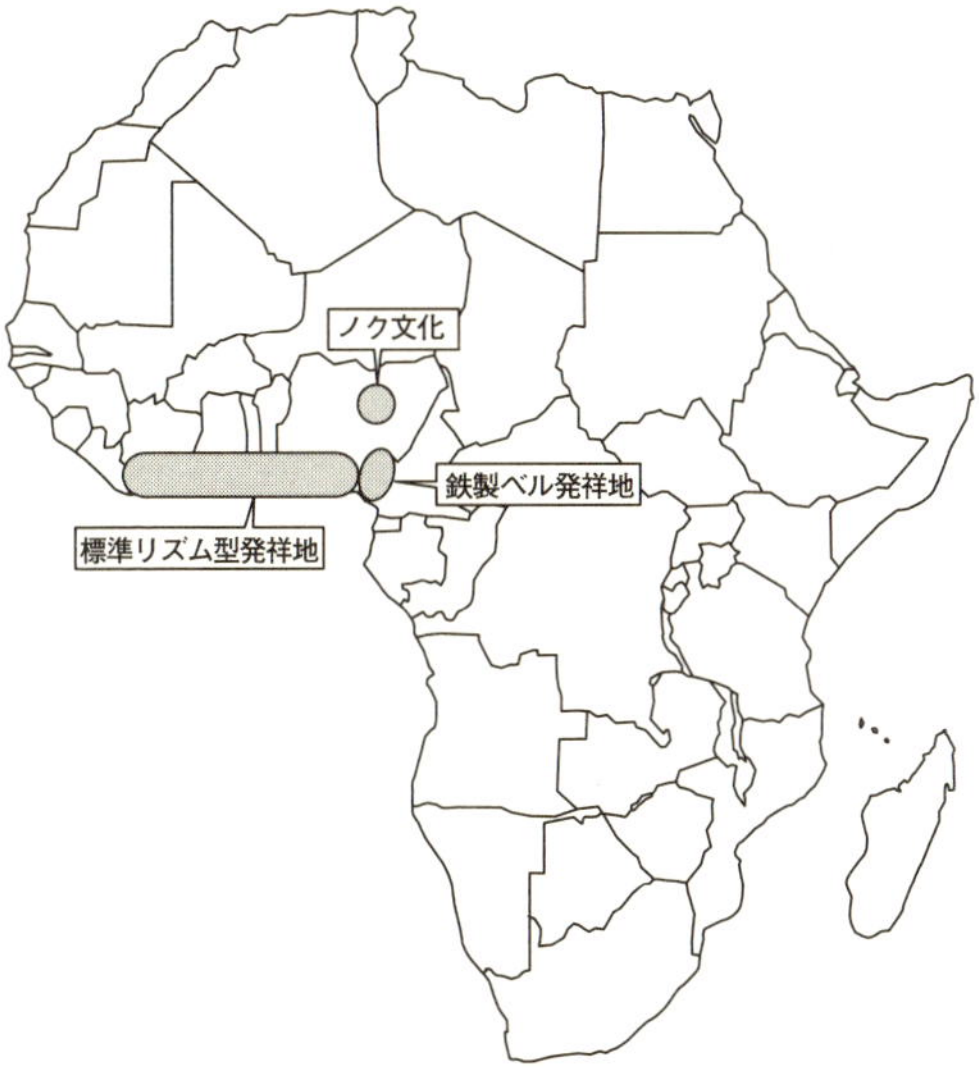

図 2-5　バントゥー系民族の移動図

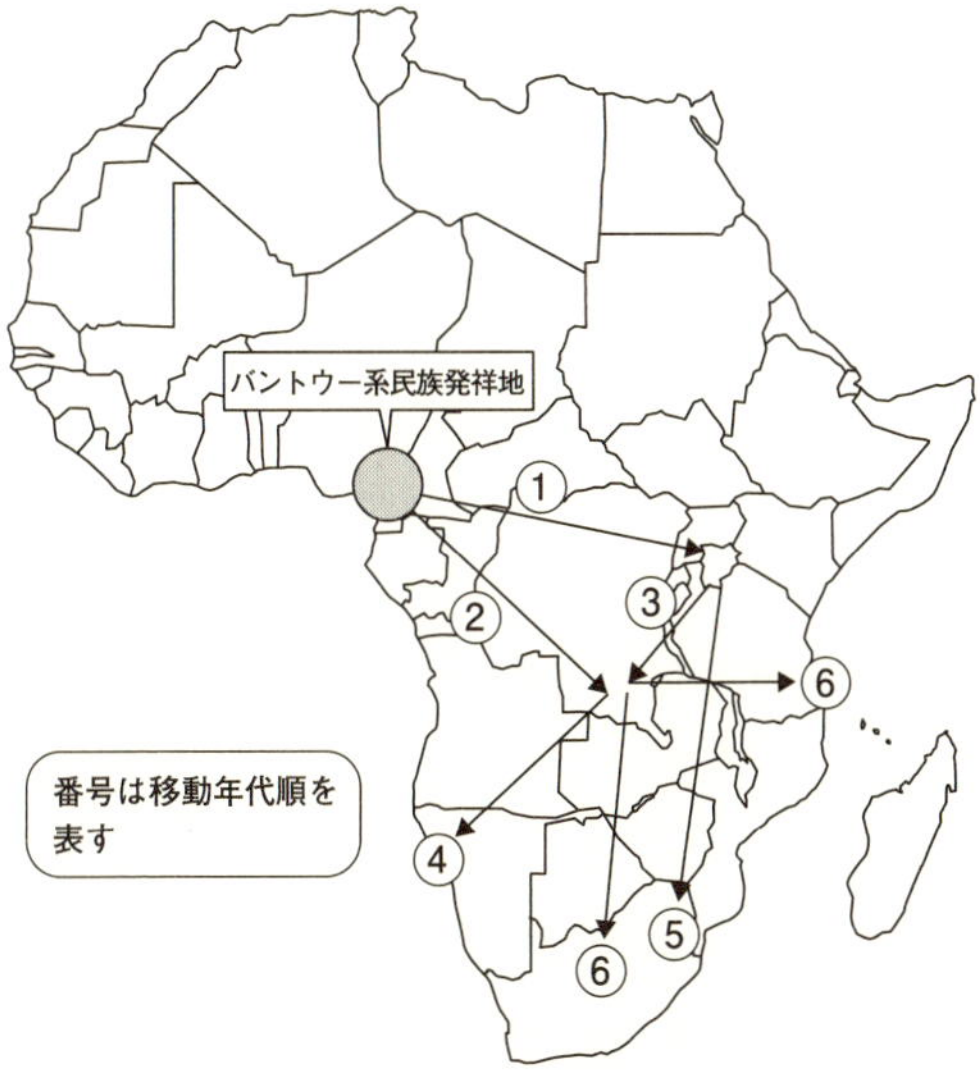

の、基本的には紀元前一〇〇〇年ころから紀元一〇〇〇年くらいまでの間に、バントゥー系民族はその発祥地から数次にわたる移動の波にのって大陸の東部、中部、南部に拡散していったと考えられている。したがって、西アフリカに起源をもつとされる鉄製ベルも標準リズム型も、このバントゥー系民族の移動によって大陸各地に伝えられたと考えるのが妥当なところであろう。バントゥー系民族の移動に関しては諸説あるが、ここではデイビッド・フィリップソンの仮説によるバントゥー系民族の移動図を簡略化して示しておく（図2－5）。

さて、標準リズム型が具体的にどのように大陸各地に拡散していったかについては、クービックがひとつの仮説を提示している。クービックによれば、標準リズム型伝播の歴史は、現在の分布と言語学および文化地理学の資料を突き合わせることによって、ある程度推測が可能であるという。彼は先に述べた理由から、クワ語派地域で標準リズム型が発祥し、その後西アフリカ沿岸地帯に広まったと考えているが、その時期はバントゥー系民族がほかの地域へ拡散する前であったと推測する。バントゥー系民族が西アフリカから最初に大陸東部に移動するのは、紀元前一〇〇〇年から四〇〇年ころとされているが、大陸東部には標準リズム型は基本的に見いだされない。そのことから、クワ系民族から隣接するバントゥー系民族に標準リズム型が伝わったのは、おそらくその移動のあと、すなわち、紀元前四〇〇年以降であろうと推定する。そして、バントゥー系民族の移動の第二波によって（およそ紀元前二〇〇年以降、図2－5参照）、はじめて標準リズム型が中部アフリカ、コンゴ盆地に伝播したと見る。その後、数次に及ぶバントゥー系民族の移動によって、大陸の中部、南部の広い地域に長い時間をかけて、標準リズム型が伝播したものだろうとクービックは考えている。

いずれにしても、これらの事柄はあまりにも太古の時代にさかのぼるため、考古学、言語学の資料に基づいているとはいえ、頼りない推定の域を出ない。しかし、標準リズム型が太古の時代から何世紀もの時間をかけて、人の移動とともに大陸各地に伝播したということは確実であろう。

三　里帰りしたアフリカのリズム

海を渡ったアフリカ・リズム

さて、このような先史時代に関する途方もない推定に比べると、人の移動によってリズムの伝播を説明しようとするもうひとつの方法は、はるかに実証的で説得力のあるものだ。その方法とは、実際に歴史上、人が移動したことが明らかになっている場所の移動元と移動先に同一のリズムが存在する事例を見つけ出すことである。何分にも先史時代の事柄については推測の域を出ないが、しかし、世界史の近代においてそうした事例を探り当てることは、それほどむずかしいことではない。旧大陸のアフリカから多くの黒人奴隷が新大陸のアメリカに連れて行かれ、そこに旧大陸の音楽的伝統を残したからである。たとえば、南アメリカのアフリカ系ブラジル人の間で行われている「カンドンブレ」、あるいはキューバのアフリカ系住民の間で行われている「サンテリア」、またよく知られたハイチの「ヴードゥー」。そうした宗教の儀礼音楽のなかに、標準リズム型（リズム型A、C、Eなど）は寸分たがわぬ形で顔を出す（これは、You Tube でも確認することができる）。

これらの宗教はいずれも、おもに西アフリカや中部アフリカから新大陸に運ばれた黒人奴隷たちが、

楽譜 2-7　カンドンブレの儀礼音楽（R・ウォーターマン採譜）

それぞれたどり着いた地で自らの伝統的な宗教に西洋のローマ・カトリックの諸要素を取り入れて発展させた、いわゆる「習合宗教」である。その儀礼で演奏される音楽は、ポリリズムや標準リズム型のほかにも、アフリカ伝統音楽のさまざまな特徴を色濃く残している。

たとえば、『南米の黒人音楽――神々への讃歌』（Nonesuch）と題されたCDに収められているブラジルのカンドンブレを聴いてみよう。三台の樽型太鼓アタバキと二叉鉄製ベルのアゴゴ――これは、ナイジェリアのヨルバ人の同名の鉄製ベルに由来する――が、呼唱応唱形式で歌われる男声独唱と女声合唱を伴奏する。最初アゴゴの打奏するタイム・ライン・パターンは一定のリズム型に定まらないが、アタバキと歌が安定してくると、アゴゴは標準リズム型Cを完全な形で延々と反復する。

じつは、標準リズム型の重要性がまだ認識されていなかった一九四〇年代、カンドンブレの音楽の採譜のなかでとくに意識することもなく、このリズム型を書

楽譜 2-8　クラーベ

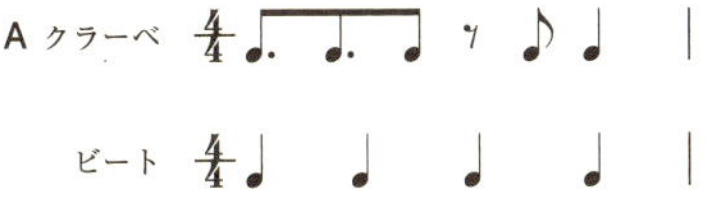

B クラーベ　16 X . . X . . X . . . X . X . . . |

ビート　16 X . . . X . . . X . . . X . . . |

写真 2-7　クラベス

き取っていた人物がいた。それは、アメリカの民族音楽学者リチャード・ウォーターマンである。彼は当時バイア州で行われたカンドンブレ儀礼でエシュ神を呼び出すための音楽を採譜し、そのなかで標準リズム型Eをしっかりと書き留めている（**楽譜２－７**）。

　こうしたカンドンブレにおける標準リズム型の存在は、リズムが人とともに旅をすること、同一のリズムが旧大陸から新大陸に伝播したことを裏付けるもっとも説得力のある事例と言えるだろう。数百年前、アフリカの黒人奴隷はたしかに、鉄製ベルとともに標準リズム型を新大陸に運んだのである。

標準リズム型とクラーベ

　さらに興味深いことは、この標準リズム型が今日われわれのよく耳にするラテン音楽のリズムの基礎を形成したと考えられることだ。ラテン音楽、とくにアフロ・キューバ音楽のソンやルンバ、マンボやサルサなどに共通して使われるリズム型に「クラーベ」と呼ばれるものがある。これは、ふつうクラベス（一対の棒状の木片を打ち合わせる打楽器、**写真２－７**）によって打奏されるリズム型で、二拍子系のリズム構造をもち、通常四分の二拍子か四分の四拍子で表記される（**楽譜２－８A**、クラーベにはさまざまな記譜法がある。楽譜2-8Bにクラーベのドット譜を示しておく)。このリズム型は、基本的に三拍子系の構造をもつ八分の一二拍子の標準リズム型とは根本的に構造が異なっているように見える。

ところが、アフロ・キューバ音楽の、たとえばルンバのリズムを詳細に調べていくと、クラーベと標準リズム型との間には強い近親性があることがわかる。「ルンバ」とは、キューバでアフリカの黒人奴隷とスペイン人入植者のそれぞれの文化的要素が融合することによって誕生したアフロ・キューバ音楽の一ジャンルである。このルンバはアフリカ音楽のリズム構造の特徴をきわめてよく残していて、三拍子系(八分の六拍子あるいは八分の一二拍子)のリズムと二拍子系(四分の二拍子あるいは四分の四拍子)のリズムがパートに分かれて同時に進行していく。つまり、ポリリズムの構造なのである。そこで奏されるクラベスのリズム型は、三拍子系と二拍子系のどちらのリズムに合わせるかによって、微妙に変わってくる。アフロ・キューバ音楽のルンバには、コルンビア、グァグァンコー、ヤンブーの三種があるが、たとえば、ルンバ・コルンビアの場合、三拍子系のリズムが主体なので、クラベスやカウベルは標準リズム型A(通常は「逆転」したリズム型B)あるいはリズム型CかEを奏することが多い。

ところが、ルンバ・グァグァンコーでは、クラベス(あるいはカウベル)は通常二拍子系のリズムに合わせるために、クラーベのリズム型で打奏される。ただ、演奏によっては、標準リズム型Aで奏される場合もまれにある(ちなみに、ルンバ・ヤンブーはゆっくりとした二拍子が基本なので、クラベスのリズム型はクラーベになる)。このことは、標準リズム型Aとクラーベのリズム型がいかに近似しているかを物語っている。言い換えれば、標準リズム型Aを本来の三拍子系ではなく、二拍子系のリズムで演奏しようとしたときに生じるのが、クラーベのリズム型だと考えることができよう。そこから、クラーベとは、アフリカの三拍子系のリズム型（標準リズム型）が西洋音楽の影響のもとで二拍子系のリズムに「変形」されたものだとする説が出てくる。

　そう主張する研究者のひとりが、前述したクービックである。すでに触れたように、クービックはアフリカ音楽ばかりでなく、アフリカ系ブラジル音楽などアフリカン・ディアスポラ音楽（アメリカ大陸におけるアフリカ系住民の音楽）の研究でもよく知られている。彼によると、クラーベとはキューバに入植したスペイン人がアフリカの標準リズム型に出会った際に、それを自分たちの拍子感覚で「再解釈」したものだという。すなわち、スペイン系キューバ人がアフリカの奴隷がもたらした三拍子系（八分の一二拍子）のリズム型を西洋音楽の二拍子系（四分の四拍子）の感覚に合わせて再編成したものがクラーベだと考える。そして彼は、標準リズム型Aとクラーベがリズム分割においていかに近似したものであるかを示すために、興味深い検証を行っている。**楽譜２－９AとB**は、八分の一二拍子の標準リズム型Aと四分の四拍子のクラーベをドット譜で表したものである。楽譜から明らかなように、標準リズム型の基本パルス数は一

楽譜 2-9　標準リズム型とクラーベ

A　標準リズム型

12　X . X . X . . X . X . . |

12　X . . X . . X . . X . . |

B　クラーベ

16　X . . X . . X . . . X . X . . . |

16　X . . . X . . . X . . . X . . . |

楽譜 2-10　引き延ばされた標準リズム型

A　標準リズム型

12　X . X . X . . X . X . . |

B　クラーベ

16　X . . X . . X . . . X . X . . . |

C　ビート

12　X . . X . . X . . X . . |

楽譜 2-11　トレシージョ

二、クラーベのそれは一六であり、前者は後者より総ドット数が少ないので、当然ドット譜の長さはそれだけ短くなる。

さて、この標準リズム型のドット譜をクラーベのドット譜と同じ一六パルスの長さに引き延ばすと、どうなるか。それを示したものが、**楽譜2－10AとB**である。すると、標準リズム型とクラーベのドット譜においてX印で示した打奏時がおおよそ一致することがわかる（とくに、一番目と五番目の打奏時はぴったりと合致する）。つまり、アフリカ固有の標準リズム型の基本パルスの感じ方を身に付けていないスペイン系キューバ人が、標準リズム型を自分たちの聴きなれた一六パルスからなるリズム型として聴き取ったものがクラーベであるというのが、クービックの解釈である。

いずれにしても、標準リズム型Aとクラーベが同根であることは間違いないであろう。しかも、クラーベでは、アフリカの標準リズム型に見たような八分音符を一拍（基本パルス）と感じるようなリズム感覚は消滅し、クラーベは四分音符を一拍としてシンコペーションの効いたリズムとして演奏される。とくに、クラーベの四拍子の前半の二拍は三＋三＋二の音価に分割される（**楽譜2－11**）。このリズムは「トレシージョ」と呼ばれ、そのヴァリエーションを含めると、ラテン音楽ばかりではなく、リズム・アンド・ブルース、ジャズ、ロックンロールなどにも多用され、その後の世界のポピュラー音楽の形成と発展に甚大な影響を及ぼした。そして、そのもととなったリズムが、これまで述べたように、アフリカ伝統音楽の標準リズム型だったのである。

「今日のポピュラー音楽のもとにはアフリカ音楽がある」などといった言い回しをよく耳にするが、それは決して主観的な印象や根拠薄弱な憶測などではなく、ある意味で音楽分析上導き出された、歴史的事実に合致する言説であるということができる。

標準リズム型のその後

さて、標準リズム型の「物語」はこれで終わりではない。標準リズム型の「再解釈」されたリズム型、すなわち、クラーベが、じつは歴史の「いたずら」(?)によってアフリカ本土に里帰りすることになるのである。

西アフリカ、ギニア湾岸で強大な勢力を誇っていたアサンティ帝国は、一九世紀になると、進出してきた大英帝国植民地勢力と激しく衝突し、四度にわたるアングロ・アサンティ戦争をくり広げる。そして、一八七三年に始まる第三次アングロ・アサンティ戦争の際に、イギリス軍は西インド諸島から連れてきた相当数の兵士たちを現在のガーナ南部に駐留させる。そして、この西インド諸島連隊には鼓笛隊が含まれていた。この西洋式のカリブ海軍楽隊にやがて土地の人々が雇われて、イギリスや西インド諸島のポピュラー音楽を一緒に演奏するようになった。こうして、あのクラーベが西アフリカに伝わるのである。その後、土地の人々が彼らの軍楽隊をモデルに楽団を結成し、メントやカリプソに倣ったアフリカ独自のダンス音楽をつくり出していった。かくして、クラーベがもっとも特徴的なリズムとして現れる、西アフリカ独自のポピュラー音楽「ハイライフ」が誕生する。

一方、さらに時代が下った二〇世紀初頭に、今度はベルギー領コンゴ(現コンゴ民主共和国)に、西インド諸島からやって来た出稼ぎ労働者たちによってクラーベがもたらされる。ふつうコンゴのルンバ音楽は、一九三〇年代、四〇年代にラジオとレコードを通じてアフロ・キューバ音楽がこの地域に広まったことによって成立したと説明される。このように主張する多くの文献は、この地域のある歴史的な事実を完全に見落としている。

コンゴ民主共和国出身の民族音楽学者カザディ・ワ・ムクナによると、この音楽はもともと二〇世紀初めにコンゴの出稼ぎ労働者の飯場で生まれたものであるという。一九世紀終盤になると、コンゴ自由国、そしてその後のベルギー領コンゴにヨーロッパ系企業が次々と進出して、鉱山開発と鉄道建設に着手するようになる。とくに、それまでのゴム産業が輸出の減少によって衰退し、代わりに南部のカタンガ州で銅山が見つかると、銅輸出のための鉄道の建設が急務となった。しかも、第一次大戦の勃発とともに、銅の需要は急速に高まった。ところが、それらの労働に従事する人手が地元の人々だけでは間に合わず、深刻な労働力不足に陥った。そこで企業は、周辺国のモザンビークやマラウィ、さらには西インド諸島などから労働力を確保したのである（驚くべきは、ここに中国のクーリーも含まれていた）。

これらの文化的背景の異なる人々が一緒に暮らす飯場で、後の「コンゴ・ルンバ」の萌芽としての新しい娯楽音楽の形式が生まれた。こうした文化的状況のなかで、西インド諸島出身の労働者たちが、アフロ・キューバ音楽とクラーベをこの地にもち込んだことは想像にかたくない。その後、アフロ・キューバ音楽のレコードがラジオでも盛んに流されるようになって、アフリカの聴衆の間に広範な支持を広げていった。さらに重要なことは、一九三〇年代になると、コンゴの外国企業はナイジェリアやセネガル、ベナンなど西アフリカからも出稼ぎ労働者を雇うようになる。そして、この西アフリカの人々が、前述したハイライフ音楽をこの地にもたらすのである。やがて、地元の人々による楽団がいくつも結成されて、とくに第二次世界大戦後、アフロ・キューバ音楽の影響のもと独自のアフリカ的なポピュラー音楽をつくり上げていった。それが、日本でもよく知られたダンス音楽「リンガラ音楽」である。

さて、長い年月を経て標準リズム型がクラーベに様変わりしてアフリカ本土に里帰りしたとき、どうなったか。それを聴いたアフリカ人は、長い間会っていなかった旧友に出会ったかのように、「血が湧いた」という。例えてみれば、美しく着飾って別人かと思ったが、服を脱いでみたら、じつは自分たちと同じ「アフリカ人」だったといったところであろう。

アフリカ音楽の標準リズム型も、随分と数奇な運命をたどったものである。

四　アフリカ音楽は変拍子か

風変わりな研究

一九六一年に出版された『中央アフリカの音楽――民族音楽学的研究』という本がある。いろいろな面で変わった本である。著者は、第一章第四節で触れたローズ・ブランデル。一九六一年と言えば、文化人類学的な音楽研究の重要性を説いたアラン・メリアムの有名な『音楽人類学』が世に出る三年前だ。

第二次世界大戦後、アメリカの地で民族音楽学は飛躍的な発展を遂げた。ナチスの迫害を逃れたユダヤ系の比較音楽学者たちがヨーロッパからアメリカに移住し、新天地で民族音楽学の学徒を大量に育てたからである。そして一九五〇年代に入ると、メリアム自身を含めて民族音楽学者は、現地に赴いてフィールドワークをしながら資料を収集するという研究のスタイルが一般的になった。アメリカばかりではない。イギリスでも、ジョーンズにしろ、ジョン・ブラッキングにしろ、みなアフリカの地に赴いてフィールドワークをし、それに基づいて研究成果を発表している。この研究手法が、戦前の比較音楽学と戦後の民族音楽学とを分け隔てる境界《けいかい》のひとつになったと言っても良いだろう。

ところが、このブランデルというアメリカ人女性の研究手法は、まるで違っていた。自らはニューヨークに身を置いて、デニス・ルーズベルト探検隊の録音したアフリカの音源や南アフリカで活動していたアフリカ音楽収集家ヒュー・トレイシーの録音資料、それに当時市販されていたフォークウェイズのレコードから、ガボン、中央アフリカ共和国、コンゴ民主共和国、ルワンダなどの諸民族の音楽を全五二曲採譜し、それに基づいて音楽構造を徹底的に分析して博士論文を完成させたのだった。それが、『中央アフリカの音楽──民族音楽学的研究』である。

第一章でも触れたように、アフリカ音楽を正確に採譜するための理想的な条件とは、採譜者自身がその音楽を演奏できること、少なくともその音楽文化に体験を通して精通していること、である。だから、ふつうアフリカ音楽研究者は、ひとつの民族集団、あるいはせいぜい二つの民族集団くらいしか扱えない。ところが、このブランデルは、中部アフリカの諸国を横断するようにして多数の民族集団の音楽を、それも他人の録音資料を使って採譜した。そこからして、すでに彼女の採譜全体に対して深い疑義が生じてくる。たとえば、歌を採譜する場合、そんなに多くの民族集団の音楽を扱って、どのようにしてその歌詞を正確に書き取るのか。各民族集団の言語も理解せずに、そんなことができるわけがない。ところが、彼女の採譜を見てみると、歌の旋律にはちゃんとアルファベットの歌詞が記載されている。それらは、音源から聞こえてくる言語音を当該言語のわからぬブランデルが表面的に聴き取った、おそらく言語学的には「デタラメな」歌詞なのである。その証拠に、たとえば、アフリカの歌の歌詞の表記の場合、西洋の歌曲などと同様に、通常その言葉の意味に従って、単語ごとに音節をハイフンで結ぶ（楽譜1－4参照）。ところが、ブランデルの採譜した歌の歌詞には、音節の間にそのようなハイフンが一切付けられていない。各集団の言語がわからないのだから、当然である。

さらに驚くべきは、ニューヨーク大学の博士過程でこのブランデルを指導していたのが、何と、かの有名な比較音楽学者クルト・ザックスだったということだ。クルト・ザックスと言えば、日本でも訳書のある『音楽の起源』や『音楽の源泉——民族音楽学的考察』などの著者として広く知られた比較音楽学者である。要するに、ブランデルの『中央アフリカの音楽』は、副題に「民族音楽学的研究」と銘打ってはいるものの、その実、戦前にザックスがやっていたのと同じ研究手法、すなわち、当時すでに時代遅れとなった「比較音楽学的手法」に基づいて書かれたものだったのである。ザックスも指導教官として、もう少しまともな指導をブランデルに施すべきであった。

ブランデルのヘミオラと付加リズム

さて、ブランデルをやや厳しく批判することになったが、では、彼女のアフリカ音楽研究はその欠点ゆえに、完全に歴史から葬り去られたかと言うと、決してそうではない。彼女が他人の収集したアフリカの音源を使用して次々と採譜していくうちに、これはアフリカ・リズム一般に共通した基本的な特徴ではないかと思われるリズム構造に遭遇した。そしてそれを、彼女は西洋音楽の用語を転用して「ヘミオラ」と名づけた。このヘミオラという用語は、今日アフリカ音楽のリズム構造を説明する際にしばしば用いられる。こうしてブランデルは、さまざまな批判を受けながらも、アフリカ音楽研究史上にそれ

楽譜 2-12　ブランデルの「長い音価」と「短い音価」

なりの貢献をしたのである。
　ヘミオラの語源であるギリシャ語の「ヘミオリオス」は、もともと「一と二分の一」のことを意味した。ところが、このヘミオラという語が一五、六世紀、西洋の音楽理論のなかで使われるようになると、（非常に単純化して言えば）二つの付点二分音符の音価のところに三つの二分音符を当てはめるような「拍子の転換」を意味するようになった。近代になるとさらに意味が拡大し、三拍子二小節のところを二拍子三小節であるかのように記譜してある部分を指すようになる。これらの用語法に共通している点は、本来二分割（二拍子）であるところを三分割するということである。
　ブランデルは、さきに挙げた地域の音楽を調べていくうちに、音楽のなかで「短い音価」と「長い音価」が頻繁に交代するという現象に気づく。しかも、その音価の比とは二対三であった。いわば、四分音符と付点四分音符の関係だったわけである。じつは、この四分音符と付点四分音符の関係こそ、二拍子を三分割したときに起こる一拍の音価の関係なのである（楽譜2－12）。その典型的なアフリカ音楽の例は、第一章第四節に挙げた「日の入りの歌」（楽譜1－5）に見ることができる。
　しかし、ブランデルのヘミオラの議論は、それほど単純ではない。ブランデルによれば、アフリカのヘミオラには、（ぼく流にわかりやすく表現すれば）「分割リズムのヘミオラ」（西洋音楽でいう従来のヘミオラ）と「付加リズムのヘミオラ」の二種類があるという。この「分割リズム」と「付加リズム」というのは、彼女の師匠のザックスが考え出した用語だ。分割リズムとは、大きな時間単位（たとえば、一小節）をより小さなリズム単位に「分割」することによって生み出されるリズム構造（たとえば、二拍

楽譜 2-13　マンベツ人の歌

A　分割リズムによる記譜

B　付加リズムによる記譜

子や三拍子）で、その分割はつねに規則的で均一である。一七世紀以降の西洋音楽に特徴的なリズム構造である。それに対して、付加リズムとは、二拍や三拍といった小さな拍をいくつも「付加」することによって大きな時間単位をつくり上げていくリズム構造で、そこでは各拍の音価は不規則で均一ではない。これは、古代ギリシャ、インド、中東などの音楽に典型的に見られるリズム構造である。

ブランデルは、アフリカ音楽を採譜する場合、同じ曲を分割リズムとしても付加リズムとしても記譜できるとして、コンゴ民主共和国北部に住むマンベツ人の音楽の二種類の採譜を提示した（**楽譜2－13AとB**）。楽譜2－13Aは、分割リズムの構造として採譜した例で、一貫して四分の三拍子で記譜されている。その結果、ところどころに不規則なアクセントが付けられ、一種の「シンコペーション」が生じている。それに対して、楽譜2－13Bは八分の三拍子、一六分の五拍子、一六分の七拍子などと目まぐるしく拍子が変化する。ここでは、五拍子は二拍＋三拍、六拍子は三拍＋三拍、七拍子は二拍＋二拍＋三拍というように各拍子が構成され、付加リズムの連続として記譜されていることがわかる。そしてブランデルは、アフリカ音楽は一般に付加リズムの構造として、すなわち、楽譜2－13Bのように採譜すべきだと結論づけた。なぜならば、それによってつねに「短い音価」と「長い音価」（二対三の比をもつ音価）、すなわち、二拍と三拍の連続としてのリズム構造があらわとなるからである。そして、このリズム構造こそ、ブランデルが第一義的に「ヘミオラ」と呼んだ構造だった（このブランデルの用語法は、通常西洋音楽でいうところの「ヘミオラ」とは異なる）。

ところが、この曲を分割リズムとして採譜してしまうと（楽譜2－13A）、そのヘミオラの構造が隠れてしまって見えてこない。こうして、ブランデルはアフリカ音楽をつねに拍子の変化する構造、西洋音楽でいうところの、いわゆる「変拍子」として採譜する方法を採用したのだった。

付加リズム論への反論

ブランデルが、このようにアフリカ音楽を変拍子として採譜しようとする根拠は、いま見たように、彼女がアフリカ音楽を付加リズムによって構成されたものと考えているからである。同時に、いわゆる「シンコペーション」を排して、それぞれアクセントのある音を小節の始まりと考えようとする発想もあった。こうした考え方は、じつは第一章のポリリズム論のところで詳述したジョーンズのそれとたいへんよく似ている。実際、ジョーンズも、「アフリカのリズムは多分に付加リズム的なので、常時変化する音価のリズム型が続き、変拍子の連続としてしか記譜することができない」と述べている。

そう言えば、アフリカ音楽研究の泰斗クワベナ・ンケティアも、「付加リズムを使うことは、アフリカ音楽のリズム構成の特徴である」と述べている。ところが、彼の名著『アフリカ音楽』に掲載されている楽譜を見ると、それらはことごとく、八分の六拍子か四分の三拍子、あるいは四分の二拍子で記譜された、分割リズムによる楽譜なのである。変拍子にはなっていない。これはいったい、どうしたことか。

そこで、ンケティアのテキストをもう一度注意深く読んでみると、彼の付加リズムの議論は二拍子や三拍子の拍子構造を前提としていて、付加リズムによって変拍子が構成されるとするブランデルやジョーンズの考え方とは根本的に異なっていることがわかる。要するに、ンケティアのいう「付加リズム」とは、二拍子や三拍子の時間幅（一小節）を不均等に「分割」しているリズム構成（たとえば、標準リズム型）のことを指しているにすぎない。

ここで想起しなければならないのは、第一章で論じたコフィ・アガウの新「ポリリズム論」である。すなわち、アフリカのリズム構造には「階層」があり、この「階層」においては、「前景」でどのようなリズム上の変化や工夫が行われようと、「背景」の拍子構造はつねに一定であるという考え方である。この考え方に従えば、ブランデルのように、付加リズムを基本概念としてアフリカ・リズムを説明することは、根本的な誤りだということになる。現にアガウは、「付加リズムとはアフリカ音楽にとってきわめて疑わしい概念で、一種の神話だ」と断じる。彼がそのように主張する根拠は、アフリカの音楽家が演奏するリズムを実際「付加リズム」として考えてはいない、ということだ。

ここで、もう一度、前節で取り上げた標準リズム型のことを思い起こしてみよう。楽譜２－５Ａ（61ページ）のドット譜では、標準リズム型は二＋二＋三＋二＋三という基本パルスで構成され、たしかに「付加リズム的」な外観を呈する。しかし、それはあくまでもアガウのいう「前景」であって、ドット譜に示したように、そこには基本パルス三つ分（付点四分音符の音価）のビートが「背景」としてつねに存在している。すでに触れたように、このビートは、踊りの際などにステップのリズムとして表れるものだ。そこでアガウは、ブランデルの採用したマンベツ音楽の採譜（楽譜2－13B）を引き合いに出して、マンベツ人の女性は五拍子、六拍子、七拍子、三拍子とステップを踏んで踊るのだろうか、と皮肉る。要するに、付加リズムという概念は、実際のアフリカ人の音楽の考え方を反映したものではないし、変拍子として採譜することは、アフリカ音楽の本来の構造を反映したものではない、ということである。このことは逆に、一貫して分割リズムとしてアフリカ音楽を提示したンケティアの『アフリカ音楽』の楽譜が正当であることを裏づける結果となっている。

こうして、ブランデルがもっとも強調した「付加リズムのヘミオラ」の存在は否定された。しかし、それでもなお今日、アフリカ音楽研究でブランデルの名は俎上に上がる。それは、おそらく彼女の意に反して、「分割リズムのヘミオラ」だけがアフリカ音楽のリズム構造を説明する有効な概念として認められたからである。

五　アフリカ・リズムのサウンドスケープ

サンゴールとアフリカ・リズム

戦後、セネガル共和国の初代大統領となり、政治家として、またすぐれた詩人、思想家としてアフリカ社会に大きな影響を及ぼした人物にレオポール・サンゴールがいる。一九三〇年代、四〇年代に西洋植民地主義に抗して、抑圧された黒人文化の復興と民族的価値の復権を唱えるネグリチュード運動を牽引した、アフリカを代表する知識人の一人である。彼の言葉はさまざまな文脈でしばしば引用されるが、アフリカのリズムに関しても、彼の見解は示唆に富んでいる。

サンゴールは、リズムを「アフリカ美学」の中核にある問題のひとつとして捉えた。それは、リズムが音楽のみならず、舞踊や詩歌、さらに建築、彫刻、絵画などさまざまな創造的な分野において、輪郭、量感、アクセント、動きなどによって、もっとも感覚的に表現されるからである。たとえば、詩歌の朗誦においては、各音節の強弱の交替とテンポの緩急の交替によってリズムがつくり出される。彫刻においても、たとえばマリのバンバラ人のアンテロープをかたどった仮面を見ると、それは動物そのものではなく、動物の霊を表していることがわかる。それはある「様式」に基づいた表現であり、その「様式」とはリズムに支えられている。また、アフリカの壁画においても、輪郭、色彩、人物、幾何学模様が一定の間隔でくり返されることによって、そこにリズムが生まれている。サンゴールによれば、リズムには感覚を通して人間存在の根幹をゆさぶる力があり、アフリカ文化ほど、このリズムが圧倒的な力をもって支配している文化はない。

こうしたサンゴールのリズム観は、アフリカのリズムをこれまでのように、単に「音楽的要素としてのリズム」のみに限定して論じていては充分に捉え得ないことを示している。一九八〇年代に入ると、アフリカ・リズム論がアフリカのあらゆる創造的活動、さらには生活や文化全体を貫く「時間感覚」の問題にまで拡大していったのも、そのような認識が研究者の間で台頭してきたからに他ならない。

マイクロリズムとマクロリズム

狭義であれ、広義であれ、リズムとは基本的に時間観念を前提とするものであるが、では、その前提となる時間そのものに対するアフリカ人の考え方や感じ方は、果たして西洋近代のそれと同じなのだろうか。

一九八〇年代初頭に、従来のアフリカ・リズム論にこうした根本的な疑問を投げかけた人物が、『音楽人類学』の著者アラン・メリアムであった。メリアムが飛行機事故で一九八〇年に急死したことは第一章で述べたが、彼の死後出版された著作に「アフリカ音楽のリズムと時間認識の概念」と題された論文がある。ここでメリアムは、アフリカ文化固有の時間認識のあり方を検討し、これまでのアフリカ・リズム論そのものの枠組みを問い直す問題提起をしている。

メリアムはアフリカの時間観念を扱ったそれまでの民族誌的資料をもとに、アフリカの時間観念は非線的・非連続的・非可測的観念であるとした。西洋では、時間は本質的に「直線的な」観念である。つまり、時間とは始めもなく終わりもなく、等間隔で進んでいく「パルス」の反復的連続として理解されている。そして、この時間観念が、通常われわれが音楽のリズムを考える際の前提となっている。だから、規則的な拍子やパルスといった考え方がそこに成立し、逆にそれに対立するものを「不規則なリズム」とか「シンコペーション」とかいった言葉で表現するのである。

ところが、アフリカでは、時間はふつう自然現象や社会的な出来事と関連づけて考えられているため、社会によっては過去と現在の観念はあっても「未来」という観念がなかったり、あるいは死後の「再生」の観念があったりで、アフリカの時間観念は必ずしも「直線的」であるとは限らない。場合によって「環状」であったり、「らせん状」であったりする。もし、そうだとすると、「直線的な」時間観念を前提とする西洋のリズム分析の方法を基本的に適用してきたこれまでのアフリカ・リズム論（アフリカ人研究者のものも含めて）は、果たして妥当なものだったのだろうか。

従来のアフリカ・リズムの分析がある程度成功していることを暗に認めながらも、メリアムはこうして、とてつもなく大きな認識論的な問題を投げかけた。しかしながら、その後彼が急死したため、この問題提起は彼自身によってそれ以上深められることなく、終わりを告げたのだった。

じつはちょうどその頃、これと似た観点から、これまでのアフリカ・リズム論に疑念を抱いていた人物がいる。南部アフリカ、ジンバブウェのショナ人の音楽を研究していたロバート・カウフマンである。カウフマンもリズム論の考察にあたっては、その基礎となる時間観念の検討は避けることができないと考えていた。たとえば、アフリカ人は異なる拍子のリズムを同時に進行させるポリリズムの演奏を、どうしてあれほど簡単にやってのけるのか。

そこには、おそらくアフリカ人と西洋人との間の時間感覚の相違が関係しているにちがいない。つまり、西洋の単一的な時間感覚に対して、アフリカ人は何らかの多元的な時間感覚をもっているのではないか。もし、そのようなアフリカ文化固有の時間感覚があるとすれば、そうした感覚はおそらく、ポリリズムに合わせて身体の各部を動かしながら踊っている母親の背中に、幼児が負ぶさりながら身につけていくような、幼児期に培われる感覚なのであろう。そうカウフマンは考える。

また、時間感覚と身体運動が密接に結びついているのだとすれば、アフリカによく見られる身体の動き、たとえば、踊りの際に身体の各部位をそれぞれ異なる楽器のリズムに合わせて動かすとか、木琴や親指ピアノの演奏の際に音を交互にかみ合わせる技法として両手あるいは両手の親指を交互に動かす、といった身体運動も、アフリカの時間感覚の形成に大いに寄与しているにちがいない。さらに、特定の肉体労働をしながら歌う仕事歌やゲームをしながら歌う子どもの遊び歌などもすべて、生活のなかで時間感覚、リズム、音楽の三者を相互に結びつける接点のような役割を果たしていると考えられる。

　こうしてカウフマンは、リズムの問題を時間感覚やさらには社会的活動にまで敷衍して統合的に理解しようとした。そして、このレベルのリズムを「マクロリズム」と呼んで、いわゆる音楽的要素としてのリズム、すなわち、彼のいう「マイクロリズム」とは区別したのだった。

リズムのサウンドスケープ

　さて、こうしたアフリカ・リズムを「非音楽」の領域にまで拡大して巨視的に理解しようとする立場は、最近になって「サウンドスケープ」（音風景）という考え方と結びついて新たな展開を見せている。その一例は、コフィ・アガウの著書『アフリカのリズム――北部エウェ人の視点――』に見ることができる。この書物については、すでに第一章の新「ポリリズム論」のところで触れたが、じつはこの書の主要テーマはポリリズム論ではなく、まさに「リズムのサウンドスケープ」論であった。

　ここでは、ガーナのエウェ人の音楽や舞踊のみならず、彼らの日常の生活音、たとえば、あいさつや謎かけの言葉、民話の語りなどがリズムを中心に詳細に分析され、エウェ文化におけるリズムの現象を総合的に捉えようとする試みがなされている。ただ、残念ながら、アガウの議論は多分に思弁的で、個々の記述も理論的にやや強引なところが目立ち、彼の立場をそのまま受け入れることはむずかしい。しかし、アフリカ・リズムを巨視的に捉えるという点では、彼の主張は徹底していて一貫性がある。

　アガウは、まず音楽と「非音楽」の区別を撤廃して、巨視的には季節の変化など自然界の周期から微視的には音楽のリズムに至るまでの一連の現象を「リズムのサウンドスケープ」という概念で包括的に捉えようとする。ここでは昼夜の反復交代はもちろん、日々刻々と流れる時間のなかで聞こえてくるさまざまな音（一番どりの鳴き声、あいさつ、臼つき音など）が「リズムのサウンドスケープ」として記述される。この「サウンドスケープ」においてとくに強調されるのは、「反復」というもののもつ重要性である。毎朝交わされるあいさつであるとか、毎年くり返される植え付けや収穫、あるいは年に一度行われるヤムイモ祭りであるとか、そういった社会的出来事の周期性が、音楽のリズムと同様、生活の流れにある安定性と一貫性を与えているという。また誕生や成人式、結婚といった個々の人生の節目の出来事も巨視的に見れば、「リズムのサウンドスケープ」の一部と言える。

アガウによれば、こうした「サウンドスケープ」の個々の要素は本質的に「リズム」（周期的な循環性）をもっており、時間に制約された社会的プロセスの一部をなしている。さらに、このような「サウンドスケープ」のほかに、日常生活のさまざまな動作や発話がある。とくにアフリカの場合、リズムの面では前者が舞踊に、後者が歌に密接に結びついているという。

さて、こうした「リズムのサウンドスケープ」論の個々の議論の是非はともかくとして、いま仮にアガウの提示するモデルを離れて、ぼくなりにこれまで述べた「マクロリズム」と「マイクロリズム」との関係を簡単に図式化するとすれば、**図2-6**のようになるだろう。アフリカのリズムは、大きく三つのレベルに分けて考えることができる。もっとも原初的なレベルには、自然界の時間的な秩序に制約されながらもアフリカ独自につくり上げた社会的なプロセスとしてのリズム、およびそれと密接に結びつ

図 2-6　アフリカ・リズムのサウンドスケープ図

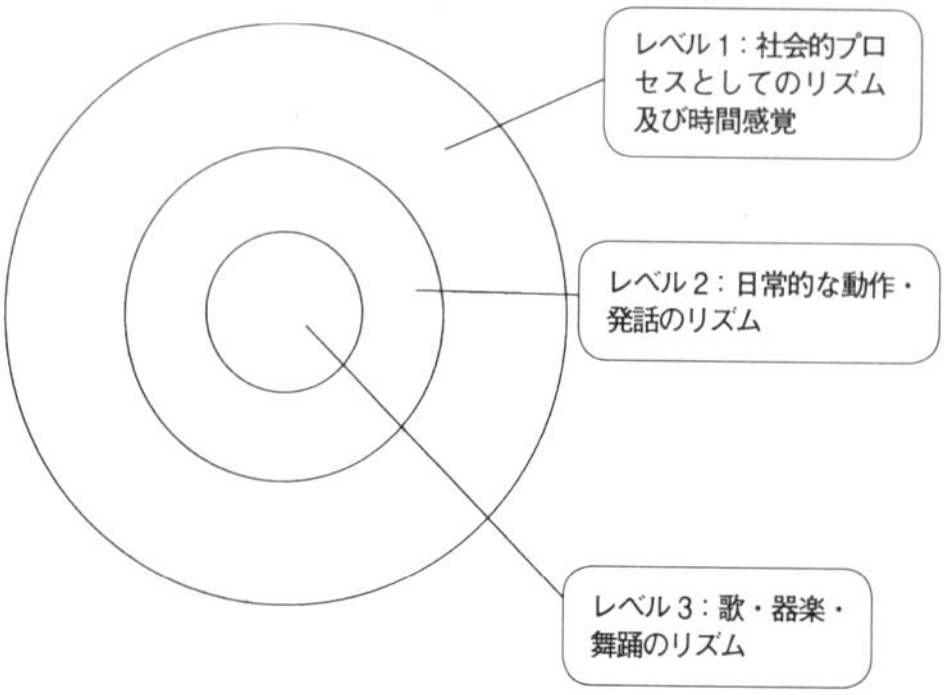

いた時間感覚がある（レベル1）。さらにその上に、日常的な動作や発話によるコミュニケーションのためのリズムがある（レベル2）。そして最後に、それら二つのレベルの基礎の上にとくにレベル2と密接に関連して歌、器楽そして舞踊のリズムが成り立っている（レベル3）。

やや単純ではあるが、これまで二章にわたって議論してきたアフリカ・リズム論の締めくくりとして、最後に、このような多層化した「アフリカ・リズム」の構図を提示しておきたい。

第三章　アフリカに「ハーモニー」が響く

一　アフリカ・ハーモニーへの偏見

ハーモニーとの出会い

一九世紀初頭、南アフリカのケープタウンから内陸奥地に足を踏み入れたイギリスの探検家にウィリアム・バーチェルがいる。彼は著名な博物学者で、五年間の南アフリカ旅行で膨大な標本を収集して本国にもち帰り、その後『南部アフリカ内陸の旅』という二巻の旅行記を出版した。そのなかでバーチェルは、バチャピン人の少年たちが楽しく踊る様子を次のように記している。

彼らは大人の踊りの真似をして円陣を組んで踊った。リード・パイプの代わりに声でその真似をする。一人がみなを先導し、そのあと残りの子どもたちがさまざまな音程で歌に加わる。そして、耳だけを頼りに音を合わせ、正確なハーモニーをつくり上げた。（中略）種々の声が混じり合うその響きはたいへんに心地よいもので、踊りと歌が自然に演じられるその様は、もっと洗練された芸術

楽譜 3-1　バチャピン音楽の標本

に親しんできた人々をも嬉々とさせたであろう。

　こうして、バーチェルが「バチャピン音楽の標本」だとして旅行記に掲載しているのが、**楽譜３－１**である。その歌が、平行三度や平行八度で進行し、四度、五度、六度音程が頻出する和声的な合唱音楽だったことがわかる。ちなみに、バーチェルはこの旅行記のなかで、アフリカの音楽や舞踊にしばしば触れているが、その語り口は概して共感に満ちた好意的なものだ。

　さて、このようなアフリカ探検家による「アフリカのハーモニー」に関する記述は、じつはそれほど珍しいものではない。たとえば、同時期の一八一七年、黄金海岸（現ガーナ）南部の英国支配権を獲得するために内陸のアサンティ帝国と交渉する使命を託されて、ケープコーストからアサンティの王都クマシに派遣されたイギリス人がいた。トマス・エドワード・バウディッチである。彼は外交に長けていて、無事使命を果たして帰国すると、その翌年、自分の旅の使命と見聞を記した『ケープコースト城からアサンティへの旅』を出版する。興味深いことは、バウディッチがその第一〇章全体をアサンティ人とファンティ人の音楽の概説に充てていることだ。そこには二〇曲の楽譜が掲載され、その大半に和声的な構造を見てとることができる。「これらの人々の音楽はほとんど和声の規則にはまっていないが、野蛮人の作曲とは思えない美しさと生気に満ちている」という、本章冒頭のバウディッチの言葉は、ことさら印象的だ。

さらに、それよりはるか一世紀も前、つまり、西洋ではかの大バッハが活躍し始めたころ、南アフリカの喜望峰に派遣された人物にドイツ人天文学者で博物学者のペーター・コルベがいた。当初の派遣目的は気象学と天文学の調査であったが、そのうちに土地の民族集団コイ（いわゆるホッテントット）に特別な関心を寄せ、彼らの言語、宗教、文化的慣習などをかなり詳しく調べて記録に残している。そのなかでコルベは、コイが「ハーモニーをつけて」楽器を演奏し、和声的な合唱をおこなっていたと述べている。

どうも、アフリカを旅した西洋の探検家たちにとっては――もちろん旅した地域にもよるが――リズムと並んで、われわれがふつう「ハーモニー」と呼んでいる要素もアフリカ音楽のきわだった特徴のひとつと映ったようだ。

「ハーモニー」という言葉

ただ、近代西洋音楽ではあまりにも自明な、この「ハーモニー」という語は、ひとたび西洋文化の枠を出てしまうと、はなはだ意味のあいまいな言葉になってしまう。実際、アフリカ音楽の概説書では「ハーモニー」より「ポリフォニー」という語をよく目にする。「ハーモニー」とはふつう複数の音の垂直的で同時的な進行の構造をいい、「ポリフォニー」とは複数の音の水平的で旋律的な進行の構造をいうが、問題はそもそもアフリカで音楽がそのように「垂直的」だの「水平的」だのと考えられているのかどうかということだ（じつはこの点は、リズム論の章でたびたび触れた「ヘミオラ」に関しても当てはまる）。「ハーモニー」や「ポリフォニー」といった概念そのものがもともと西洋音楽固有のものなので、それをアフリカ音楽に適用しようとすること自体にそもそも無理があるのだろう。ただ、のちに説明するように、アフリカ音楽のそのような現象に関して、その起源を自然倍音（ナチュラル・ハーモニックス）に求める説があることなどを考えると、「ハーモニー」という語もあながち的外れとは言い切れないところがある。ここでは、ある程度明確に各声部が「同時的な」進行をしている音楽の構造、いわゆる「ホモフォニック」な構造を一応「ハーモニー」という語を用いて表し、話を進めていくことにしよう。

ハーモニーと文化進化論

さて、**楽譜3－2**は東アフリカ、タンザニア中部に住むゴゴ人のイニシエーション儀礼の歌の一部だが、これを見て読者諸氏はどう思われるだろうか。二〇世紀初頭、音楽研究者たちがこのタイプのアフリカ音楽に初めて接したとき、彼らはただちに自分たちの西洋音楽史に出てくる中世初期の「オルガヌム」（多声音楽の初期の形態）を連想したのだった。たとえば、第一章で論じた「アフリカ黒人音楽」の著者エーリッヒ・フォン・ホルンボステルは同じ論文のなかで、西洋の多声音楽の原初的段階を示す「平行オルガヌム」、あるいはそこから発展した「自由オルガヌム」がしばしばスクマ人の音楽のなかに現れると述べている。ちなみに、スクマ人とはゴゴ人と同じくバントゥー系の民族で、タンザニア北西部に住む人々である。

楽譜 3-2　ゴゴ人のイニシエーション儀礼の歌

ここで、西洋音楽史に疎いであろう一部の読者のために、西洋音楽史の基本的な流れをかいつまんで説明しておこう。今日の西洋音楽の源流をたどっていくと、そのおおもとは「単旋律」のグレゴリオ聖歌であったと言われている。ところが、今日ふつうわれわれが接する西洋音楽は、モーツァルトであれ、ショパンであれ、ハーモニー豊かな音楽である。では、中世初期の「単旋律」と今日の「ハーモニー豊かな音楽」との間で歴史上、何が起こったのだろうか。その「豊かなハーモニー」の成立を準備したのが、ほかならぬ中世・ルネサンス期の、複数の旋律からなる「多声音楽」(ポリフォニー)であった。

とはいえ、中世初期の「単旋律」聖歌と「多声音楽」との間には、様式上大きな開きがある。じつは九世紀ごろになると、単旋律のグレゴリオ聖歌の下声に四度とか五度の平行音程で対旋律がつけられるようになった。これが、「平行オルガヌム」と呼ばれる多声音楽のもっとも初期の形態で、その典型的な例は**楽譜3－3**に見ることができる。さらに時代が進むと、聖歌の対旋律は並進行ばかりでなく、斜進行したり反進行したりと、もとの聖歌の旋律に縛られずに自由に進行するようにな

楽譜 3-3　平行オルガヌム

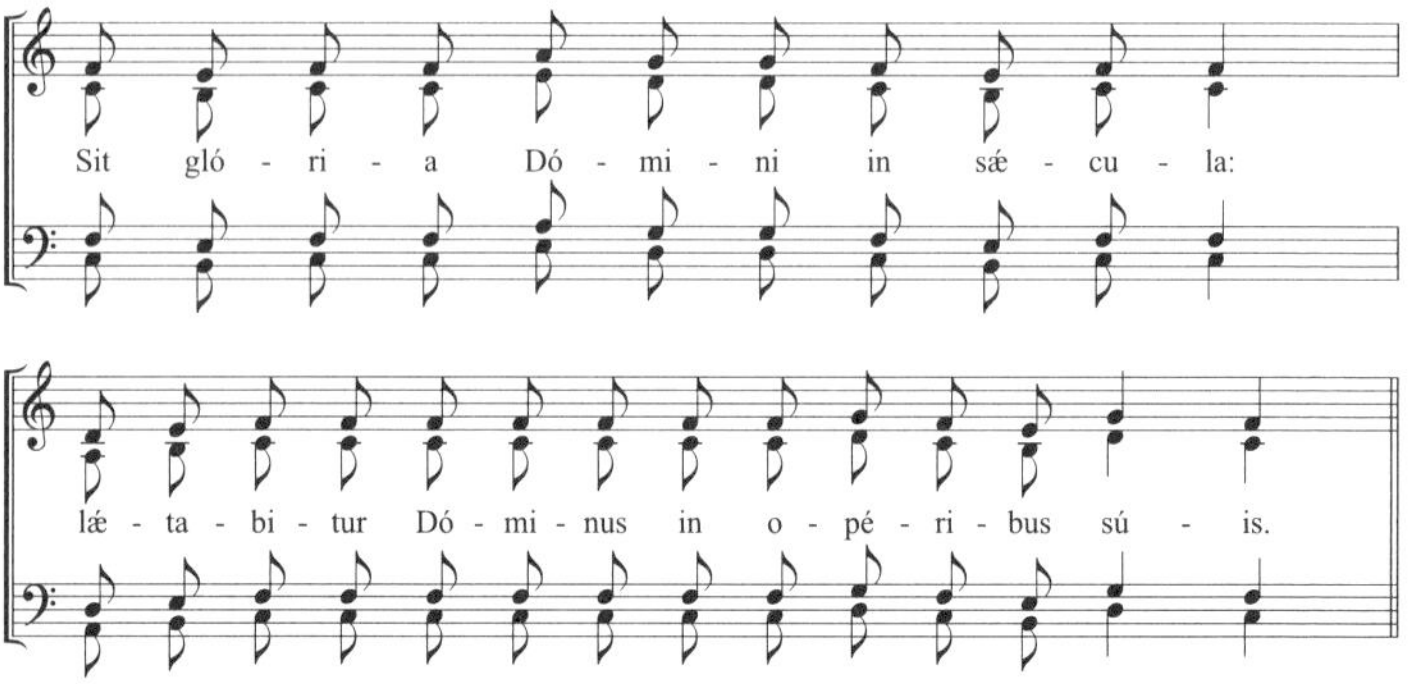

る。これが、「自由オルガヌム」と言われるものだ。その後、三声、四声と声部の数がどんどん増えていって、最後には非常に複雑な構造の多声音楽が誕生する。

一方、一五世紀の中世末期からルネサンス期になると、多声音楽の各声部は和声的な響きを意識して作曲されるようになる。つまり、各旋律はそれぞれ独立して進行するのではなく、音の垂直的な関係が重視され、つねに「豊かなハーモニー」を響かせるように工夫される。そして、一七世紀に入ると、それまでの複雑な多声音楽に対する反動として、和声的伴奏をともなった単旋律のシンプルな音楽の形態が生まれる。これが、今日われわれにもっとも馴染みのある「歌」の形態である。それ以降、西洋音楽は、主旋律に和音伴奏のついた和声的な音楽（ホモフォニー）が支配的な時代になる。

要するに、語弊を恐れずに単純化して言えば、西洋音楽史の流れとは、単旋律からオルガヌムの段階に、そして複雑なポリフォニーに、さらに豊かなハーモニーの音楽へと発展していったと言えよう。

さて、二〇世紀前半まで西洋の音楽研究者たちは、アフリカ音楽の多声的現象を、この西洋音楽史を投影する形で理解した。つまり、単旋律→オルガヌム→ポリフォニー→ハーモニーと発展していく西洋音楽史の各段階を世界のさまざまな音楽文化のなかに見出し、アフリカ音楽はさしずめそのもっとも初期の段階にあるものとみなした。こうした今では時代遅れとなった考え方を、「文化進化論」（人類文化の発展を未開から文明へと進化論的に説明する理論）という。文化進化論的立場に立つ彼らにとっては、「未開の」アフリカはハーモニーなどないか、せいぜいオルガヌム止まりなのであった。いやしくもそこにハーモニーなどあったならば、それは偶然か、あるいは西洋の影響ではないかと疑われた。たとえば、前述のホルンボステルは、「オルガヌム」の議論のあとで、アフリカのある地域には平行三度の「ハーモニー」があることを認めている。しかしそこでは明らかに、彼はそれが西洋文化の影響によるものではないかと疑っている。ハーモニーはあくまでも高度に発達した西洋文化の専有物であるという「信仰」が、当時はなお生き続けていた。

その点では、アフリカ・リズム論の金字塔を打ち立てたアーサー・ジョーンズも例外ではなかった。一九四九年の時点でさえも、ジョーンズはアフリカ音楽の多声的現象に関して、次のように述べている。

> かれら（アフリカ人）は、われわれの祖先と同じように音楽上の進歩を遂げている。目下、ユニゾンからハーモニーに移行しつつあり、「オルガヌム」の段階に達している。それは、西暦九〇〇年から一〇五〇年ころにわれわれの祖先が楽しんでいたハーモニーの段階である。（中略）バントゥー系民族はすでに、西洋の影響とは無関係に、いわゆる斜進行や反進行を使って、低音部を高音部から独立して進行させる次の段階に踏み出しつつある。

楽譜 3-4　アカン系民族の歌

西洋文化の影響とは関係づけていないものの、アフリカの多声音楽に対するジョーンズの、この恐ろしく進化論的思考は、ホルンボステルのそれと同様、その後完全に破綻する。しかしそれにしても、これら「アフリカのハーモニー」をめぐる議論のなかには、彼らが「リズム論」において示したような洞察や視点の冴えがほとんど見られない。それは、一方でこの分野に関する研究の遅れを意味するが、他方、アフリカ音楽がある時代の西洋音楽と多声性という点で類似しすぎていたために、彼らがかえって異文化理解への妥当な視点を見失ってしまったと言えるのかもしれない。

オルガヌム対ハーモニー

現在では、アフリカの多声的構造に関する研究は、当時とは比較にならないほど進んでいる。たとえば、楽譜3－2と**楽譜3－4**を比べてほしい。

楽譜3－2は、前述したように、東アフリカ、タンザニアのゴゴ人の歌で、応唱部分が整然とした平行四度の合唱になっている（ただし、フレーズの最後の二音は完全五度で、これについては後に述べる）。他方、楽譜3−4は西アフリカ、ガーナのアカン系民族（アサンティ人、ファンティ人など）の歌で、ほぼ全体が三度ないし三和音の合唱になっている。これまでの議論に従えば、前者が「オルガヌム」、後者がいわゆる「ハーモニー」の音楽ということになるだろう。

しかし、現在のアフリカ音楽の研究では、楽譜3−4の方が楽譜3−2と比べて「より進化した」音楽だとか、楽譜3−4は楽譜3−2から「発展した」音楽だとかいったようには決して考えない。この点は、文化進化論を完全に克服した今日、きわめて重要な視点だといわなければならない。この二種類の音楽の相違は、むしろ音階のタイプの相違に由来するというのが、今日のアフリカ音楽研究者の一般的な見方だ。楽譜3−2に出現するすべての音を一オクターヴ内にまとめてみると、**楽譜3−5A**に示したように、上からC−A−G−E−（D）−Cとなり、この歌が五音音階に基づいていることが明らかになる（D音を括弧にくくったのは、その出現が稀なためだ）。他方、楽譜3−4の方は同じように並べてみると、**楽譜3−5B**に示したように、七音音階（D—C—B—A—G—F—E—D）によっていることがわかる。

重要な点は、これら二つのタイプの音楽は、西洋音楽的観点からはいかに様式的に異なっているように見えようとも、両者の間の相違は単に音階の相違にすぎず、それらの音楽を生成する原理はまったく同一であるということである。では、その原理とはいったいどのようなものか。それについては、本章第三節でくわしく検討することにしよう。

楽譜 3-5　五音音階と七音音階

A　ゴゴ人の五音音階

B　アカン系民族の七音音階

二　ハーモニー文化クラスター

サバンナでの驚愕体験

ザンビア北西部のサバンナの村に住みついて、一年近く研究していた時のことだ。この地域は、本書でも何度か取り上げているルヴァレという人々の居住地域で、彼らの音楽では平行三度の豊かな和声的合唱が最大の特徴になっている。前節で挙げたアカン系民族の音楽（楽譜3－4）とたいへんよく似ている。

このザンビア北西部には、そのほかにもさまざまな民族集団が居住していて、このルヴァレと隣り合った地域に住む集団にンデンブと呼ばれる人々がいる。このンデンブは、かつて著名な文化人類学者のヴィクター・ターナーが詳細に研究していて、出版物もたくさんあるので、一般の人類学者にもよく知られた民族集団である。彼らはルヴァレと隣り合っているにもかかわらず、じつは平行三度で歌わない。平行四度で合唱する伝統を担ってきた人々である。その音楽は、前節で挙げたゴゴ人の合唱（楽譜3－2）に近い。だから、ルヴァレの村に住みついて平行三度や平行三和音の豊かな響きに慣れた耳で、今度はルヴァレの村から一時間ほど歩いてンデンブの地域に入っていくと、そこで突然まったく違った響きの音楽に出くわす。心地よいハーモニーのルヴァレ音楽に対して、ンデンブの音楽は完全四度が連続する硬い響きの音楽だ。さすがのぼくも、これには驚嘆した。言ってみれば、一時間歩いて移動するだけで、「アカン系民族の合唱」から「ゴゴ人の合唱」に変わってしまうのである。

このことからも、「アカン」と「ゴゴ」の音楽のタイプの違いが、西アフリカ（ガーナ）と東アフリカ（タンザニア）という、地理的に大きく隔たった地域の音楽だからではないことがわかる。アフリカ大陸では、西であろうと、中部であろうと、東であろうと、このように互いに隣接した民族集団がまったく異なるスタイルの音楽をもっているということが珍しくない。

では、ルヴァレとンデンブは、そんなに近くに住んでいて、歴史のなかで相互交流によって互いの音楽文化を混交させていく、ということはなかったのだろうか。それに関しては、何とも言えない。平行三度の合唱を主体とするルヴァレ文化でも、ごく少数のジャンル（たとえば、「狩りの歌」）では、平行四度の合唱を行っている。ただ、それが、ンデンブ音楽の影響であるかどうかはわからない。また、民族集団によっては、異なるスタイルの音楽（たとえば、平行四度唱とユニゾン唱）が同程度に共存している文化もある。しかし、より一般的に言えば、民族集団ごとに支配的な音楽のスタイルは決まっていると考えた方が良いだろう。

ハーモニーの類型化

そこで次に、アフリカ音楽について「ハーモニー」が議論される場合、通常どのようなスタイルに区分されるのかを見てみることにしよう。

アフリカ和声の類型化に関しては、通常二つの主要なグループに分けられる。三度グループと四度・五度グループである。それぞれ平行唱（演奏の場合は平行奏）が形成する音程が三度であるか、あるいは四度・五度であるかによっている。平行四度と五度が同一グループに分類されるのは、平行四度で歌う民族集団がオクターヴ唱法を行った場合（つまり、平行四度唱で下の声部をオクターヴ上でも歌った場合）、自然と平行五度が形成されるためだ。これら二つの和声グループの典型的な例は、「アカン」（楽譜3－4）と「ゴゴ」（楽譜3－2）の音楽としてすでに紹介した。

さらにこれら二つに加えて、平行八度グループがある。平行八度は男女がユニゾンで合唱した場合に、自然に生まれる。本来的な意味で「ハーモニー」とは言えない、このグループをアフリカ和声の類型に含める理由は、それによって、アフリカ音楽のほぼすべてのスタイルがカバーされることになるからである。よりわかりやすく言えば、アフリカ音楽のスタイルには、ハーモニーの「あるもの」と「ないもの」（ユニゾン）がある。そして、ハーモニーの「あるもの」は、平行三度と平行四度・五度の二つのグループに分けられる、ということである。

では、それぞれのグループにどのような民族集団が属するのか、比較的知られた民族集団を中心に拾ってみることにしよう。

まず、平行八度（ユニゾン）グループに関して言えば、イスラム・アラブの影響を強く受けた地域のアフリカ音楽の多くがこれに属する。イスラム化以前にどのようなスタイルであったかはともかく、今日の彼らの音楽のスタイルは、多かれ少なかれ、アラブ音楽（アラブ音楽にはいわゆる「ハーモニー」は見られない）の影響のもとに形成されたものと考えることができる。たとえば、西アフリカ内陸部のサバンナの多くの民族集団の音楽がこれにあたる。ナイジェリア北部のハウサ、フルベ、ガーナ北部のダゴンバ、ゴンジャ、コートジボワール北部のセヌフォ、などである。

もちろん、イスラム・アラブの影響とは無関係に、平行八度グループに属する民族集団も多い。西アフリカで言えば、その代表格はナイジェリア南西部のヨルバだ。中部アフリカでは、中央アフリカ共和国のアザンデ、バヤ、コンゴ民主共和国のアルール。東アフリカでは平行八度グループが多い。タンザニアのマサイ、ウガンダのガンダ、ソガ、ケニアのルオ、モザンビークのロムウェなど、である。

一方、平行三度グループは、西アフリカではその沿岸部に集中し、代表格はガーナのアカン系民族、そのほかコートジボワール中部のバウレ、ナイジェリア南東部のイボ、中部アフリカでは、カメルーンのエトン、コンゴ共和国のバコタ、ガボンのファン、南部アフリカではザンビアのルヴァレ、ベンバ、アンゴラ東部のンブウェラ、チョクウェ、東アフリカではウガンダのコンジョ、タンザニアのベナ、モザンビークのマコンデ、などである。

他方、平行四度・五度グループは、どちらかというと、これら三度グループの外縁を取り囲むようにして分布する傾向が見られる。西アフリカでは、コートジボワール西部のダン、ガーナ南部のアダンメ、中部アフリカではカメルーンのバカ・ピグミー、中央アフリカ共和国のアカ・ピグミー、バンダ、コンゴ共和国のマクア、南部アフリカではザンビアのロジ、トンガ、マラウィのチェワ、東アフリカではタンザニアのゴゴ、ニャキュサ、パングワ、などである。

これは、いくつかの資料に基づいて作成した、ごく少数の民族集団のリストにすぎない。

このわずかな民族集団のリストからアフリカ音楽の「ハーモニー」に関する全体像を捉えることはむずかしい。全体像を捉えるもっとも手っ取り早い方法は、これら三つのグループの分布図を作成してみることだ。

ハーモニー分布の核

ところが、この分布図の作成は、とてつもない企てである。おそらく一〇〇〇以上もいると思われるサハラ以南のアフリカ大陸の民族集団のなかには、その音楽の状況がまだよくわかっていない集団もかなりいる。また、CDに録音されている音楽を聴くだけでも、その量はたんへんなものだ。しかし、その「とてつもない企て」に果敢にも挑んだ人物が、これまでに二人いる。一九五九年のアーサー・ジョーンズと一九六八年のゲルハルト・クービックである。二人とも、自分の調査資料および当時入手できるLPレコードを広範囲に聴いて得た情報をもとに、「ハーモニー」の分布図を作成している。ジョーンズはアフリカ全体の、またクービックはとくにアフリカの中部・東部に絞った、三グループの分布図を作成した。

いま、こんなことをやる研究者はいない。ひとつには、それが文字通り「とてつもない企て」であるからであり、もうひとつには、第二章で述べたように、今日アフリカ音楽の研究者は特定の民族集団の音楽文化を集中的に研究するのがつねで、広範囲にさまざまな民族文化を扱うことは、畢竟「表面的」で「頼りない」結論を導き出すにすぎないことを知っているからである。その証拠に、クービックは例の一九六八年の小冊子を改稿して、一九九四年出版の『アフリカ音楽の理論　第一巻』に再録したが、「ハーモニー」の分布図とそれに関わる議論全体を再録から省いている。

では、そうした地図の作成の試みがまったく無意味であるかと言うと、決してそんなことはない。多少の誤りがあっても、多少の頼りなさはあっても、その地図から読み取れる情報はやはり貴重なものだ。試しに、ジョーンズの分布図とクービックの分布図を重ね合わせ、さらにぼく自身の知見を加え

図 3-1　ハーモニーの分布図

A　平行三度グループと平行四度・五度グループの分布地域

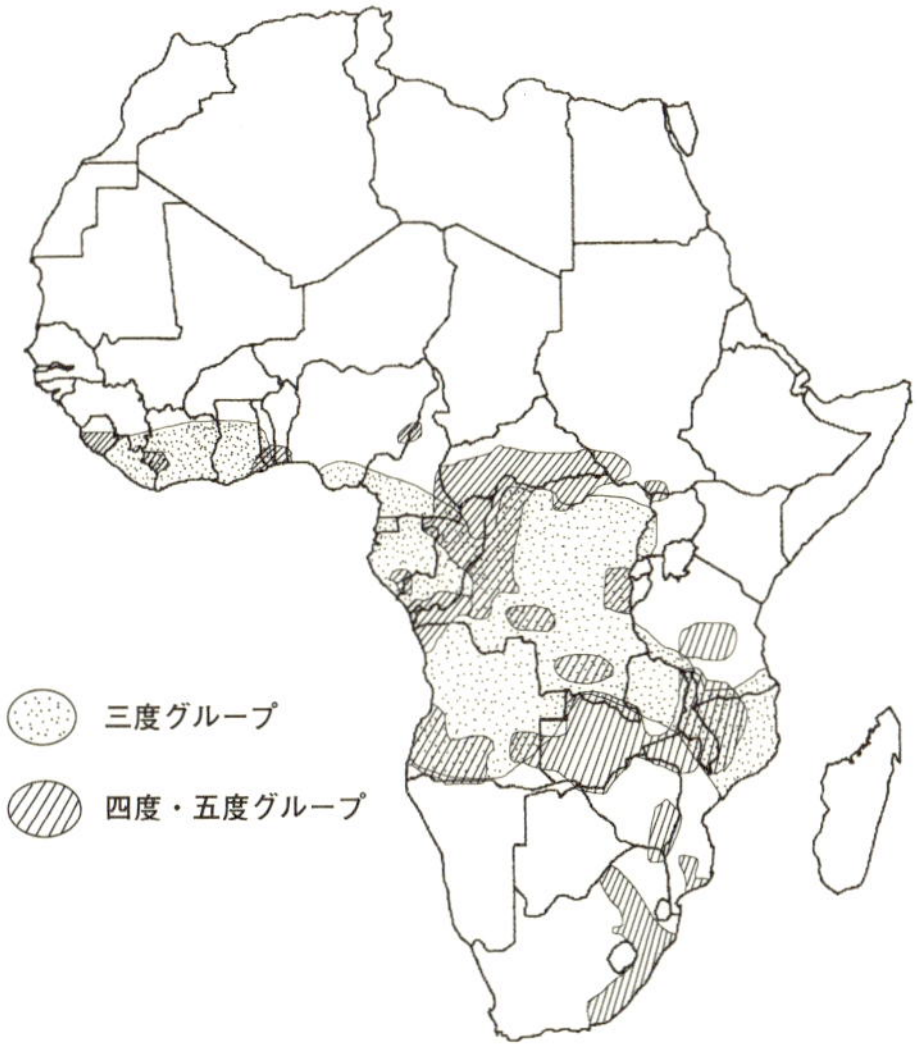

B　平行三度グループと平行八度グループの分布地域

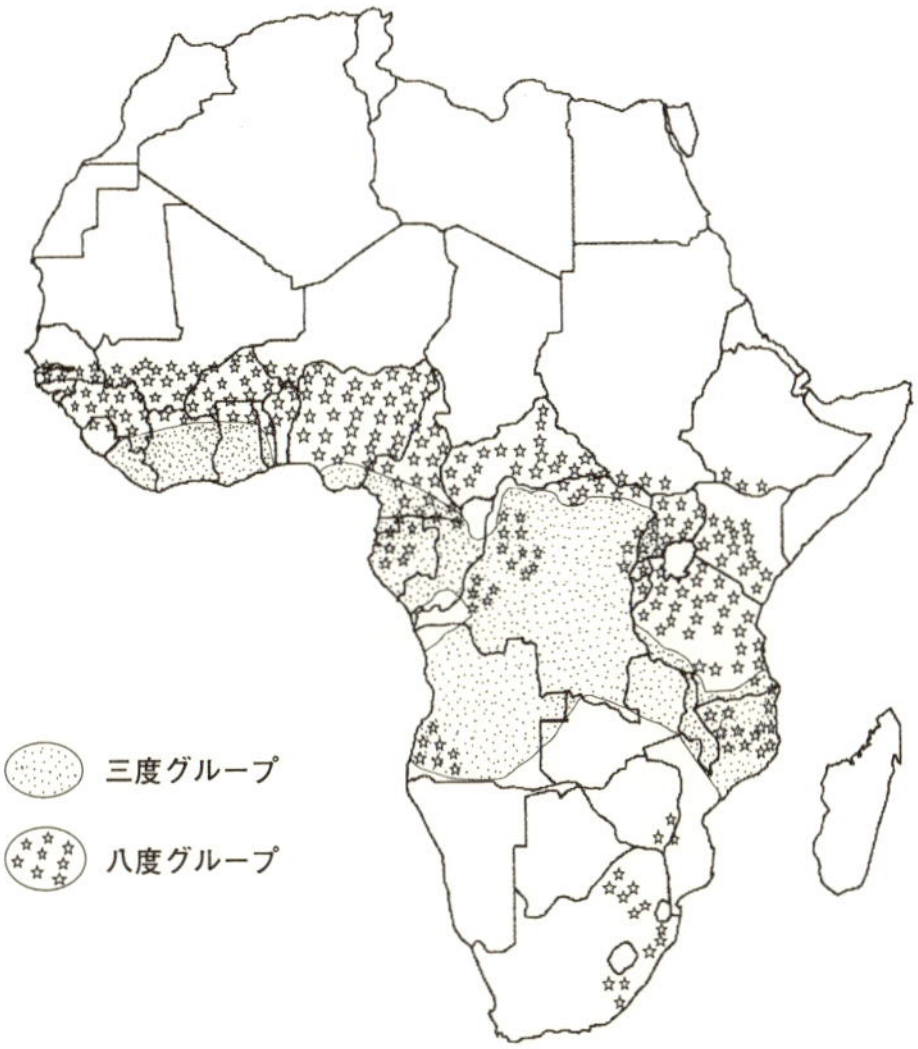

て、新たな「アフリカのハーモニー」の分布図を作成すると、図3−1AとBのようになる。ここでは、三つのグループをひとつの地図にまとめると煩雑で分かりにくくなるので、四度・五度グループと八度グループをそれぞれ三度グループに重ねる形で二つの分布図を作成した。砂地模様の部分が平行三度グループ、斜線の部分が平行四度・五度グループ、そして☆印の部分が平行八度グループの分布地域を表している。この地図を見る際に注意しなければならない点は、妙な言い方になるが、細部にはこだわらないこと、言い換えれば、細部の正確さを期待しないことである。地図から見えてくる大まかな傾向がわかれば、それで充分であり、これらの地図の役割はそれで果たされたことになる。

地図（とくに図3−1A）を見ると一目瞭然にわかることは、アフリカには「ハーモニー」分布の核（密集域）とでもいうべきものが二つあるということだ。ひとつは西アフリカ沿岸部、もうひとつは中部アフリカ内陸部にある。そして、その「ハーモニー」核の中軸にいるのは平行三度グループであり、そのまわりに、あるいはそれに隣接して、あるいはそのなかに平行四度・五度グループが分布している。ぼくは、西アフリカ沿岸部の核を「第一ハーモニー文化クラスター」、中部アフリカの核を「第二ハーモニー文化クラスター」と呼んでいる。

三和音連鎖圏

さて、西洋音楽（ポップスを含む）を聴きなれた耳でアフリカ音楽に接して興味をそそられるのは、これら二つの文化クラスターのなかに、それぞれ「三和音連鎖圏」とでも呼ぶべき地域が存在していることだ。この「三和音連鎖」というのは、三度を二重に重ねることで三和音を形成し、それを平行唱す

楽譜 3-6　ルヴァレ人の合唱

ることによって三和音の連鎖をつくり上げること、言い換えれば、平行三和音で合唱することである。これは、重厚なハーモニーの響きで、西洋音楽のハーモニーに慣れた耳で聴いてもたいへんに心地よい。それが、アフリカ音楽のなかで聴けるのである。ただ、この「三和音連鎖」は平行三度グループに属するすべての集団が行っているわけではなく、一部の集団に限られる。典型的な例を挙げれば、第一ハーモニー文化クラスターでは「アカン文化圏」に属する集団、具体的にはガーナのアサンティ、ファンティ、コートジボワールのバウレなどである。すでに挙げた楽譜3－4は「三和音連鎖」の例を示したもので、「アカン系民族」と表記されているが、おそらくアサンティの合唱であろうと思われる。

一方、第二ハーモニー文化クラスターでは、コンゴ民主共和国、ザンビア、アンゴラ三国の国境にまたがる「ルンダ文化圏」に「三和音連鎖」の音楽の典型が見られる。具体的な集団名を挙げれば、コンゴ民主共和国のチョクウェ、ザンビアのルヴァレ、アンゴラのンブウェラ、ンカンガラなどである。**楽譜3－6**は、ザンビアのルヴァレ人の合唱（呼唱応唱形式の応唱部分）の例であるが、楽譜3－4と比較すると、その「三和音連鎖」がいかに似たものであるかがわかる。実際ぼくは、かつてルヴァレ音楽を研究していた時期に、コートジボワールのバウレ音楽を聴いたことがあるが、その響きの類似性に驚嘆したものである。

三　アフリカ・ハーモニー生成の秘密

若きクービックの発見

一九六〇年、はじめて東アフリカのタンザニアを訪れた若きアフリカ音楽の学徒クービックは、タンザニア南西部に滞在していろいろな歌を学ぶなかで、ンデンデウレ人が「キタンドリ・マタラ」（「二人の妻がほしい」）という二声の曲を独自の和声的規則に厳格に従いながら歌っていることに気づく。そしてこのことが、のちに彼がアフリカのさまざまなハーモニー現象を包括的に理解するための鍵を発見するきっかけとなった。その和声的規則とは、一度知ってしまえば、第一声部が与えられるだけで、あとは第二声部を自動的に割り出すことができるほど一貫性のある明確なものだった。もちろん、アフリカのすべてのハーモニー現象がそれによって説明できるわけでは決してないが、しかし、この和声的規則はンデンデウレ人ばかりではなく、アフリカ大陸の中部・東部に住む民族集団の間にかなり広く見られることが、その後明らかとなった。

クービックは、この和声的規則に基づく歌い方を「飛越《とびこし》唱法」と名づけた。「飛越唱法」とはややもったいぶった言い方だが、和声的規則そのものは、知ってしまえば気抜けするほど簡単なものだ。ここでいう「飛越」とは一音飛ばして次の音を歌うということ、つまり、飛越唱法とは「ある音と、音階上の一音飛ばした次の音とを一緒に歌うこと」を意味する。

いくつか具体的な例を挙げてみよう。前述したタンザニアのンデンデウレ人の音階は、**楽譜３－７A**に示すように、五音音階である。この音階をもつ民族が飛越唱法で歌うと、**楽譜３－７B**のように、ひとつの長三度と三つの完全四度からなる合唱ができあがる。実際、クービックが採譜した「キタンドリ・マタラ」の楽譜を見ると、主要な部分は楽譜３－７Bの構造に従っていることがわかる。このように飛越唱法では、同じ五音音階といっても、その構成音のいかんによってさまざまなタイプの合唱が生まれる。たとえば、中央アフリカ共和国のマンジャ人は、ンデンデウレ人とは異なり、三度を含まない完全な平行四度の合唱を行うが（**楽譜３－８B**）、それは、彼らが**楽譜３－８A**に示す五音音階をもっており、それに基づいて飛越唱法を行った結果なのである。

さらに、前述した楽譜３－２のタンザニアの「ゴゴ人の歌」も、合唱部分は上からC―A―G―E―Cの四音音階に基づいており（**楽譜３－９A**）、フレーズの最後の完全五度も含めて、**楽譜３－９B**に示したように、一貫した飛越唱法によって歌われていることがわかる。

楽譜 3-7　ンデンデウレ人の音階と唱法

A　音階　　B　飛越唱法

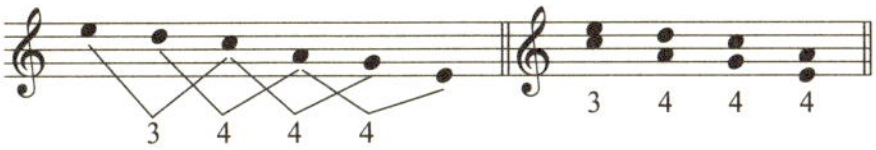

楽譜 3-8　マンジャ人の音階と唱法

A　音階　　B　飛越唱法

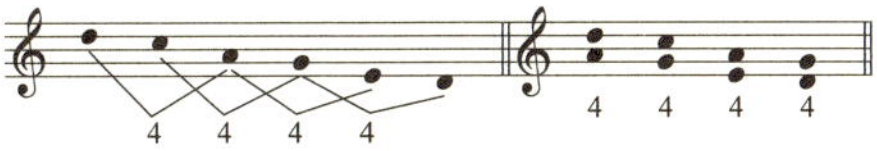

楽譜 3-9　ゴゴ人の音階と唱法

A　音階　　B　飛越唱法

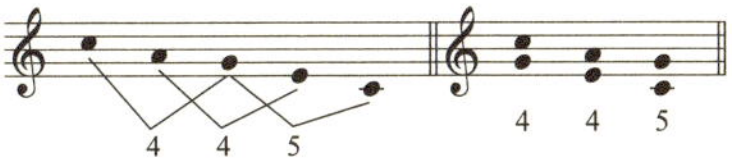

楽譜 3-10　アカン系民族の音階と唱法

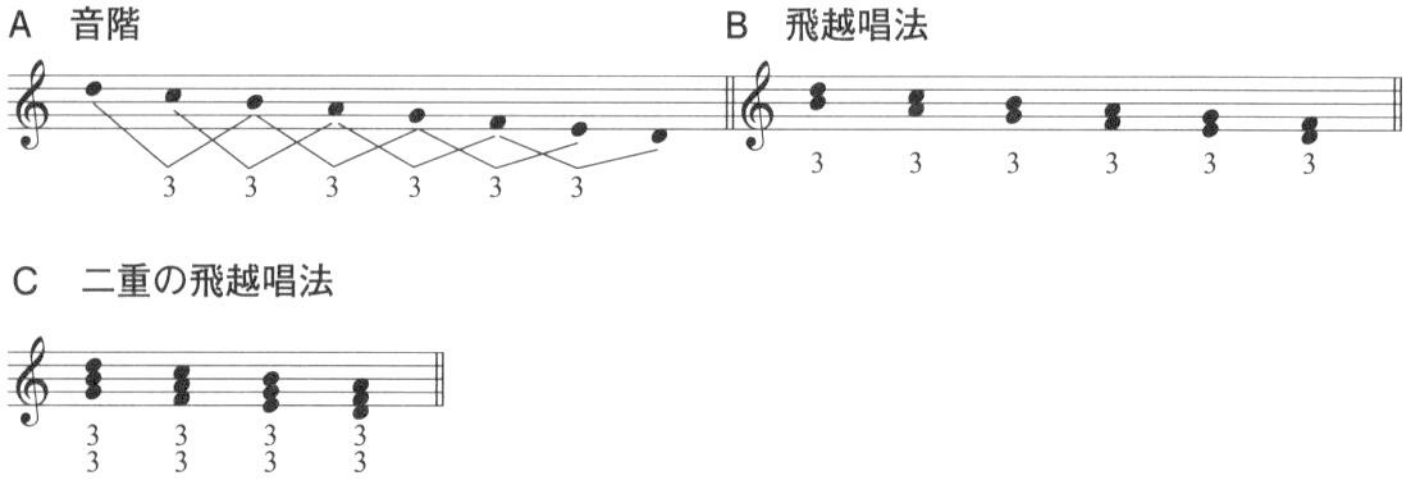

さて、クービックの「飛越唱法」理論は、ここに来てさらに重要な展開を見せる。つまり、彼は平行三度唱も同じ和声的規則によって説明することができると考えたのである。アフリカの東部と中部を広く調査し、平行三度唱と七音音階の分布の一致を確信したクービックは、平行三度唱は飛越唱法を七音音階に適用した「論理的な結果」である、言い換えれば、七音音階をもつ民族が飛越唱法で歌うと、自然と平行三度唱が生まれる、と主張した（**楽譜3－10AとB**）。

そればかりではない。平行三度唱をもつ民族の間によく見られる重厚な三和音合唱も、じつは飛越唱法を二重に重ねた結果だとした（**楽譜3－10AとC**）。前節で議論した「アカン系民族の歌」（楽譜3－4）も「ルヴァレ人の合唱」（楽譜3－6）も、このような観点に立てば七音音階に基づく二重の飛越唱法の所産として理解することができる。

こうしてクービックは、飛越唱法を基礎に、平行四度唱の成立を五音音階に、また平行三度唱の成立を七音音階に結びつけて説明することに成功したのだった。それによって、平行四度と平行三度という、西洋音楽的視点からはかなりスタイルが異質と思われる二つのタイプの合唱を、統一的な観点から同一の生成原理によって捉えることが可能となった。

驚くことに、この壮大な理論を構想したのは、クービックが何と二〇代後半にフィールド調査をしている時であった。

ブラッキングの解釈

さて、このクービックのことを、かつて「ほとんど天才だと言ってよい」と称した人物がいる。一九八〇年代前半、イギリスの大学に留学していた時のぼくの指導教官ジョン・ブラッキングである。彼の教官室で博士論文の個人指導を受けていた際、ぼくがクービックの研究に触れると、彼はぼくの前ではっきりとそう言った。ブラッキングはクービックより六歳年上だったが、親しい間柄だった。

こうして書いていても、当時のことが懐かしく思い出される。あれは、たしか一九八二年末のことだったろう。ザンビアのルヴァレ社会で少年のイニシエーション儀礼ムカンダの音楽研究の予備調査を終えて大学に戻り、翌年の本調査のための研究計画書を作成した。その十数年前、クービックはこの同じムカンダ研究をザンビアではなく、隣国アンゴラのンブウェラ・ンカンガラ社会で完遂し、長大な博士論文を完成させていたのだった。そのことを知ったぼくは、誰からの紹介もないまま、自分の研究計画書のコピーをウィーンのクービック宅に送付してコメントを求めた。するとしばらくして、彼からかなり批判的なコメントを記した長文の手紙が届いた。その手紙を個人指導の際にブラッキング先生に見せると、一瞬、彼の表情はこわばり、ぼくに向かってこう言い放った。

「君の学識は疑われているよ!」(Your scholarship is questioned!)

そして、すぐさま先生はペンをとって、クービックさん宛にぼくの研究計画書について弁明する手紙を書いてくれたのだった。それ以来、クービックさんとは四半世紀を越えて親交を深めている。

楽譜 3-11　ヴェンダ人の子どもの歌

A　旋律 1

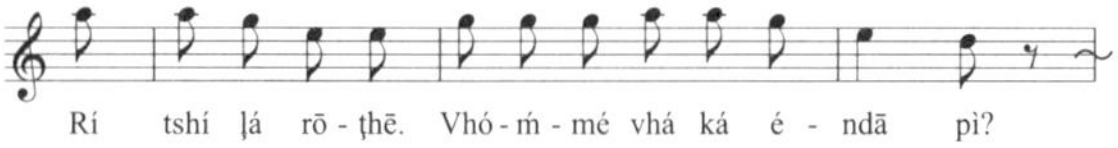

B　旋律 2

C　ヴェンダ人の子どもの合唱

D　ヴェンダ人の音階

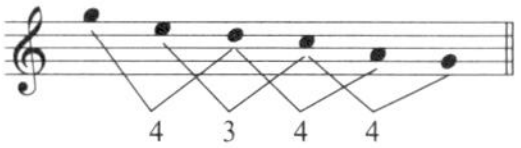

E　ヴェンダ人の音階と和声的等価音

さて、少々話は脱線したが、このブラッキングは南アフリカ共和国にいた一九六〇年代、類似したハーモニー現象をやや異なる角度から研究していた。南アフリカのヴェンダ人の音楽を調査するなかで、彼は西洋人から見ると「異なる」と思われる二つの旋律が、彼らの間では「同じ旋律」と認識されているということを知る。たとえば、**楽譜3－11のAとB**はともにヴェンダの子どもの歌の一節である。これら二つは、ヴェンダ人の間では同じ旋律の二つの面と考えられており、それぞれ単独に歌っても、一緒に合唱しても良い。合唱した場合には、**楽譜3－11C**のようになる。この合唱は、つまるところ、ヴェンダの五音音階（**楽譜3－11D**）に基づきながらクービックのいう飛越唱法を行った結果であると言える。

では、なぜ、ヴェンダはこの二つを同じ旋律と考えるのだろうか。

ブラッキングの説明はこうだ。つまり、これらの旋律においてそれぞれ対応する二音は、ヴェンダにとっては互いに「和声的に等価」である、というのだ。そして彼は、ヴェンダの音階とその各音と「和声的に等価」な音を**楽譜3－11E**のように示した。そして、このようなアフリカの和声認識の原理を、「和声的等価性の原理」とややいかめしい名前で呼んだのだった。

さて、クービックの「飛越唱法」とブラッキングの「和声的等価性の原理」とは、じつはアフリカ音楽における同じハーモニー現象をそれぞれ別な角度から説明したものだということができる。すなわち、一方のクービックは、ある音と音階上の一音飛ばした次の音とを一緒に歌うことによってハーモニーをつくり出す、という和声合唱の方法を明らかにし、他方のブラッキングは、そのようにするのは、それら二音をアフリカ人が「和声的に」同等ないし等価であるとみなしているからだ、とその理由を説明したのである。

じつはクービックとブラッキングよりはるか以前に、アフリカ・ハーモニーのこの問題にうすうす気がついていた人物がいる。名著『アフリカ音楽の研究』の著者ジョーンズである。彼はこの書のなかで歌詞の言葉と旋律の動きの関係を論じているが、それに関連して、アフリカにはある音とその四度下の音を等価ないし交換可能だとする考えがあると述べている。そして、その交換可能な音を「和声的代替音」と呼んだ。しかし残念ながら、ジョーンズはそれ以上突っ込んだ議論をせずに、この大問題を文字通り「飛び越し」たのだった。

四　アフリカ人のハーモニー感覚の源泉

親指ピアノとハーモニー

日本では、一部の小学生まで知っているアフリカの楽器に、「親指ピアノ」がある。学術名はラメラフォンというが、アフリカでは地域によって、ムビラ、カリンバ、リケンベ、プレンペンスアなどとさまざまな名称で呼ばれている。

本書第一章で、アフリカ大陸を訪れた西洋の初期の探検家や宣教師たちが、アフリカ音楽に対していかに偏見に満ちた否定的なイメージを抱いていたかについて触れた。ところが、この親指ピアノに関しては、「単調なわめき声」とか「耳障りな雑音」とかいった、アフリカ音楽を揶揄する言葉は彼らの記述のなかに見当たらない。「アフリカ産」としては珍しく、この楽器は西洋人からはたいへん好感をもたれたようだ。

たとえば、一五八九年、ポルトガル人でカトリック・ドミニコ会宣教師のドス・サントスが当時のポルトガル領モザンビークを訪れて布教していた折、この楽器に接した印象を次のように記している。

アフリカ人は、親指の爪で鍵の端を打ってこの楽器を演奏する。ちょうど名演奏家がハープシコードの鍵盤を打つように、軽く鍵を打つのだ。すると鍵が揺れて、そのひと打ちひと打ちがジューズハープのように響いて、調和した音の甘く優しいハーモニーを奏でる。

写真3-1　ルヴァレのチサジ（1）

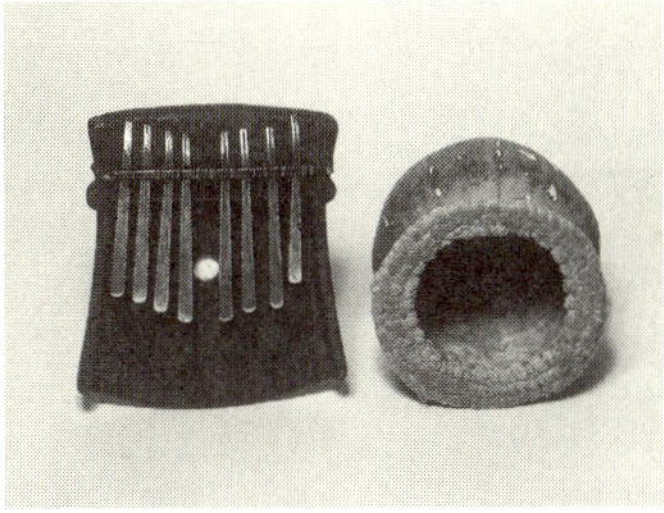

写真3-2　ルヴァレのチサジ（2）

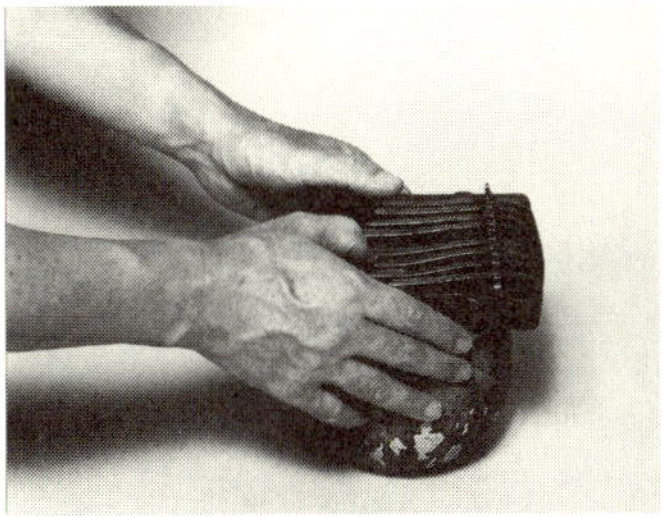

さらに一八七二年には、ジンバブウェ遺跡を発見したことで知られるドイツ人探検家カール・マウフも、ジンバブウェのショナ人の親指ピアノについて、「親しみやすい響きで、耳に違和感はまったくない。（中略）ムビラの響きはツィターの響きにもっとも近い」と語っている。

このように、親指ピアノの甘美な響きを称賛する初期の西洋人の記録には、事欠かない。その大きな理由のひとつは、明らかに親指ピアノの音楽が、西洋的な意味でも豊かなハーモニーをもっているからである。

実際、ぼくがザンビア北西部のルヴァレの村で手に入れた親指ピアノ、チサジも、すばらしいハーモニーを奏でる。チサジは、**写真3－1、3－2**に見るように、木製の板の上に八本の細長い金属製の鍵（音板）を取り付け、それをひょうたん製共鳴器の上に載せた楽器で、鍵の端を親指ではじくとオルゴールのような甘美な響きをかもし出す。じつは、この八本の鍵はでたらめに配列されているのではない。近似的に示せば、ほぼ**楽譜3－12**のように調律されている。そこに、特定の音高に対する制作者の意図とこだわりがはっきりとうかがえる。

チサジの音楽は、西洋音楽に親しんだ耳には、それが西洋の影響かと思われるほど、いわゆる「機能和声」（近代西洋の調性音楽の和声）の響きに近く聞こえる。たとえば、楽譜3－12に示した鍵を4—3—2—1

楽譜 3-12　チサジの鍵の配列と音高

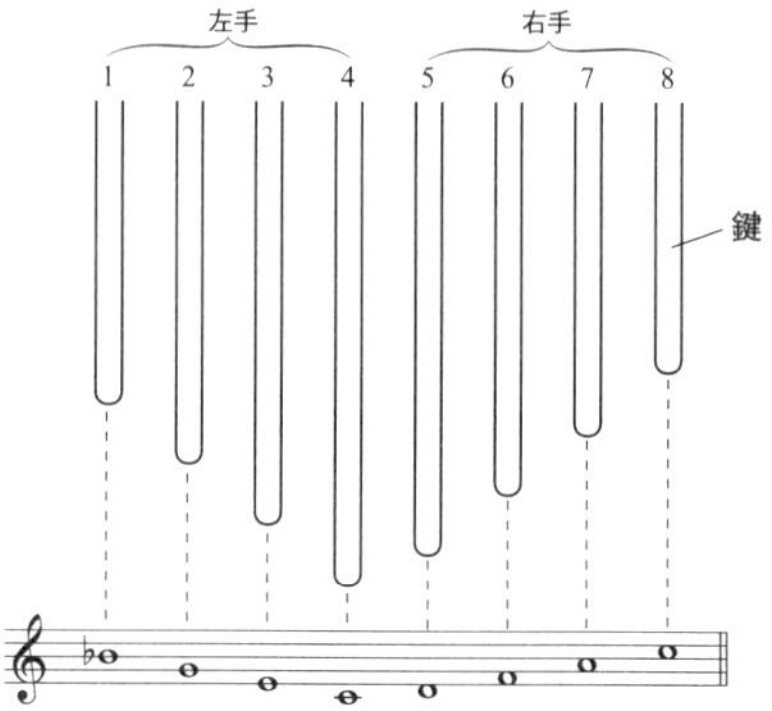

―6―7―8とはじくと、分散和音で「属七の和音」と「主和音」を演奏したように聞こえる。

これが、果たしてアフリカのサバンナ奥地の伝統的な楽器の調律なのだろうか。

しかし、この調律こそ、彼らの音楽的伝統なのだと断言することができる。この調律は、ルヴァレの伝統的な歌謡に見られる音組織とも一致している。

親指ピアノの名手に、日本でもよく知られたタンザニアの故フクウェ・ザウォセがいる。日本ビクターから出た彼のCD『驚異のイリンバ・アンサンブル』を聴くと、どの曲も豊かなハーモニーに満ちている。基本的には分散和音的な旋律に対して、背景に同一の三和音が延々と流れ、場合によって「七の和音」や「九の和音」の響きも聞こえてくる。これらの曲は、いずれもタンザニアのゴゴ人の親指ピアノ、イリンバの伝統的な調律に基づく音楽である。

チサジであれ、イリンバであれ、もしそれが西洋の影響とは関わりのない、彼ら独自の伝統的な調律法であるとすれば、ではいったい、アフリカの人々はいかにしてハーモニーを知り、いかにしてそのような和声感覚を身につけたのだろうか。

楽譜 3-13　23 鍵のイリンバの調律

ハーモニーとハーモニクス（自然倍音）

これに関しては、すでにいくつかの重要な研究が世に出ている。ひとつは、クービックによるゴゴ人のイリンバの調律に関するものだ。クービックは本書の議論のなかにたびたび登場するが、裏を返せば、彼のアフリカ音楽に関する業績がそれだけ広範囲に及んでいる、ということである。若いころおこなったその研究のなかで、クービックは、ゴゴのイリンバの調律は自然倍音列に基づくものだと主張した。

さて、ゴゴのイリンバの鍵数はさまざまだが、クービックは自分の調べた二三鍵のイリンバの各鍵の音高を、**楽譜３－13**のように示している。この楽譜では、左手打奏域、共鳴鍵域、右手打奏域に分けて各鍵の音高を記しているが、彼によれば、ゴゴ音組織の中核的構造は共鳴鍵域の五音、すなわち、（下から）C、E、G、B♭、C音からなっており、それらの音が三オクターヴ以上にわたって分散配列されているという。ただ、左手打奏域の高音域にはD音（鍵番号1と3）も現れる。クービックは、これら各鍵の振動数とセント数を測定し、それに基づいて各オクターヴ内でC音とE、G、B♭音（オクターヴによってはD音）との音高差をセント数で算出した。さらに、自然倍音列における第四倍音（C音に当たる）から第九倍音（オクターヴ上のD音）までの各倍音の、第四倍音との音高差もセント数で算出した。そして、それらの結果を比較すること

楽譜 3-14　自然倍音列

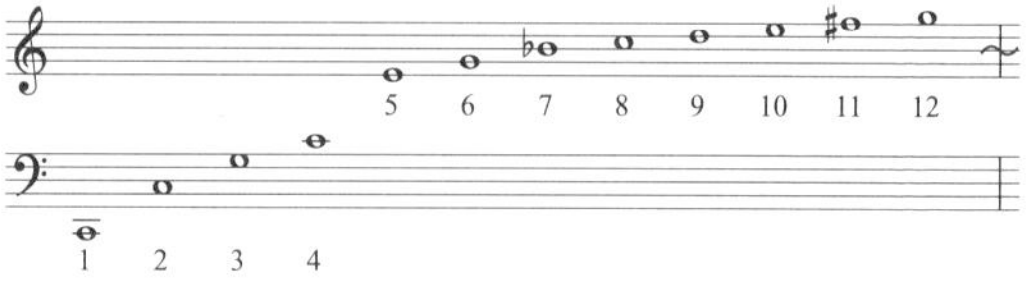

によって、両者の数値が（もちろん、ぴったりとではないが）ほぼ一致していることを突き止めた。それによってクービックは、イリンバの鍵のC、E、G、B♭、C、D音が、じつは自然倍音列の第四、五、六、七、八、九倍音（**楽譜3－14**参照）に対応していることを科学的に実証したのである。ちなみに、このとき振動数の測定に協力し、若きクービックに適切なアドバイスを与えたのが、当時のアフリカ音楽研究の長老、かのジョーンズであった。

もちろん、アフリカのすべての親指ピアノの調律がそのように倍音列に基づいているわけではないが、ルヴァレのチサジの場合も、たしかに楽譜3－12に見るように、その調律を自然倍音列から説明することは可能かもしれない。ただ、第六鍵F音と第七鍵A音に関しては、さらに別の説明が必要になるだろう。

いずれにしても、クービックが示したように、ゴゴ文化など一部であれ、アフリカ人がもし自然倍音（ハーモニクス）を知っているのだとすれば、では、彼らはいかにしてそれを知ったのだろうか。

楽弓からの啓示

じつは、アフリカのハーモニーと自然倍音との関係は、アフリカ音楽の研究が始まった当初から主要な関心事のひとつであった。そして、最初にその関心を示したのは、一九二〇年代から当時の南アフリカ連邦で音楽家および音楽学者として活動していたパーシヴァル・カービーであった。

スコットランド生まれのカービーは、ロンドン王立音楽院で西洋音楽を学び、西洋音楽の専門家として出発するが、その後南アフリカに移り、やがてヨハネスブルクのウィトワーテルスラント大学音楽学部教授となって、アフリカ音楽研究者として名を馳せた人物である。カービーはアフリカの楽器の著名な収集家でもあり、彼の収集した楽器は「カービー・コレクション」として世界的に知られている（**写真3－3**）。

写真3-3　カービー・コレクション
（楽器博物館、ケープタウン大学、南アフリカ共和国）

さて、早くも一九二〇年代前半から、カービーは南部アフリカの諸民族の音楽調査を始め、バントゥー系民族やコイサン系民族（いわゆるブッシュマンやホッテントット）の間で広く楽弓が行き渡っていることに注目する。そこでは、楽弓による倍音演奏が盛んに行われていた。楽弓は、もともと狩猟用の弓を楽器として利用し、弦を棒でたたくか指ではじいて、その音を口腔で増幅させるものだ（ただ今日では、楽弓は「狩猟用の弓」ではなく、独立した「楽器」として確立している）。演奏時に、奏者は口の形をいろいろ変化させ、口腔の容積を変えることによって、倍音列から特定の倍音を選び出して、旋律を奏でることができる。**楽譜3－15**は、カービーが採譜した南アフリカのペディ人の楽弓演奏の旋律である。ここでは、楽譜3－14

楽譜3-15　ペディ人の楽弓演奏（倍音旋律）

楽譜 3-16　ヴェンダ人の楽弓演奏

A　倍音による二声部の楽曲

B　楽弓演奏に用いられた基音と倍音

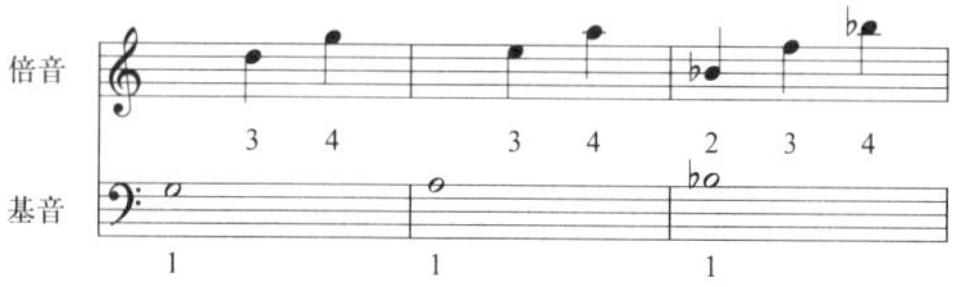

C　楽曲に用いられる音列とヴェンダ人の音階

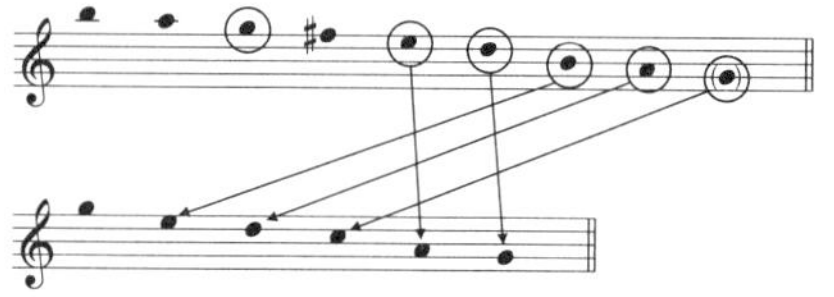

からも明らかなように、自然倍音列の第六倍音から第九倍音までを響かせて、旋律をつくっていることがわかる。

　さらに、左手の指で楽弓の弦の端を押さえることによって、弦の長さを短くして基音を一音高くし、倍音列全体のピッチを上げることができる。そのようにして楽弓で三つの基音をつくり出し、それによって基音と倍音による二声部の和声的な楽曲を演奏しているのが、**楽譜3－16A**に示した南アフリカのヴェンダ人の音楽である。用いられている三つの基音とその倍音は、**楽譜3－16B**に示した（数字は第何倍音であるかを表す）。

下段のG音が解放弦による基音で、それぞれの基音と倍音の音程関係は完全八度か完全五度で、三度は形成されていない。

しかし、ここからカービーはさらに議論を進めて、慎重な言い回しながら、楽弓の倍音から五音音階の成立を示唆している。彼によると、このヴェンダの演奏では、指の操作による基音B♭はB♮であることもあるとして、この楽曲に用いられ得るヴェンダの音列を**楽譜3－16C**のように示した（F♯は基音B♮の第三倍音）。するとここには（彼は解放弦の基音Gを主音と考える）、G―E―D―B―A―（G）という五音音階が含まれていることがわかる（当該音に丸印を付した）。この五音音階はじつは、楽譜3－16Cに記したように、完全四度上に移動すれば（ただし、第四音と第五音はオクターヴ下げる）、ブラッキングの示したヴェンダ人の音階（楽譜3－11D）と一致する。

楽弓の倍音を五音音階の成立に結びつける、こうしたカービーの示唆が、どれほどの現実的な資料に裏づけられたものかどうかはともかくとして、少なくともアフリカのいくつかの民族においては、彼らが楽弓の倍音演奏によってハーモニーを知ったということは、かなりの確実性をもって言えると思う。

ただ、アフリカには楽弓をもたない民族もいるし、自然倍音を知る契機となる楽器は楽弓だけとは限らない。管楽器など倍音を明瞭に出せる楽器をもつ民族であるならば、彼らが自然倍音を通じてハーモニーを知ったということは充分に考えられる。

五　耳を惑わすアフリカ・ハーモニー

フィールドでの衝撃

さてここで、先に触れた「第二ハーモニー文化クラスター」の音楽がどのようなものであるのか、その実際を具体的に見てみることにしよう。まずは、ルヴァレの村でのフィールド体験から。

民族音楽学者がアフリカで調査をするとは、決して村の人々から身を引いて、彼らの音楽生活を「客観的に」観察するということではない。積極的に彼らの催しに参加し、自ら歌い、踊り、太鼓をたたいたりする。そのようにしてルヴァレの音楽生活に参加していくなかで、ぼくが最初に受けた衝撃とは、誤解されることを恐れずに言えば、彼らの音楽が時として、西洋の「長調」とか「短調」に聞こえてくるという、おかしな現象だった。

もちろんこれは、自分自身の過去の西洋音楽の教育がそのままアフリカ音楽の聴き方に投影されてしまった結果であり、異文化の音楽の聴き方としては決して良い見本とは言えない。ところが、ルヴァレ社会での生活が数ヶ月経っても、ぼくの聴き方はいっこうに改善の兆候を示さなかったばかりか、彼らの音楽を知れば知るほど、自分の耳を疑いたくなるような体験が続いた。彼らの歌を聴いていても、あるいは自らその歌に参加していても、同じ曲がその都度「長調」に聞こえたり、「短調」に聞こえたりするのだった。この妙な現象は、いったい何なのだろう。

この素朴な疑問が、その後、ルヴァレの音楽に関する重大な発見につながっていった。

楽譜 3-17　ルヴァレの和声的な系列

三度関係の原理

まず、「第二ハーモニー文化クラスター」に属するルヴァレ音楽の膨大な資料を分析した結果わかったことのうち、詳細は省いて、二点だけを紹介することにしよう。

ルヴァレ音楽は独唱にしろ、合唱にしろ、「ハーモニー」の面では**楽譜3－17AとB**に示す二つの和声的な系列を交互にくり返すという構造をもつ。そして、同じ系列内であれば、少なくとも七度内におさまる音は、基本的にすべて置換可能なのである。すなわち、楽譜3－17Aを例にとれば、下のD音に対してその上のF、A、Cの各音は置換可能な音として旋律のなかで使えるし、和声的にも同時に響かせることができる。

このルヴァレ音楽の原理は、じつはすでに説明したクービックの「飛越唱法」、あるいはブラッキングの「和声的等価性の原理」とたいへんよく似ている。ただ、クービックの「飛越唱法」とは、七音音階のルヴァレ音楽においては、D音に対してF音を歌うことであったし、ブラッキングの「和声的等価性の原理」とは、この場合D音に対して三度や四度で歌うことを意味していた。ところが、こうした原理だけからでは、次に示すようなルヴァレ音楽の現象を説明することはできない。

たとえば、**楽譜3－18**は「トゥワララ・クチホンゴ」(「ぼくらは葦の茂みで眠る」)という少年のイニシエーション儀礼ムカンダで歌われるククーワ歌謡の一曲で、同一部分の旋律二つを比較したものである。この歌は呼唱応唱形式(コール・アンド・リスポンス)で歌われるが、楽譜3－18Aは独唱で歌われた呼唱旋律、楽譜3－18Bは応唱部分

楽譜3-18　トゥワララ・クチホンゴの歌唱旋律

A

B

で歌われた合唱の一声部を（明瞭に聞こえたため）抜き出したものだ。これらは、ともに歌の同一部分なので、それぞれ対応する音は旋律音として相互に置換可能な音だと考えてよい。すると、これら二つの旋律の間の音程関係は、星印のついた二音（完全四度）を除いて一度、三度、五度のいずれかであり、ここで歌われているすべての音は、楽譜3－17AとBに示した二つの和声的な系列のどちらかにぴったりはまってしまう。

　このように見てくると、ルヴァレにとっては三度のみならず、五度および（別の例では）七度までもが和声的には等価ないし置換可能な音なのだということがわかる。そして、これら二つの旋律は、そのような独自

楽譜 3-19　ルヴァレ人の音階

楽譜 3-20　ルヴァレ音楽の平行三度唱

の和声感覚に基づいて、たくみに即興されたものなのである。彼らの和声感覚の豊かさに驚嘆させられるばかりだ。

さて、このようなルヴァレの和声的構造の原理を、三度とその重複音程が重要な役割を果たしていることから、ぼくは「三度関係の原理」と呼んでいる。

第三音の「落とし穴」

では、先ほどの「長調」「短調」の問題はどうなのだろう。

ルヴァレ音楽の多くの資料を分析してわかることだが、彼らの音階は大ざっぱに言うと、**楽譜3-19**に示すような七音音階として表すことができる。しかし、実際の演奏や歌唱では、ルヴァレの人々はこれら七つの音すべてを使うのではなく、せいぜい五つくらいの音を選んで使う（これを「音列」という）。そして、もっとも頻繁に使われる音列は、この音階のなかのE音からA音までの五音で、この音列で応唱部分を歌った場合、前述の「三度関係の原理」に従って、**楽譜3-20A**のような平行三度の合唱になる（ただ、実際の応唱部分では、音列が拡大されることもある）。また場合によっては、A、C、Eの三和音が形成されることも多い。

ところが、ここで重要なことは、ルヴァレの音楽ではこの音列で歌われた場合、第三音Cのピッチが歌っているうちに半音近くずれ上がる傾向があるということだ。元のC音に対して四分の一音ほど上がることもあれば、**楽譜3－20B**のように、ほぼ完全にC♯の高さになってしまうこともある。この音組織のユニークさこそ、まさにルヴァレの村でぼくの耳を混乱させた、当の「元凶」だったのである。

たとえば、**楽譜3－21**に示したククーワ歌謡の一曲「サウォノ」（「サウォノよ」）では、楽譜に示した呼唱と応唱の部分が何度もくり返されるが、最初の歌い出しではC♮であった音がくり返すうちに次第にずれ上がっていき、しまいには完全にC♯の音になってしまう。これでは、西洋音楽に慣れた耳では、「短調」から「長調」に移ったように聞こえても仕方あるまい。

さらに驚くべきことは、われわれから見て、つまり、西洋音楽をある程度知るものから見て明らかに異なる響き、「長三和音」とか「短三和音」とか、名称はどうであれ、とにかく「異なるもの」としてわれわれが分類しなければならないと感じる二つの響きを、じつはルヴァレの人々はまったく区別しないということである。区別できないのではない。彼らは自らの音楽的分類と意味づけにおいて、それらを区別なく、「一つのもの」と認識している、ということである。

もうひとつの例を挙げよう。先ほどルヴァレの音階の話のなかで、ルヴァレ音楽でもっとも頻繁に用いられる音列は、E音からA音までの五音であると述べた。じつは、楽譜3－19の音階のG音からC音までの五音の音列も用いられることがある。それも同一の曲がこれら二つの異なる音列で歌われるのだ。その結果、どのようなことが起こるか。

楽譜3－22は、ムカンダで歌われる「日の出の歌」の「クンビエ・ネハ・ムサナ」（「お日様よ、輝いておくれ」）だが、二通りの歌い方を示している。ルヴァレにとって好ましい歌い方とはどのようなも

楽譜 3-21　サウォノ

楽譜 3-22　日の出の歌

A

B

のかを調べるため、ルヴァレの村では何度か歌唱の実験を行った。ぼく自身が呼唱応唱部分を歌い、音楽の伝統に精通した一人のルヴァレが応唱に加わるという実験であり、その結果が楽譜3－22AとBである。応唱部分の和声的な響きに相違があるにもかかわらず、ルヴァレはこれら二つのバージョンを同じ歌と見なし、それらの間にいかなる違いも見出さない。とりわけ、楽譜3－22Bの応唱部分が、あえて西洋音楽の用語を用いて表現すれば、楽譜3－22Aの応唱部分の「平行調」に移調したように響くことを考えると、この事実は、とくに西洋音楽を知るものにとっては大きな驚きだろう。

ぼくの耳を惑わしたルヴァレ音楽の、例の「長調」と「短調」の問題は、じつはこうしたルヴァレ文化における音楽認識法の問題に深く関わっている。つまりは、西洋音楽的観点から見れば二つの音楽のバージョンの間にどのような音響上の違いがあれ、それがルヴァレ人の音楽の同定過程にいかなる影響も及ぼさない、ということである。

世界の音楽文化の多様性は計り知れない。ルヴァレ音楽のハーモニーをめぐる「長調」「短調」問題は、まさにそのことをわれわれに教えている。

第四章　アフリカの旋律をたぐる

一　言葉は旋律を支配するか

音調をめぐる珍事

一九世紀、イギリス政府が西アフリカに植民地政策を拡大していたころ、ナイジェリアのヨルバ王国では、キリスト教会で「珍妙な」ことが起こっていた。教会の礼拝でヨルバの会衆がヨルバ語で讃美歌を歌っているのに、みな何を歌っているのか、その意味がさっぱりわからないのである。どうして、そんなことになってしまったのか。当時イギリス人宣教師たちは、自分たちの教会の讃美歌の歌詞をヨルバ語に翻訳し、それをそのままイギリスの讃美歌の旋律に合わせて会衆に歌わせていた。

ところが、ヨルバ語は、ほかの多くのアフリカの言語と同様、「音調言語」である。音調言語というのは、それぞれの単語が一定の音の高低やイントネーション（これを「音調」という）に支配されていて、同じ音で構成された単語でも、音調を変えると、単語の意味が変わってしまう。このことを日本の読者にわかりやすく説明するとすれば、たとえば、日本語で「ハシ」と発音する場合、イントネーションの変化によって「橋」と「箸」と「端」と三通りの意味になる（日本語は音調言語ではないが、高低アクセントがある）。それと似て、ヨルバ語では高音、中音、低音の三つの音調があり、単語によって音調は決まっているので、それに従わないと単語の意味が相手に伝わらない。ヨルバの教会では、宣教師が英語から翻訳されたヨルバ語の歌詞を、無頓着にもとの讃美歌の旋律に合わせて会衆に歌わせたものだから、言葉のもつ本来の音調が変えられてしまったのである。その結果、「哀れな犯罪者よ」という讃美歌の歌詞が、「睾丸結核に苦しむ哀れなものよ」になってしまったという。歌っていたヨルバの会衆も、さぞかしびっくりしたことだろう。言ってみれば、北島三郎の歌う演歌「橋」の歌詞が、「この世には　眼には見えない箸がある　親子を繋ぐ箸がある」なんてなってしまったようなものだ。これでは、歌詞の意味は通じない。実際、植民地時代、ナイジェリアばかりでなくアフリカのいたるところで、土地の言葉が音調言語であるゆえに、教会の讃美歌はそのような憂き目にあっていた。

もちろん、その後キリスト教会では、西洋の讃美歌の旋律にはそれに合う音調の新しい現地語の歌詞が作られ、また翻訳された現地語の歌詞には、その音調に合う旋律が新たに作曲されるようになった。いずれにしても、こうしたエピソードは、アフリカの言葉と歌の旋律がいかに深く結びついているかを物語っている。

そこでまず、アフリカ言語の音調がどのようなものであるかを具体的に理解してもらうために、ぼくの研究しているフィールドからいくつかの例を拾ってみよう。たとえば、ザンビアのルヴァレ語の場合、mukandaという単語は、真ん中の音節kaを高く発音すると「少年の成年式（イニシエーション儀礼）」を意味するが、最初の音節muだけを高く発音すると「手紙、本」を意味することになる（図4

－1A）。また名詞ではなく動詞の場合でも、たとえばjikaという単語は、jiを高く発音すると「（穴を）ふさぐ」ことを意味し、kaを高く発音すると「（棒などを）まっすぐに据える」ことを意味する（図4－1B）。

　ガーナのファンティ語の場合には、さらにおもしろい例がある。たとえば、ファンティ語の文章ɔyɛ ponでは、ɔはいわゆる三人称で「彼、彼女、それ」を意味し、ponは「机」を意味する。ところが、yɛはイントネーションによって、いわゆるbe動詞の「である」という意味にも、また他動詞の「作る」という意味にもなる。したがって、図4－2Aのように、yɛをɔと同じ低い音調で発音すると、yɛはbe動詞となり、「それは机です」という意味になる。ところが、yɛをちょうど中国語の「四声」の第四声のように、上から下がり調子に発音すると（図4－2B）、yɛは「作る」という意味になり、文章全体は「彼は机を作る」と、まったく違った意味になってしまう。

　これが、アフリカ言語の音調というものだ。

では、この音調がアフリカの旋律構成にどのように、またどの程度、影響を与えるものだろうか。

図4-1　ルヴァレ語の音調変化の事例

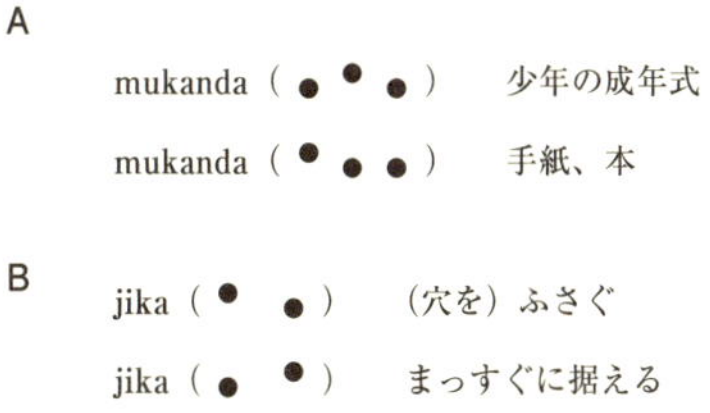

図4-2　ファンティ語の音調変化の事例

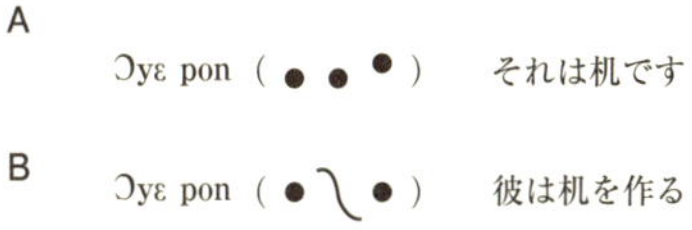

ジョーンズ説：音調が旋律を規定する

じつはこの問題は、アフリカ音楽研究者の間で「音調・旋律問題」として長いこと議論の的になってきた。議論の焦点は、アフリカの音調言語の文化では、歌の旋律の動きがどの程度、言葉の音調に支配され、決定されるのかということであった。これまでの世界の音調言語文化の研究（アフリカ言語のほか、中国語、タイ語など）では、当然のことながら結論は、言葉の音調が旋律を、(1)規定する、(2)規定しない、(3)どちらとも言えない、の三つの立場に分かれる。ただ、アフリカの音調言語文化の研究に関する限り、音調変化と歌唱旋律が完全に一致すると結論づけたものはないものの、さまざまな条件付きで(1)に近い立場を取っているものが多い。ここでは、かなり厳密な方法でこの問題にアプローチした初期の研究の例を見てみることにしよう。

一九五九年のアーサー・ジョーンズの『アフリカ音楽の研究』である。この書物は、ガーナのエウェ人の太鼓合奏に関する厳密で詳細なリズム分析がその中心をなすが、「音調・旋律問題」に関しても一章を設けて徹底した分析を行っている。この分析に際してジョーンズは、ちょうどリズム分析に科学的な研究方法を導入すべく、リズム採譜用の電気装置を開発したように、発話における音調変化を客観的・科学的に測定すべく、「トノメーター」と呼ばれる装置を開発している。これは、医療用の眼圧測定器「トノメーター」とはまったくの別物で、毎秒七〇から二八七振動数の範囲で調律した六六枚の金属製リードを並べて、音調変化を測定する装置である。そして、ジョーンズがここで分析対象としたのは、エウェ社会で葬儀の際に歌われる、ニャイート結社の踊りの歌だ。ジョーンズは、この歌の採譜による旋律線の動きと、その歌の歌詞をエウェ人が朗読した際の録音をトノメーターで測定した音高変化

楽譜 4-1　エウェ人のニャイート結社の舞踊歌（冒頭部分）

のグラフを逐一照合していった。ここでは参考のため、この歌の冒頭部分の楽譜（**楽譜４－１**）と、それに対応する部分の音調と歌唱旋律を照合したグラフ（**図４－３**）を提示することにしよう。

図４－３のグラフは、時間的な要素を一切捨象し、音高変化のみを表示している。まず、グラフのなかの太線の折れ線グラフは歌唱旋律を、細線の折れ線グラフは朗読された際の各音節の音調変化を表している。グラフの縦軸の左側の数字は、音調変化を示すトノメーターの基準数字で、半音（三升目）ごとに数字が振られている。また縦軸の右側のアルファベットは旋律線の音高を表す音名である。また、横軸には、分析の際に特定の音節を指定しやすいように、音節番号が付されている。グラフ全体を見ると、この歌の歌詞は全部で一一四音節（一－一一四番）からなっていることがわかる。

一見すると、歌詞の音調変化と旋律の上下動はだいたい対応しているように見えるが、ジョーンズは、両者が一致していない計三七ヶ所を洗いざらい抜き出し、その詳細を記述し、不一致の要因を考察している。たとえば、音節13－14（domee）では、音調は水平であるが、旋律はA音からG音に全音下行する。ジョーンズは、この部分の朗読の音調は途中のdomeeで水平になるものの、音節12から15までの全体は下行する

図4-3　音調と旋律の対応グラフ（Jones 1959：251）

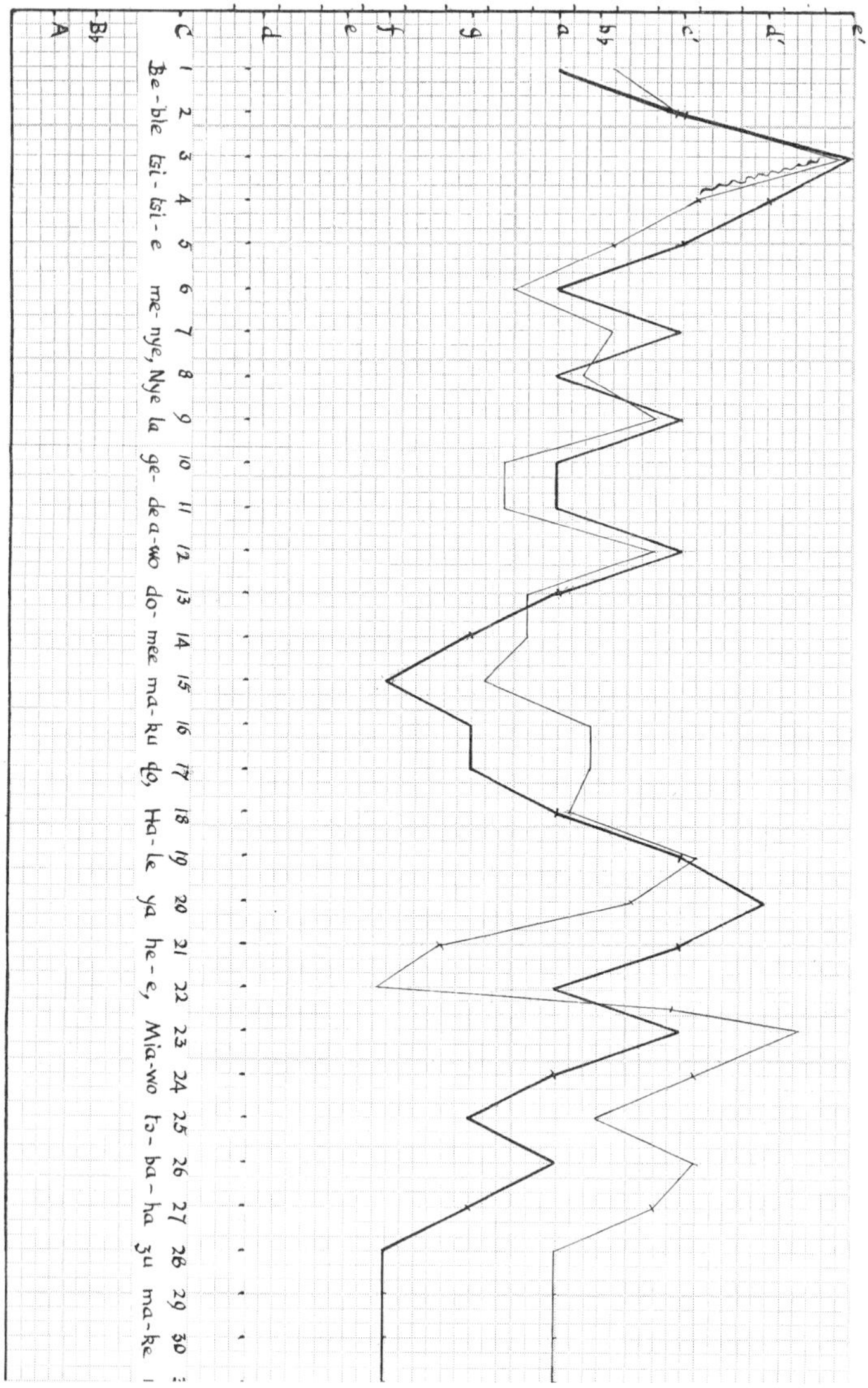

ので、旋律はその音調の下行を先取りしているのだとして、こうした両者の関係を「旋律先取りの原理」と呼んでいる。また、音節17－18（do, Ha）では、音調は若干下行するが、旋律はG音からA音へ上行し、両者は「反進行」している。ジョーンズによれば、ここは歌詞のひとつの行の終わりと次の行の始まりの部分であり、次の行で音節18－19（Hale）の音調は上行するので、「旋律先取りの原理」に従って、音節17－18（do, Ha）の旋律も上行しているのだという。

いずれにしても、このようにしてジョーンズは、ニャイート結社の舞踊歌における音調変化と旋律の上下動との不一致の状況をすべて分析し、音調パターンからの旋律の逸脱に関して一般的な傾向をいくつか導き出している。ひとつは、すでに述べた「旋律先取りの原理」で、旋律は実際の音調変化より前にその変化を反映した上下動を示す傾向があるということである。そしてもうひとつは、アフリカ人のハーモニー感覚に根ざした逸脱の傾向である。第三章第三節でジョン・ブラッキングの「和声的等価性の原理」について説明した際、ぼくはジョーンズの「和声的代替音」という概念にも触れた。すなわち、ある音とその四度下の音をアフリカ人は和声的に交換可能な音だと考えるとして、ジョーンズはその四度下の音を「和声的代替音」と呼んだ。ジョーンズの分析では、音調が水平なときに旋律が四度下の音に下行することがある。しかし、その場合でも、アフリカ人のハーモニー感覚からすると、旋律は音調に一致していると考えられているという。

その他にも規則性はいくつか見出されるが、ジョーンズが強調するのは、それらの逸脱の例があるからと言って、問題の本質がゆがめられてはならないということだ。すなわち、計一一三の音調変化のうち、音調と旋律の動きがぴったりと一致しているのは七六例あり、六七％、全体の三分の二以上を占める。さらに、逸脱例の半数以上が上か下への音調変化に対して、旋律は同一音にとどまり「反進行」していないことから、これらの例も音調にほぼ一致していると考えると、音調変化と旋律の動きの一致は九〇%を超えるという。こうしてジョーンズの到達した結論とは、旋律を構成するさまざまな条件を考えると驚くほどの高い比率で、アフリカ人は音調変化に合わせて歌詞に旋律をつけているということであった。

アガウ説：音調は旋律を規定しない

さて、第一章第三節でポリリズムについて議論した際、ジョーンズのポリリズム論に真っ向から挑戦して、ジョーンズ理論の根本的な誤謬を批判した人物として、エウェ社会出身の音楽学者コフィ・アガウの名を挙げた。じつは、それとまったく同じことが、「音調・旋律問題」においても起こっている。エウェのニャイート結社の舞踊歌を分析して、音調パターンと旋律線はほぼ一致するとしたジョーンズの結論を、それから三〇年後、自身エウェ人であるアガウが真っ向から批判している。もっとも、アガウの批判はジョーンズの研究そのものを標的にしたものではなく、当時一般的であった「旋律は音調変化にほぼ一致する」とする立場（前述の立場(1)）に根本的に反対したもので、その意味でアガウは前述の立場(2)（「規定しない」）を代表する論客といえるだろう。

音楽理論家であるアガウは、音楽は発話とは根本的に異なり、音楽は言葉の音調など音楽外的な制約を受けない音楽独自の内的な秩序とプロセスによって成り立っているとする立場（「信念」に近い）を基本的に堅持しており、彼の議論はすべてそれを前提に、あるいはその方向に収束すべく展開される。そのため、具体的な曲の分析も、またそれに基づく議論もやや独断専行のきらいがあり、充分な説得力には欠ける。たとえば、北部エウェ社会からサンプルとして民話の挿入歌や仕事歌など八曲を選んで分析するのだが、それらのサンプルが果たしてエウェの歌の典型的・代表的なものであるのか、曲の選定基準など分析の方法論的な手順が明らかにされていないために、場合によっては自分の主張に都合のよいサンプルを選んで分析しているのではないかといった疑念を生じさせる。「音調・旋律問題」では、同一文化においても歌のジャンルによって、音調と旋律の一致の程度に違いが見られることが知られているからだ。

また個々の曲の分析も、それほど厳密で説得力のあるものとは言いがたい。旋律線が音調パターンから著しく逸脱している事例は詳細に分析・記述されるものの、両者が一致している事例は一言触れるだけで、あとは置き去りにされる。実際、分析したほとんどすべての曲で、音調パターンと旋律線が一致している箇所もあれば、一致していない箇所もある。事実、アガウ自身、分析した最初の歌に関しては、五六％が一致し、四四％が一致していないことを明言している。このような分析の状況から出すべき結論とは、せいぜい前述の立場(3)（「どちらとも言えない」）であって、立場(1)を否定して、アガウのいう「音調と旋律が一致するというのは、説得力がなく支持できない仮定である」ということでは決してないはずだ。第一章で述べたように、ジョーンズのポリリズム論に対するアガウの批判はたしかに当を得たものであったが、こと「音調・旋律問題」に関する限り、アガウの論はジョーンズ説の反証にはまったくなっていない。

ただ、アガウのいう「音楽外的な制約を受けない音楽独自の内的な秩序とプロセス」の存在は、ぼく

楽譜 4-2　トゥワララ・クチホンゴの呼唱旋律

図 4-4　「トゥワララ」(twalala) の旋律型

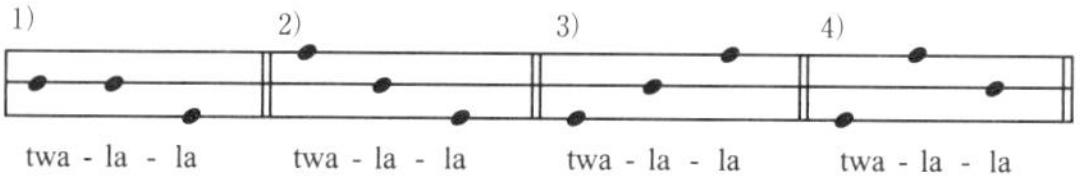

自身の経験から言っても、ある程度認めなければならないだろうと思う。たとえば、第三章第五節でザンビア、ルヴァレ人の少年のイニシエーション儀礼ムカンダで歌われる「トゥワララ・クチホンゴ」(「ぼくらは葦の茂みで眠る」)というククーワ歌謡について検討した。この曲の呼唱旋律のひとつを見てほしい(**楽譜4-2**)。この短い旋律のなかに、「トゥワララ」(twalala)という言葉は何と五回も出てくる。ところが、**図4-4**に見るように、この同一の言葉に四つもの異なる旋律型があてられているのだ。これは、旋律の求める音楽的な要求(「内的な秩序」)が、歌詞の言語学的な要求を完全に押しのけてしまった典型的な例である。アフリカ音楽の研究者は、これまで自らの研究する文化のなかで、そのような例をたびたび目にしてきたのにちがいない。だから、たとえば、南アフリカのヴェンダ音楽を研究したブラッキングは、「いくつかの歌では、音調変化は音楽上の理由から完全に犠牲にされている」と言っているし、リベリアのジャボ

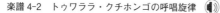

人の歌を分析したジョージ・ハーツォクは、分析結果は「旋律が音調変化に隷属していることを示すものではない」と述べている。

統計処理による決着

では、旋律線が音調パターンから逸脱してしまった場合、歌詞の意味は理解されないのだろうか。歌い手は、その歌を歌いながら、自分の歌っている言葉の意味を本当に理解することができないのだろうか。

言葉の音調と旋律との関係に関して最近立て続けに論文を発表している研究者に、ブリティッシュ・コロンビア大学の言語学者、マーリー・シェレンバーグがいる。彼の専門領域はもともと中国語の音調研究だったが、「音調言語では言語が音楽を規定するか」という内容丸出しのタイトルの論文のなかで、さまざまな音調言語の研究を引き合いに出して、この問題を論じている。シェレンバーグによると、旋律線が音調パターンから逸脱しても、意図する意味は理解されるという。というのは、歌詞の文脈が本来の意味を理解させるさまざまなきっかけを与えてくれるからだ。音調言語の話者は音調の誤りに比較的寛容で、そのような誤りがあっても、全体の意味の理解にはそれほど大きな支障はないという。もし、そうであるとすれば、冒頭のキリスト教会のヨルバの会衆が「意味がさっぱりわからない」というのは、音調の重要性を強調したやや誇張した表現だったということになるだろう。

このことを具体的に理解してもらうために、高低アクセントが重要な役割を果たす日本語の場合を考えてみよう。先に挙げた演歌「橋」の歌詞で、「この世には　眼には見えないはしがある　親子を繋ぐ

楽譜4-3　橋

はしがある」の「はし」を**楽譜4-3**（*部分）のように「低―高」（橋）ではなく、「高―低」（箸）の音程で（たとえば、A―CをC―Aで、またG―AをA―Gで）歌っても、やや妙な感じはするけれども、ふつうの日本人であれば、歌詞の言わんとする意味を理解することはできるだろう。そして、この「はし」をこのように本来の音調に対して「反進行」させるのではなく、「斜進行」させる、つまり「はし」を同音で歌うと、意味の不自然さはさらに和らぐことになる。アフリカ音楽における旋律線の音調パターンからの逸脱も、この程度のことだと考えればよいのかもしれない。

しかし、そうかと言って、アガウの主張するように、音楽内的な秩序がまさって「音調は旋律を規定しない」と考えるのは、現実離れしている。ジョーンズを含めて、「音調が旋律を規定する」と考える研究者も、実際には例外なく、音調からはずれた旋律の動きが見られる事例のあることは認めている。問題は、音楽のなかに音調と旋律が一致する箇所と一致しない箇所がある状況をどのように解釈するか、である。ひとつの解決策は、統計的な処理を行うことだ。シェレンバーグは、これまで行われた諸研究のデータを整理して、民族集団あるいは言語集団ごとの、歌における音調と旋律との一致の比率をパーセンテージで出している。アフリカの民族集団に限定すると、その比率は**表4-1**のようになる。

表 4-1　音調変化と旋律の一致比率

言語	国名	音調変化数	一致の比率	斜進行の比率
エウェ	ガーナ	105	68%	95%
ハウサ	ナイジェリア	380	53%	96%
ショナ	ジンバブウェ	140	53%	67%
コーサ	南アフリカ	281	67%	95%
ズールー	南アフリカ	36	92%	97%

これらはいずれも、音調と旋律が「偶然に」一致した場合の比率三三・三%を大きく上回っている。逆に言えば、これらの民族集団の歌謡における音調パターンと旋律線との一致は偶然ではなく「有意」である、すなわち、文化的に何らかの理由があって一致しているということである。さらに、シェレンバーグの資料に基づけば、音調と旋律が逆方向に向かう、すなわち「反進行」するのではなく、「斜進行」する、すなわち、音調の変化に関わらず、旋律が水平に（同音で）進行する場合を含めると、その比率は格段に上昇し、ほとんどが九〇%を上回る（表4－1「斜進行の比率」参照）。これは、先ほどのジョーンズのデータとも一致する。

以上、さまざまな状況を勘案すると、アフリカの歌謡においては、もちろん逸脱の事例はかなりあるものの、旋律はできるだけ音調パターンに合うように構成されていると考えて良さそうである。

二　即興旋律の妙技

ルヴァレ歌謡の衝撃体験

今日、アフリカ音楽とジャズとの歴史的な関係を否定するものはいない。一七世紀以降、奴隷貿易によってアフリカ大陸から北アメリカ南部に連れて来られた黒人たちは、そこでその後のジャズ誕生の音楽的素地を形づくったとされる。

さて、アフリカ音楽を長いこと研究していて驚嘆させられることのひとつは、アフリカ人の即興能力のすごさである。ただ、ここで誤解のないように言っておくと、その「すごさ」とは、たとえば、ジャズのライブ演奏を聴いているときに感じるミュージシャンの、フレーズを次から次へと走馬灯のごとく紡ぎ出す音楽的創造力の「すごさ」、といったようなものではない。そうではなくて、この「すごさ」とは、アフリカの村で何気なく録音した歌の旋律をあとで宿舎に戻って再生し分析したときに、驚きをもって知るような「すごさ」である。

では、それはどのようなものか。そのあたりの問題を、本節では具体的に検討してみることにしよう。すでに述べたように、サハラ以南のアフリカでは、多くの場合、歌は呼唱応唱形式（コール・アンド・リスポンス）で歌われる。これは、独唱者の先唱とそれに応える多数の歌い手による合唱を交互にくり返すもので、ふつう応唱部分は固定しているが、呼唱部分は独唱者が一定の歌詞と旋律に基づきながら、部分的に新しい歌詞を即興的に紡ぎ出し、その歌詞の音調にしたがって旋律も即興的に変奏していく。ザンビアのルヴァレ社会でフィールドワークをしていた折、ぼくはこれに関連してある衝撃的な体験をした。

ある日の昼下がり、前夜に録音したククーワ歌謡を再生していたときのことだ。ぼくはすでにククーワ歌謡は何曲も知っていたが、その曲の響きは聞きなれないもので、それが何であるのか、特定することができなかった。ところが突然、大きな衝撃が走った。じつは、その曲が自分のよく知るククーワ歌謡「トゥワララ・クチホンゴ」（「ぼくらは葦の茂みで眠る」）であることがわかったのだ。演奏が自分の記憶するものとあまりにも異なっていたため、まさか同じ曲だとは思わなかった。しかし、注意深く何度も聴いてみると、しだいにリズム上の、また和声上の類似性に気づくようになった。ところが、旋律に関しては、呼唱部分も応唱部分も自分の知っているものとはまるで違っていたのである。

とくに呼唱旋律のヴァリアンテ（同一曲の異型）は、ぼくのような外部者がククーワ歌謡を同定する際の最初の難関になる。先にも言ったように、呼唱の歌い手はその都度、即興的に歌詞と旋律をたくみに歌い変えるからである。ところが、同じ歌の呼唱旋律のさまざまなヴァリアンテを比較分析していくと、そこに一定の規則と秩序が存在していることがわかる。ぼくがもっとも仰天したこととは、つまり、呼唱の歌い手が――それはただの農夫であったり、無職の青年であったりするのだが――その規則が何であるかといったことなどまったく知らずに、その場その場で即興しながら、しかも、寸分たがわずその規則にしたがって歌っているという事実であった。ぼくがアフリカ人に見る「即興のすごさ」とは、まさにこれである。

内的秩序と即興

具体的な話に移ろう。ここでふたたび「トゥワララ・クチホンゴ」の楽譜を検討することにする。ぼくはルヴァレの村で延べ一四〇曲を超えるククーワ歌謡の演奏を録音収集しているけれども、本書でとりわけこの曲にこだわるのは、この曲の録音がアフリカ音楽の構造を解き明かすうえで、いろいろな点できわめて示唆に富んでいるからである。**楽譜4―4AとB**は、一部本書の別な箇所ですでに提示したものであるが、ここでは「即興旋律の妙技」という観点から、ふたたび検討してみることにしよう。楽

楽譜4-4　トゥワララ・クチホンゴの即興旋律

A

B

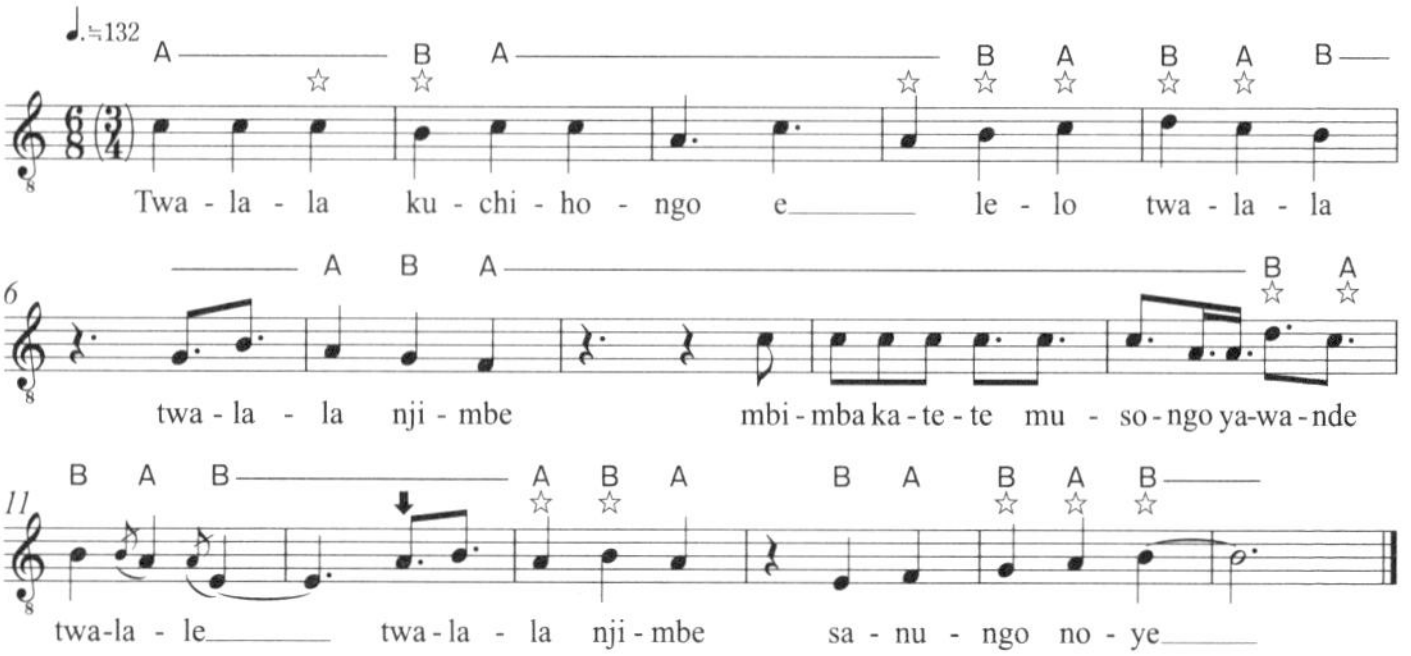

譜4－4Aは、前述の、ぼくに衝撃的な体験をさせた当の演奏の応唱部分から、ひとつの旋律を抜き出したものである。この旋律は、応唱部分でもとくに際立って聞こえたため、曲の同定を困難にした、まさに元凶と言えるものだ。一方、楽譜4－4Bは、「トゥワララ・クチホンゴ」の別な録音で歌われていた呼唱旋律のひとつで、この曲の旋律の典型というわけではないが、それでもある程度この曲の一般的な（よく耳にする）旋律線を反映している。両者の旋律を比較すると、互いに反進行している部分が目立つ。それをわかりやすくするために、両楽譜

の反進行している箇所に☆印をつけておいた。これだけ反進行すると、全体の旋律の印象も相当変わってくる。一部歌詞の異なるところもあるが、多くは歌詞の音調の制約にあまりとらわれず、自由に旋律を即興していることがわかる。とくに最後の二小節では、一方はE—D—Cと下行してC音で終止し、もう一方はG—A—Bと上行してB音で終止する。二人の歌い手がこれほど自由に即興しているにもかかわらず、——ここがもっとも重要なポイントなのだが——じつはここには厳然たる秩序が存在し、それが全体を支配している。アガウの表現を借りれば、それが「音楽内的秩序」である。

第三章第五節で、ルヴァレ音楽の「ハーモニー」に関連して、ぼくはルヴァレ音楽においては二つの和声的な系列が交互にくり返されると述べた。楽譜3－17AとB（125ページ）を見てほしい。ルヴァレ音楽では、この楽譜に示したように、一方（A）は下からD—F—A—C—E—Gという系列と、もう一方（B）はC—E—G—B—D—Fという系列が時間的な長短はさておき、交互に反復する。その反復のなかでは、すでに第三章で説明したように、その系列のなかの音であれば、どの音（少なくとも七度以内の音）を使用しても旋律的にも和声的にも交換可能な音として許容される。だから、歌詞の音調の制約さえ断ち切れば、きわめて自由度の高い旋律が形成される余地がある。

ただ、ここで重要なことは、個々の曲でどの部分にどちらの系列が使用されるかが厳格に決められているということだ。たとえば、「トゥワララ・クチホンゴ」の場合に二つの系列がどのように反復されるかを、各楽譜（楽譜4－4A、B）のうえに系列名AとBで示しておいた。二人の歌い手は、即興的に旋律を構成しているにもかかわらず、しかるべき和声的な系列を完璧に遵守していることがわかる（ただ、唯一の例外は楽譜4－4Bの一二小節目で、ここには系列からはずれて歌われている音が一音（⬇印部分）ある）。

これが、前節で触れた、歌詞の言語学的要求（音調変化の遵守）を押しのけてしまうほどの潜在力をもつ音楽の「内的秩序」である。少なくとも、そうした「内的秩序」のひとつの例と言える。この音楽的秩序がわかると、たとえば、楽譜4－4AとBの終止音が、一方はC音となり、もう一方は一オクターヴ上のC音ではなく、どうしてB音なのかといったことも理解可能となる。いずれにしても、ルヴァレ音楽における旋律の即興は、あらかじめ決められた和声的系列に基づいて行われるという意味で、コード進行に沿って即興演奏をくり広げる今日のジャズのあり方に相通じるものがある。否、むしろ逆に、ルヴァレの即興のあり方が、ジャズの即興のアフリカ的原型と言えるのかもしれない。

三　旋律構成の秘術

シュナイダーの発見

さて、ドイツの著名な比較音楽学者にマリウス・シュナイダーがいる。彼は最初ストラスブールで音楽学と文献学を学び、のちにパリに移ってピアノをアルフレッド・コルトーに、また作曲をモーリス・ラヴェルに師事するといったたいへんな経歴の持ち主だ。さらにその後、ベルリン大学で西洋中世音楽の研究で博士号を取得し、そののち比較音楽学者のエーリッヒ・フォン・ホルンボステルとクルト・ザックスの助手となった。そして、ドイツがナチス政権下になると、その弾圧を恐れて国外に逃れたユダヤ人のホルンボステルの跡を継いで、当時有名なベルリン録音資料館（現ベルリン民族学博物館の一部門）の責任者となる。ところが、ドイツ人であるシュナイダー自身、「第三帝国」の国家社会主義を公に批判して学界から締め出され、その在任期間は短く、さまざまな迫害のもとに苦難の人生を歩んだ研究者の一人である。

さて、シュナイダーの代表作は『多声性の歴史』という大著だが、アフリカ音楽に関しても、後世に残る重要な概念を編み出している。それは、「中心音の転位」という概念だ。シュナイダーもホルンボステルと同様、現地には赴かずに、おもにベルリンで録音された、西アフリカ、トーゴとベナンのエウェ人の歌の「音調・旋律問題」を探求するなかで、アフリカの旋律構成にはある重要なテクニックが潜んでいることに気づいたのだった。

そのテクニックとは、歌い手が旋律構成に用いる音列を演奏の途中であるものから別のものへと移行させる歌唱の技法のことである。アフリカの旋律はある音を中心音としてその周辺のいくつかの音（「音列」）から構成されるが、演奏の途中で歌い手が中心音をもとの位置の上か下に移行させ、今度はそれを新たな中心音とする別の音列で旋律を構成する、ということが行われる。もちろん、すべての旋律がそうした構造をもっているわけではないが、シュナイダーはエウェの旋律を分析するなかで、彼らの旋律はいくつかの部分に分けられ、各部分は異なる中心音と音列（あるいは音域）からなっていることを見出した。中心音が「転位」していたのである。この、中心音を転位させるテクニックによって、アフリカの歌い手は歌詞の音調に従いながらも、多様な旋律線をつくり上げることができる。さらに、このテクニックを歌のなかで何度もくり返すことによって音域を拡大し、旋律的変化を一層豊かなものにすることができる。アフリカ人の「音楽的知恵」と言えようか。

楽譜 4-5　エウェ人の歌

このことをよりよく理解してもらうために、シュナイダー自身が挙げるエウェの歌の事例を具体的に検討してみよう。**楽譜４－５**は彼が分析した二二曲のひとつで、エウェの占い師と預言者について歌ったものである。この歌は全体で三つの部分に分かれ、ａの部分はＣ音とＡ音の二音で構成され、中心音はＡ音（またはＣ音）、またｂの部分はＥ音とＢ音で構成され、中心音はＥ音、最後のｃの部分はＧ―Ｃ―（オクターヴ下の）Ｇの三音で構成され、中心音はＣ音と見ることができる。つまり、全体の旋律構成はＡ音、Ｅ音、Ｃ音と三段階にわたって中心音が下方に転位し、その結果、全体の音域は一オクターヴ半に拡大されているわけだ。シュナイダーがエウェの歌の音調と旋律との関係を分析しつつ見出した中心音の転位とは、このような旋律構成法のことであった。

汎アフリカ的な技法か

じつは驚いたことに、こうしたアフリカ音楽の旋律構成法にシュナイダーが特別な名称をつけるはるか以前から、研究者はアフリカ音楽のこの特徴に気づき、分析のなかでそれに注目していたのである。たとえば、シュナイダーの師匠にあたる前述のホルンボステルの一九二八年の論文「アフリカ黒人音楽」が良い例だ。この論文のなかでホルンボステルは、第一章で扱ったカ

楽譜4-6　ニャムウェジ人の仕事歌

メルーンの民族集団パングウェの木琴合奏曲のリズム分析だけでなく、じつにさまざまなアフリカの民族集団の音楽を採譜し、その構造を多面的に分析している。その最初の採譜例として掲載しているのが、東アフリカ、タンザニアの民族集団ニャムウェジの「仕事歌」の楽譜である（楽譜４－６）。ここでホルンボステルは、歌の全体をａ、ｂ、ｃの三部分に分け、それぞれの部分の音の構造を楽譜末尾に記している。ここで記された音列は旋律構成に使用される音の頻度によって音価を変えて示されており、言うまでもなく二分音符で記された音が中心音である（なお、彼はこの議論で、ｃ部分の上声部の旋律は下声部の旋律に加えられた八度と四度の平行進行であるとして、音組織に含めていない）。あきらかにここでは、旋律が進行するにつれて中心音がＡ音、Ｅ音、Ｄ音と下方に転位している。とくにホルンボステルは、ａ部分とｃ部分の音列に含まれるＣ－Ｂ－ＡとＦ－Ｅ－Ｄが、短二度＋長二度の音程関係で対応し、ともにその最下音が中心音であることに注目する。いずれにしても、この二度にわたる中心音の転位によって、旋律の音域はほぼ一オクターヴに拡大されているわけだ。

　さて、ホルンボステルがニャムウェジの「仕事歌」の音楽分析を行ってからほぼ六〇年後の一九八〇年代、ぼく自身南部アフリカのザン

楽譜4-7　ルヴァレ人のククーワ歌謡「カンゴングウェ」

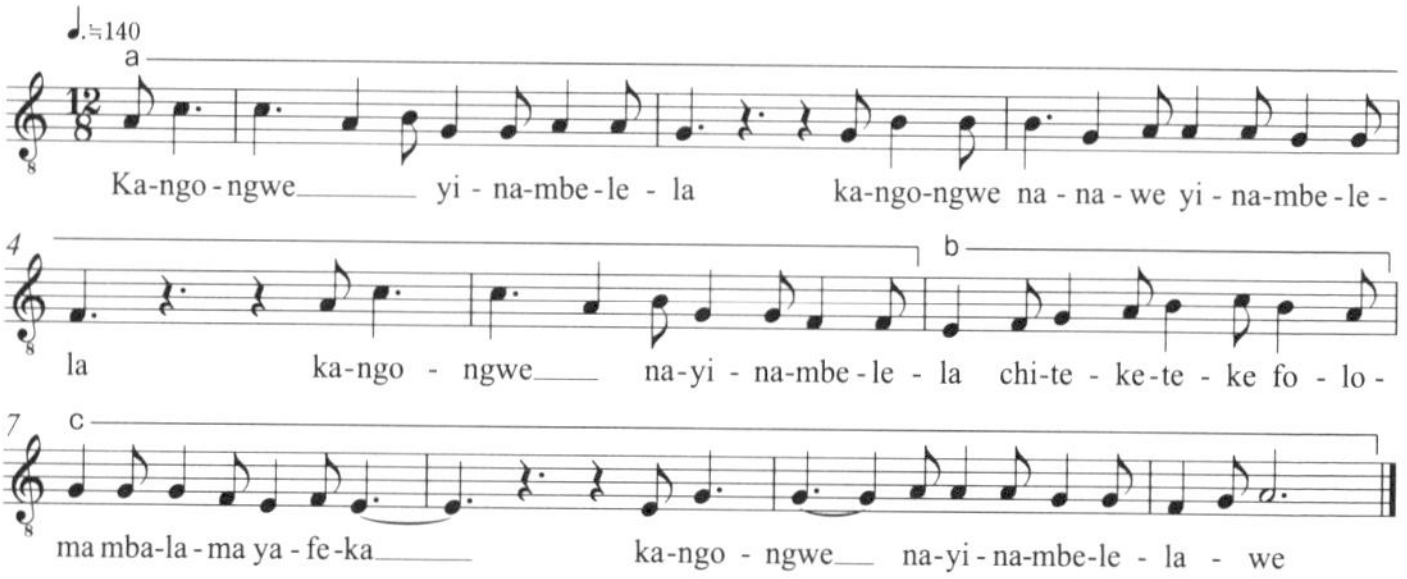

ビアでルヴァレの音楽を録音・分析するなかで、この中心音の転位のテクニックにしばしば遭遇している。いくつもの例を挙げることができるが、そのひとつは**楽譜４－７**に見ることができる。これは、ルヴァレのククーワ歌謡「カンゴングウェ」（「小ネズミよ」）の呼唱旋律の一例である。ただ、ルヴァレの旋律の場合には、中心音はひとつというより完全四度（ないし五度）を形成する二音が旋律の中心的な骨格をなし、その骨格が上下に転位するという構造を示すことが多い。この例では、五小節目までのａ部分はＣ－Ｇの完全四度枠を中心にその下にＦ音が付加された旋律構造になっているが、六小節目のｂ部分は別の骨格に移る過渡的な部分として四度骨格はあいまいになり、七小節目以降のｃ部分でＡ－Ｅの新たな完全四度の骨格のなかで旋律が形成されている。すなわち、二つの中心音は短三度下に転位したのである。

　こうして見てくると、シュナイダーの西アフリカの例といい、ホルンボステルの東アフリカの例といい、またぼくの南部アフリカの例といい、旋律構成のテクニックとしての中心音の転位は、ちょうど標準リズム型のように、汎アフリカ的な音楽的特徴と言えるのだろうか。

　じつは、これをアフリカ固有の歌唱の技法と言い切ることは、なかなかむずかしい。というのは、アフリカ以外の音楽文化においても、

楽譜 4-8　アメリカ先住民ホピ人の歌

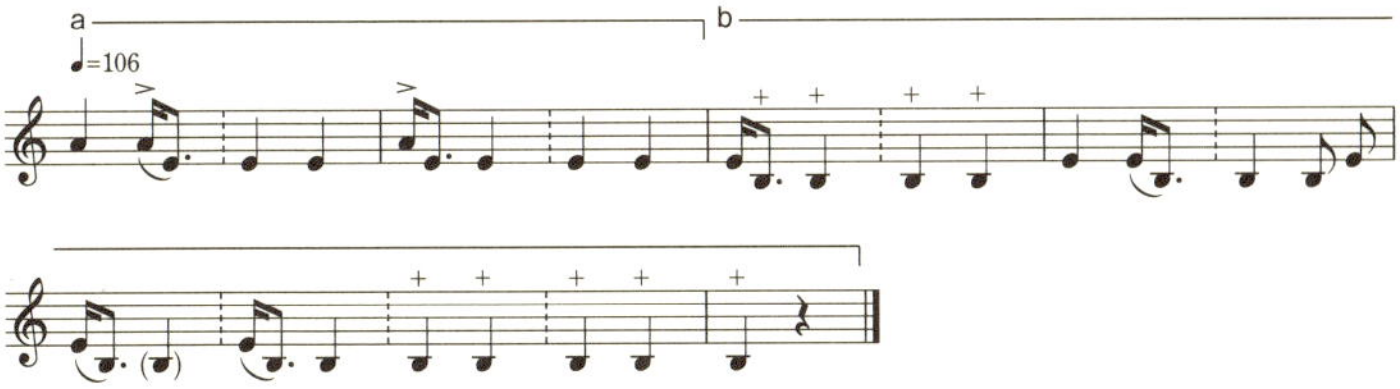

楽譜 4-9　モンゴル歌謡「東欧の月」

同様の技法が――より客観的な表現を使えば、同様の旋律の構造が――見出されるからだ。ぼくの調べた限りでは、とくにアメリカ先住民のさまざまな民族集団の旋律構成法に同様の傾向が見出される。たとえば、**楽譜４－８**はアメリカ先住民ホピの旋律の例だが、ここではａ部分、ｂ部分ともに完全四度の骨格が顕著で、中心音はＥ音からＢ音に下方転位していると見ることができる。またモンゴル歌謡「東欧の月」（**楽譜４－９**）でも、ａ、ｂ、ｃそれぞれの部分で音列を変えて同じ旋律が反復され、完全四度の旋律の骨格はａ部分で$F^{\sharp}$―$C^{\sharp}$、ｂ部分でＢ―$F^{\sharp}$、ｃ部分でＥ―Ｂと、それぞれ二つの中心音は完全五度ずつ下に転位している（ただ、これはやや特殊な例かもしれない）。

　一般に中心音の転位は、一オクターヴの音域で旋律が進行していくような場合には見られず、旋律が比較的狭い音域の音列で構成されている場合に、旋律の変化や多様性を求めて音列を別なものに移行させる際に起こると考えられる。したがって、日本の伝統音楽のように、完全四度の骨格（テトラコルドと呼ばれる）が二つあるいは三つ接続されて旋律が構成されるような場合には（第六章第一節参照）、たとえば、真言声明の「涅槃講式」や宮崎県の「子守唄」のように、前半は上のテトラコルドを中心に旋律が構成され、後半は下のテトラコルドを中心に旋律が構成される（その逆もしかり）など、中心音の転位に近い旋律構造は観察され得る。

　こうして見てくると、シュナイダーのいう「中心音の転位」という技法は、アフリカ音楽にそのもっとも典型的な形が見出されるとはいえ、どうもそれがアフリカ音楽固有のものとは必ずしも言えないようである。

第五章　太鼓は話すことができるか

一　トーキング・ドラムの伝説

ある宣教師の体験

一九三〇年代末、プロテスタント・バプテスト派のイギリス人宣教師ジョン・キャリントンが、当時のベルギー領コンゴ（現コンゴ民主共和国）で大変おもしろい経験をしている。

キャリントンは中部のスタンリーヴィル（現キサンガニ）地方の密林の村々で伝道活動をしていたが、ある日、ヤウィシャ村から半日がかりで隣の町ヤオンガマに布教に出かけた。ところが、彼がヤオンガマに着くと、事前に誰も使いを送っていなかったにもかかわらず、町では学校の先生やら教会の役員やらが彼の到着を待っていたという。キャリントンはたいへんに驚くのだが、その訳は彼が信者たちの集会に出てみてはっきりした。地元の牧師が会衆に「今日、白人が来ることはどうしてわかったのかな」と問いかけると、みな一斉に「太鼓のメッセージで」と答えたという。じつは、彼がヤウィシャ村を出発したあと、村人が太鼓を叩いて白人宣教師を迎える準備をしておくように、ヤオンガマにメッセージを送ったのだった。

中部アフリカで体験した「トーキング・ドラム」についての新鮮な驚きを語るこのキャリントンこそ、のちに古典的な名著『アフリカの話し太鼓』を著す、かのジョン・キャリントンその人であった。キャリントン自身、この書のなかでくり返し述べているように、トーキング・ドラムをめぐるこうしたエピソードは、一八世紀ころからすでにアフリカ探検家の旅行記などにしばしば現れる。たとえば、一七三〇年から五年近く西アフリカ、ガンビアに王立アフリカ会社の商人として滞在していたイギリス人、フランシス・ムーアは、その土地のトーキング・ドラムについて次のように語っている。

ほとんどすべての町で、人々はタンタンと呼ばれる大型の太鼓をもっていて、これを打つだけで、敵が近づいてくるのを知らせたり、非常事態の際に隣の町の住民に助けを求めたりすることができる。

また、第一章で触れたヘンリー・スタンリーも、探検家デイビッド・リビングストンを見つけ出した後の一八七〇年代後半、コンゴ川流域の探検で目にしたエナ人のトーキング・ドラムについて次のように記している。

ここの住民はまだ電気信号を取り入れてはいないが、非常に効率の良い伝達システムをもっている。彼らの巨大な太鼓でさまざまな場所を打つと、発話の時と同じように、明瞭に言葉が仲間に伝わるのだ。

歴史のなかでくり返されたこうしたエピソードや言説が、じつはアフリカのトーキング・ドラムについての「伝説」をつくり上げてきた。「伝説」はあくまでも「伝説」（言い伝え）であって、事実や真実とは区別されなければならない。「トーキング・ドラム」という言葉が一般の人々に与えるイメージや理解に、ぼくはアフリカを体験して以来、大きな疑問を抱いてきた。この言葉こそ、どんなに検討してもしすぎることのないほど「ミスリーディング」な用語だとぼくは考えている。

一般にはもちろん、トーキング・ドラムという語は「話し太鼓」あるいは「話す太鼓」と訳され、人が言葉で話す代わりに、太鼓を打って「太鼓に話をさせる」ものだと説明され、そのように理解されている（ちなみに、日本や海外の一部では、このトーキング・ドラムを西アフリカの砂時計型太鼓の別称のように説明している解説にしばしば出くわすが、それは初歩的な誤り！）。そのように説明されると、この文化的慣習は「外」から見れば、なるほど、たいへんに魅力的に映る。しかし、それが実際にはどのようなものであるのかを知ってみると、トーキング・ドラムに対する印象は大きく変わってしまう。本章前半では、そのあたりを詳しく検討してみることにしよう。

ちなみに、トーキング・ドラムはアフリカばかりではなく、メラネシアや東南アジアの一部にも見られる。しかし、トーキング・ドラムの宝庫と言えば、それは何といっても、アフリカである。

ベッツと割れ目太鼓

すでに見たように、西洋社会との接触当初からアフリカを訪れる西洋人の間では、トーキング・ドラムは大きな関心の的であった。西洋人のトーキング・ドラムに対する学問的関心は、アフリカ音楽へのそれと同じくらい歴史が古い。驚くことに、一〇〇年以上も前の一八九八年、すでにトーキング・ドラムについてのかなり詳しい学術的研究が残されている。R・ベッツという名のドイツ人が、カメルーン沿岸地方に住むドゥアラ人のトーキング・ドラムに関して書き記したものだ。このドイツ人がいったい何者であったのか、その素性は今日つまびらかでない。ただ、彼の残した記録を読む限り、かなり専門的に音楽に精通していた人物であることは間違いないだろう。自分は土地のドゥアラ人から四年にわたってトーキング・ドラムを学び、彼らの「太鼓ことば」のほとんどを理解できるし、また演奏することもできると、それも一〇〇年以上も前に自負しているくらいだから、相当なものだ。実際、今日から見ても、各太鼓パターンの奏法と意味が詳細に記録されていて、資料的な価値もたいへんに高い。

さて、アフリカのトーキング・ドラムには、西アフリカによく見られる砂時計型太鼓（ナイジェリアの「ドゥンドゥン」など）や一対の杯型太鼓（ガーナの「アトゥンパン」など）、また中部アフリカなどに見られる割れ目太鼓（コンゴ民主共和国の「ボングング」など）等、さまざまなタイプのものがあるが、ベッツが扱っているのは、丸太をくり抜いた割れ目太鼓である。

ベッツは、**図5-1**に示すように、その割れ目太鼓の詳細を記録している。この太鼓は通常、長さ五〇センチ、直径二五センチくらいの円筒型の丸太で、上側に長さ二〇センチほどのスリット（割れ目）が左右に二つ開けられていて（図のaとb）、くり抜いた空洞につながっている。そして、この二つのスリットの前後四か所（図の番号1〜4）を二本のバチで叩くのである。また、前後の打奏箇所の厚さは、1、2の音が3、4のそれより四度近く低く響くよう、調整されている。

さて、ベッツは**楽譜5-1**に示すように、ひとつの線の上下に打奏箇所の番号を付して、太鼓の奏法を記した。すなわち、線の下の番号は低い音（1、2）、上の番号は高い音（3、4）を表す。また、各打奏音にはいわゆる口唱歌（tò-gò-lò-gú など）を付し、さらに、打奏パターンが示すドゥアラ語とその意味も添えている。こうしてベッツは、太鼓ことばのパターンをどのように奏するのか、どのように記憶するのか、さらにそれが何を意味するのか、という三つの情報をもれなく記載した独自の「楽譜」をつくり出したのだった。しかも、彼は論文のなかで、全部で二七五もの太鼓ことばの「楽譜」を掲載している。それも、太鼓ことばによっては、楽譜5-1に示すような単純なものではなく、二〇行にも及ぶ長大な太鼓ことばなのである。

図 5-1　ベッツの割れ目太鼓の解説図

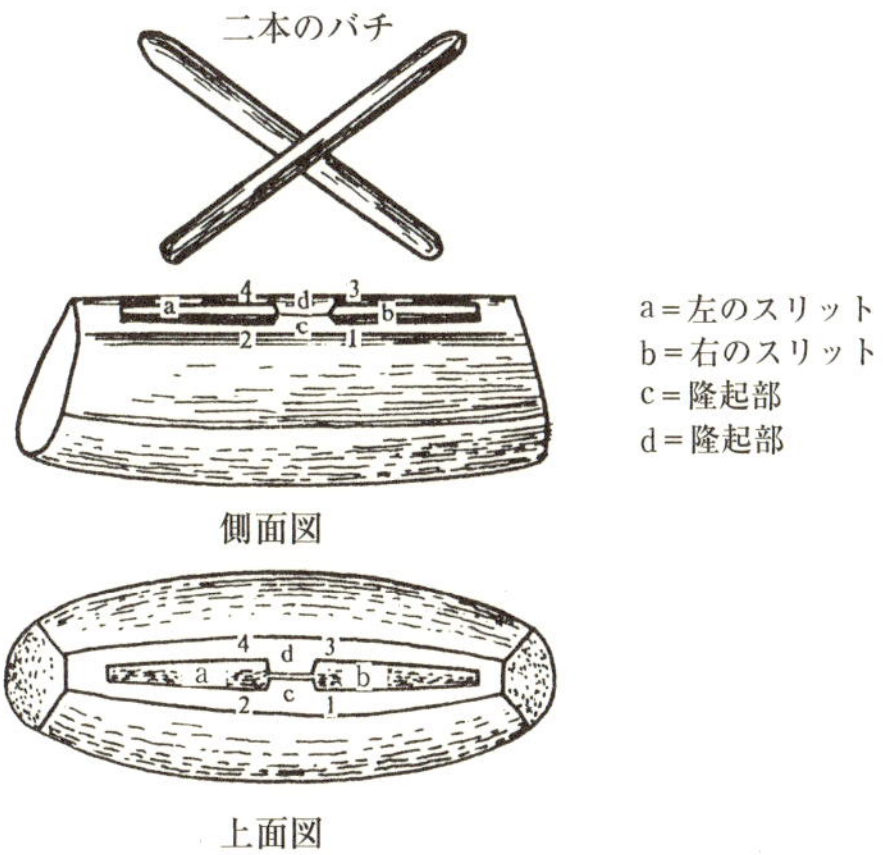

楽譜 5-1　割れ目太鼓の奏法譜

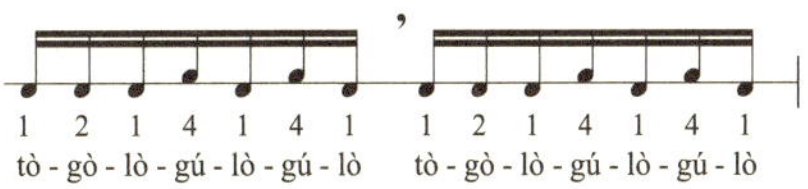

原文　besua b'e 'boko, besua ba loboka.
意味　広場での格闘、広場での格闘。

図5-2　ケレ語の音調変化の事例

太鼓はいかに話すか

では、トーキング・ドラムは、いったいどのようにして人間の音声で発せられる言葉を太鼓の音に置き換えるのだろうか。これこそ、前述のキャリントンが『アフリカの話し太鼓』のなかで扱った主要なテーマのひとつだ。ちなみに、この『アフリカの話し太鼓』は、キャリントンがベルギー領コンゴ北東部に居住するロケレ人の割れ目太鼓ボングングの太鼓ことばを詳細に調査した、この分野の画期的な研究書である。キャリントンの貢献もあって、この「言葉から太鼓音への変換」のメカニズムは、今日すでに多くのアフリカ音楽研究者の知るところとなっている。そしてそのメカニズムは、じつはアフリカの言語の特性と深く結びついている。

第四章第一節でぼくは、アフリカの多くの言語は音調言語であると述べた。音調言語では、同じ音で構成された単語でも発音される各音の高低やイントネーション（音調）によって、その単語の意味が異なってくる。すでに触れたように、ザンビアのルヴァレ語の mukanda という語は、真ん中の音節 ka を高く発音すると「少年のイニシエーション儀礼」を意味するが、最初の音節 mu だけを高く発音すると「手紙、本」を意味することになる。じつは、キャリントンもアフリカ言語のこの特性に注目し、ロケレ人の言語ケレ語に関して、類似した事例をいくつも挙げている。たとえば lisaka は、音調を変えることによって「水たまり」「約束」「毒」という三つの意味を、また bosongo も同様に音調変化によって「銅、真鍮」「川の流れ」「すりこ木」という意味を表す（図5－2A、B）。

さて、「言葉から太鼓音への変換」のメカニズムとは、端的にいえば、この話し言葉の音調（音の高低）とリズム、さらに強弱を模倣する、ということである。言い換えれば、太鼓ことばは、話し言葉の母音と子音の音色上の特性を抜き去って、音楽的側面のみを模倣していると言っても良い。だから、割れ目太鼓では、前述したように、打奏箇所によって音高の異なる二音（あるいはそれ以上の音）が出るように作られているし、砂時計型太鼓も脇で調べ緒を締めることによって、高さの異なる音が出せるようになっている。

太鼓は「話さない」

さて、ここでひとつの疑問が湧いてくる。つまり、太鼓が音調とリズム、強弱を模倣するだけならば、ひとつの言語のなかにも同じ音調とリズム、強弱をもった単語はいくつもあるだろうに、それを太鼓でどのように打ち分けるのか、といった疑問である。たとえば、ケレ語で「父親」を意味するsangoという語と同じ音調をもっている単語は、キャリントンによれば、一三〇近くもあるという。これを、太鼓音でどのように区別するのか。

キャリントンはこの疑問に対しても、自信をもって明快な解答を与えているように見える。彼の説明はこうだ。つまり、同じ音調をもった単語でも、太鼓ことばでは他のいくつかの単語と一緒に用いられて句を形成するので、その文脈のなかで太鼓によって打ち出される言葉は間違いなく理解されるという。たとえば、先ほどのsango（父親）はsonge（月）ともkɔkɔ（にわとり）とも音調はまったく同一だが、実際にそれらが用いられるときには、図5－3A、B、Cのように、句全体の音調ないしイント

図 5-3　同じ音調を含む太鼓ことばの句（ケレ語）

A　Wana ati la sango la nyango（）
意味：子どもには父も母もいない。

B　Songe li tange la manga（）
意味：月が地面を見下ろす。

C　Kɔkɔ olongo la bokiokio（）
意味：にわとり、キオキオと鳴く小さな鳥。

ネーションが互いに異なってくるので、正確な太鼓ことばの理解は妨げられない。こうしてキャリントンは、太鼓ことばの句とその音調パターンを示すいくつもの事例を挙げて、「太鼓ことばは本質的に話し言葉と変わらない」と結論づけたのだった。

ところが、ここが問題なのである。彼はそれらの句をくり返し「決まり文句」とか「ことわざのような句」と言っている。あるいは、それらの句は、場合によって現在ではもはや使われない古語なので、その意味をロケレの楽師に尋ねても「祖先から伝わっているものなので、意味はわからない」といった返事が返って来るという。

では、それら太鼓ことばの「句」とは、いったい何なのだろうか。

じつは、そうした太鼓ことばの「句」を、ぼく自身西アフリカ、ガーナのファンティ社会で随分と勉強した。その結果、従来の「トーキング・ドラム」といった考え方に、根本的な疑問を抱くようになった。「『話し太鼓』は話さない」というのが、ぼくの結論だったからである。

二　トーキング・ドラムの真実

アトゥンパンは「話す」

さて、「話し太鼓」（トーキング・ドラム）は果たして「話す」ことができるのかどうかといった問題に、ここでぼくは従来の通念や通説をくつがえす形で答えたいと思う。

西アフリカのガーナとその周辺地域に、アトゥンパンと呼ばれる杯型太鼓が分布している。ほぼ完全四度に調律された二台の太鼓をつねにセットで用い、一人の奏者が二本の先がかぎ型に曲がったバチで打奏するものだ（**写真5－1**）。ガーナの中部・南部に居住するアサンティやファンティなどアカン系民族の伝統的な宮廷太鼓合奏フォントムフロムのなかで中心的な役割を果たす楽器である。

写真5-1　アトゥンパンの演奏

じつはこのアトゥンパンという太鼓、西アフリカの代表的なトーキング・ドラムのひとつである。フォントムフロムの演奏のなかで、あるいは演奏の合間にいろいろなメッセージを発信する。たとえば、演奏の合間であれば、「酒が飲みたい。酒を持ってこい」とか「太鼓奏者よ、（もう演奏が始まるから）来い」といったメッセージを送る。

では、どのようにしてアトゥンパンはメッセージを発信するのだろ

図 5-4　ファンティ語の定型句と音調

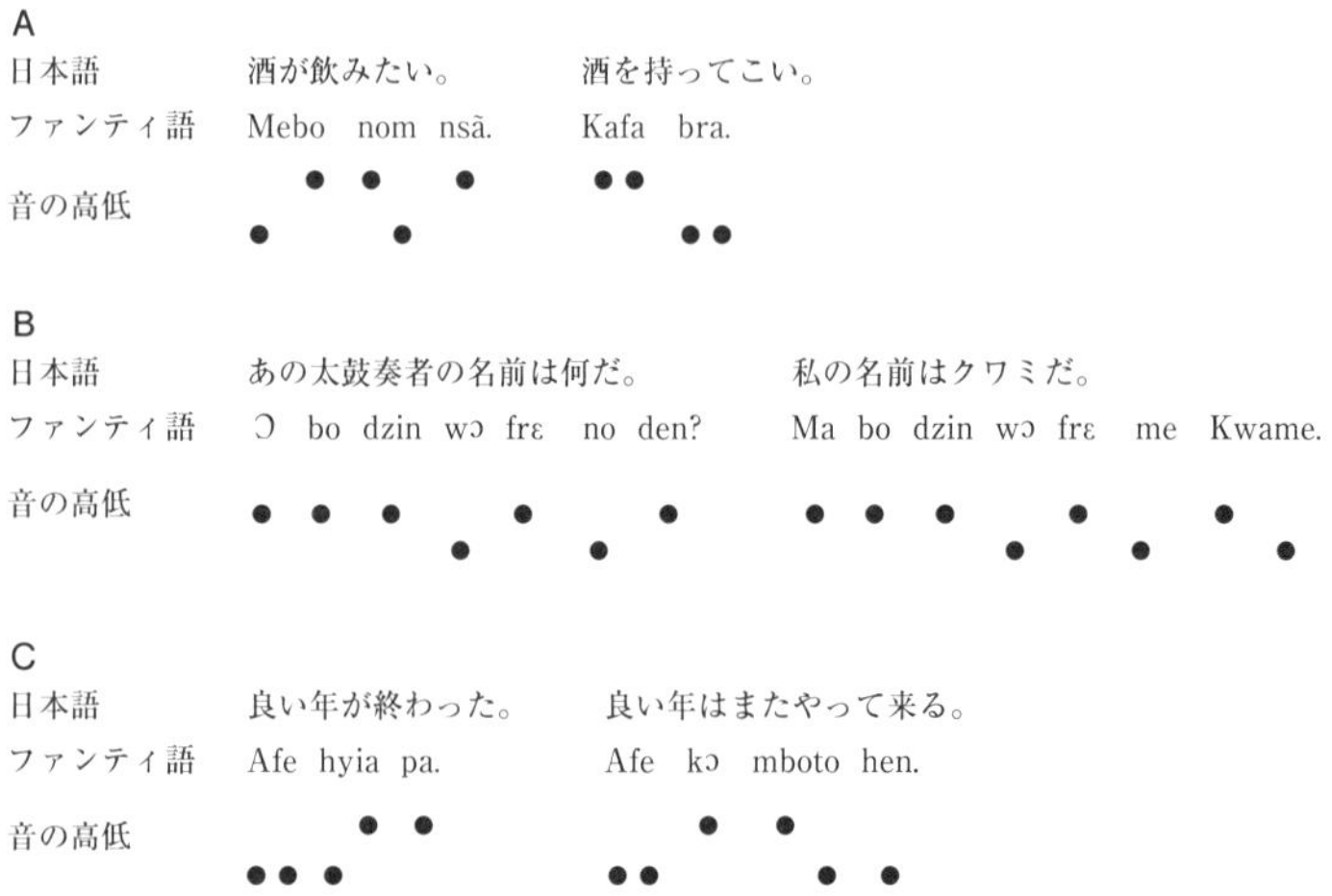
A
日本語
酒が飲みたい。
酒を持ってこい。
ファンティ語
Mebo nom nsã.
Kafa bra.
音の高低
B
日本語
あの太鼓奏者の名前は何だ。
私の名前はクワミだ。
ファンティ語
Ɔ bo dzin wɔ frɛ no den?
Ma bo dzin wɔ frɛ me Kwame.
音の高低
C
日本語
良い年が終わった。
良い年はまたやって来る。
ファンティ語
Afe hyia pa.
Afe kɔ mboto hen.
音の高低

うか。

かつてぼくがガーナのファンティ社会で宮廷楽師に弟子入りをしてアトゥンパンを習ったとき、まず覚えさせられたのは、いくつものファンティ語の定型メッセージ、すなわち、キャリントンのいう「決まり文句」「ことわざのような句」だった。そして、それを覚えると、次にそれらのメッセージをアトゥンパンでどのように打つかを教わった。

具体的な例をいくつか挙げることにしよう。たとえば、前述の「酒が飲みたい。酒を持ってこい」というメッセージの場合、そのファンティ語とそれを実際に発音したときのイントネーションは、**図5-4A**のようになる。参考のため、その他ふたつの定型句とそのファンティ語のイントネーションも記しておこう（**図5-4B、C**)。このイントネーションを音高の異なる一対の太鼓でまねるのである。

では、どのようにまねるのか。「酒が飲みたい。酒を持ってこい」というメッセージをアトゥンパンで発信する場合の打奏法を、**楽譜5－2**に示した。上段が右側の太鼓（高音）、下段が左側の太鼓（低音）で、音符の上には左右どちらのバチで打つのかをR.（右手）とL.（左手）で記しておいた。膜面の中央をバチで叩き、ひとつの太鼓を左右のバチで打つこともある。図5－4Aと楽譜5－2を比較すると、言葉のイントネーションに関する限り、音の高低を太鼓の音でかなり忠実にまねていることがわかる。

楽譜 5-2　メッセージの太鼓打奏

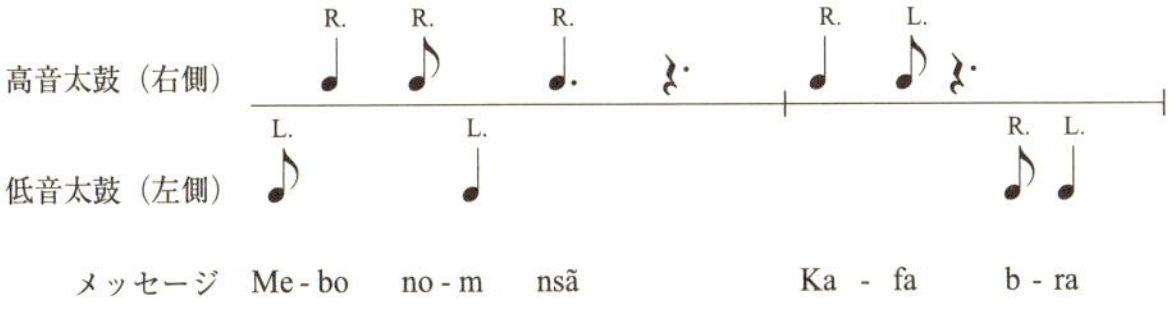

日本語を「話す」アトゥンパン

このように太鼓ことばを成立させている原理とは、すでに述べたように、言葉の音楽的側面、すなわち、音高の変化やリズム、強弱を太鼓音で模倣することによっている。だから、逆に言えば、彼らの知らない言語でもその音楽的側面をまねて、それを太鼓ことばに移し替えることは可能なのである。

ある日、ファンティの村で、日本語のいくつかの言葉を太鼓ことばに替えてもらう遊びをやってみた。「おはよう」「こんにちは」「すみません」といった言葉の意味を宮廷楽師に説明し、その後その音を正確に発音してもらう。うまく発音できたら、今度はそれをアトゥンパンで叩いてもらう。人間の言葉をみごとに太鼓の音に替えてしまう彼らのその技はぼくを仰天させたが、他方でそのことは、アフリカ人が言語音に対していかに鋭い感性をもっているかを物語るものだ。ただ問題は、たとえば「すみません」という言葉を太鼓音でまねて打った場合、今度は逆にその太鼓音から聴き手がもとの言葉に「遡行する」ことができるかどうか、である。

この点に関しては、トーキング・ドラムによるメッセージの伝達可能性を探る簡単で格好の方法がある。それは、こちらで自由にメッセージをつくり、それを太鼓で発信してもらい、受信者がそのメッセージを理解したかどうかを調べる実験である。たとえば、「きのう郵便局へ行って手紙を出した」というファンティ語のメッセージを太鼓音に「翻訳」してもらい、その発信された音から、もとのメッセージを聞き取ることができたかどうかをファンティの受信者に尋ねてみる。二人の卓越した宮廷楽師の間で行われたこの実験では、いろいろなファンティ語のメッセージを試みたが、受信者の楽師はもとのメッセージを聞き取ることに関してはまったく絶望的で、手も足も出ない状態だった。考えてみれば、当然である。

言葉は、さまざまな音の要素から成っている。リズムや音の高低ばかりではなく、特定の子音と母音の結びつきが、とりわけ意味の形成に重要な役割を果たす。ところが、アトゥンパンはこの後者の要素をほとんど捨象して、言葉のリズムと音高の側面だけをまねるのである。このきわめて限られた情報から、もとのメッセージにさかのぼることなど、そもそも不可能である。

「きのう」（ndɛda）にしろ、「手紙」（amanadze）にしろ、そこには特定のリズムと音の高低（イントネーション）があり、それと同じリズムとイントネーションをもつ単語はいくつもあるわけだから、その中からそれぞれの単語ごとに「きのう郵便局へ行って手紙を出した」という意味になるように、太鼓音を聴いて特定の単語を選び出してつなげるなどということは、実際にはできるわけがない。つまり、アトゥンパンが発信できる情報とは、そもそももとのメッセージにさかのぼるには不十分な情報なのである。

アトゥンパンは「話さない」

では、なぜ、これを「トーキング・ドラム」と言うのだろうか。それは、ある特定のメッセージに関しては、たしかに太鼓で相手にメッセージを伝達することができるからである。「太鼓奏者よ、来い」とか「酒が飲みたい。酒を持ってこい」といったような、すでに決まった定型句に関しては伝達が可能である。前節で、キャリントンは「太鼓ことばは本質的に話し言葉と変わらない」と結論づけていると述べた。このキャリントンの結論を最大限に好意的に解釈するとすれば、彼が言っていたのは、まさにそのことである。

しかし、ここで重要なことは、あるメッセージが伝達されるためには、そのメッセージをあらかじめ送信者も受信者も知識として知っておかなければならないということだ。Aという太鼓パターンはBというメッセージを表すという、いわば約束事を送信者・受信者双方とも了解していることが、トーキング・ドラムによるメッセージ伝達の基本的な前提になる。だから、アトゥンパンの初心者は、トーキング・ドラムを学習する初期の段階で、そのようなメッセージの定型句を一つひとつ徹底的に学ばされるのである。逆に言えば、それらの定型句を学んでいない人々、すなわち、宮廷の太鼓演奏に精通していない一般のファンティの人々は、驚くことに、太鼓ことばをまったく解することができない。

これに関して、ぼく自身、大変おもしろい経験をしている。ファンティ王国の王都ケープコーストで、ガーナ法律家協会の全国大会が催されたことがあった。ガーナ全土から法律分野の重鎮が集まるというので、ケープコーストの町も歓迎ムード一色。ケープコースト最高首長の宮廷楽団によるフォントムフロムの盛大な演奏が、正装して会場に行列を組んで向かう参会者を迎えた。そして、フォントムフロムの演奏が終わると、今度はアトゥンパンの独奏である。ただ、独奏といっても、ある楽曲を演奏したのではない。トーキング・ドラムとしてメッセージを発信したのだ。よく見ると、アトゥンパンの演奏者のわきに一人のファンティが立って、アトゥンパンがひとつのパターンを演奏し終わるたびに、ファンティ語で何かを叫んでいる。当時はまだぼくもファンティ文化に充分馴染んでいなかったので、のちに彼が何をやっていたのかと尋ねてみた。すると、アトゥンパンの太鼓ことばを「通訳」していたのだという。全国から集まった参会者はもちろん、まわりにいるファンティの人々も太鼓の打っているメッセージの意味がわからないので、それをファンティ語で「通訳」していた、というわけだ。

このエピソードは、太鼓ことばとは、われわれの通常の言語とはちがって、同一文化内でも特定の人々の間でしか「通じない」ものだということを物語っている。この「特定の人々」とは、太鼓ことばの定型句を学んだ人々、定型句を知っている人々のことである。逆に言えば――ここがもっとも重要な点なのだが――、トーキング・ドラムとは、定型句以外は、あるいは定型句をはずれては、「話すこと」ができない。それは、先ほどの新しくつくったメッセージをアトゥンパンで発信しても、楽師がそのメッセージを聞き取れなかった事実からも明らかである。

太鼓ことばとは、通常われわれのいうところの「言語」とは根本的に異なっている。人間の言葉では、たとえば、「私は少年である」という文章から「あなたは少年である」「あなたは少女である」というように無限に意味内容を生成・拡張していくことができる。ところが、トーキング・ドラムの場合には、その伝達システムは閉ざされていて、その都度送信者・受信者の間で新しい取り決めがなされない限り、新しいメッセージの伝達ないし意味の拡張は起こりえない。したがって、われわれの「言葉」に特有の基本的にして重要な性格が、じつはトーキング・ドラムには欠落しているのだ。

このあまりにも簡単な事実に、残念ながら、多くの人々はなお気づいていないようである。

三　アフリカの声の記譜法

口唱歌と表象の転換

太鼓ことばとの関連でアフリカを見ると、トーキング・ドラムのほかに、もうひとつ興味深い現象がアフリカにはある。それは、いわゆる「口唱歌」と呼ばれている文化的慣習だ。つまり、日本の「口三味線」のように楽器の音を言葉でまねて、音楽の記憶や伝承に役立てる方法である。これは、楽器の音を言語音に替えるという意味で、言語音を太鼓音に移し替えるトーキング・ドラムとはちょうど正反対の関係にある。そしてこの口唱歌が、アフリカの太鼓演奏にはじつによく発達している。

さて、アフリカに口唱歌が遍在することを指摘することは、ことのほか重要な意味をもっている。というのは、それが、従来のアフリカ音楽の表象を転換する契機のひとつになり得るからである。口唱歌そのものの議論に入る前に、その点を少し考えてみよう。

第一章でくり返し述べたように、アフリカ音楽は長い間、「未開の音楽」として表象されてきた。近代の西洋音楽とは対極にあるものとして、そこにはつねに「負のイメージ」がつきまとっていた。西洋近代の音楽が精巧な楽譜や理論の存在、また精緻な音楽構造によって特徴づけられるとすれば、アフリカ音楽は多くの場合、それらすべての特徴の不在として表象された。たとえば、西洋近代は音楽の諸要素をかなり正確に書き留めることのできる「楽譜」を音楽表現のツールとして編み出した。それに対して、アフリカ音楽は楽譜などなく、単なる「口伝えの音楽」だとされた。

ところが、口唱歌の存在は、そうした旧来のアフリカ音楽のイメージに対してその転換を迫る性格をもつ。アフリカの口唱歌は、のちに述べるように、一定のシステムに基づいており、西洋の楽譜と同様に、音楽の記憶と伝承に用いられるという意味で、今日、西洋の楽譜に匹敵するものと考えられている。「口承記譜法」とか「声の記譜法」などと呼ばれるゆえんである。言い換えれば、楽譜は「西洋世界に存在するが、アフリカ世界には存在しないもの」ではなく、アフリカにも楽譜の等価物がアフリカ文化固有のあり方で「存在する」と認められたのである。それによって、「近代西洋（すなわち「文明」）対アフリカ（すなわち「未開」）」という旧式な対立的構図が部分的に解消されることになった。

そのように考えると、この口唱歌の文化的重要性はことのほか大きく、それに関する今日の研究の遅れは、この問題がこれまで研究史上、不相応な扱いを受けてきたことを物語っている。

日本の口唱歌とアフリカ

さて、かつて文化人類学者の川田順造が、日本の伝統音楽の口唱歌に関してたいへん緻密で興味深い研究を行った。尺八であれ、太鼓であれ、箏であれ、ほとんどの日本の伝統楽器の演奏には口唱歌がついている。川田が日本音楽のさまざまなジャンルの口唱歌を詳細に比較検討して明らかにしたのは、日本の口唱歌においては、楽器の奏法や音色と口唱歌に用いられる音節との間には一定の関係が認められ、そこには明確な体系が存在するということだった。そして、その体系の基礎にあるのが、「音素（音声上の最小単位）の対立」ということである。

わかりやすく、具体的な例を挙げてみよう。たとえば、三味線では一ノ糸（低音域）と二ノ糸（中音域）で基本奏法するとき、開放弦では「トン」、勘所をおさえた場合には「ツン」と口唱歌で唱える。それに対して、スクイとハジキの奏法のときは、開放弦では「ロン」、勘所をおさえた場合には「ルン」となる。また、高音域の三ノ糸で基本奏法するとき、開放弦では「テン」、勘所をおさえた場合には「チン」、それに対して、スクイとハジキの奏法では、開放弦では「レン」、勘所をおさえた場合には「リン」と唱える。

これらの口唱歌において「音素の対立」とはどういうことかというと、一ノ糸、二ノ糸、三ノ糸の如何にかかわらず、基本奏法とスクイ、ハジキの奏法との違いが、口唱歌の音節のなかで巧みに「音素」を使い分けることによって、表現されているということである。つまり、開放弦の場合には、口唱歌が基本奏法では「トン」（ton）「テン」（ten）、スクイ、ハジキの奏法では「ロン」（ron）「レン」（ren）であり、両者の奏法の違いが音素/t/と/r/の対立として表されている。また、勘所をおさえた場合には、基本奏法では「ツン」（tsun）「チン」（tsin）、スクイ、ハジキの奏法では「ルン」（run）「リン」（rin）であり、やはりここでも両者の奏法の違いが音素/ts/と/r/の対立として表現されている。さらに言えば、低音域と中音域（一ノ糸と二ノ糸）では、奏法の如何にかかわらず、口唱歌に音素/o/あるいは/u/（「トン」「ロン」「ツン」「ルン」）が充てられているのに対して、高音域（三ノ糸）では/e/あるいは/i/（「テン」「レン」「チン」「リン」）が充てられている。これも、音高あるいは音域の違いを母音の音素対立で表している例である。川田によると、日本の伝統楽器の口唱歌には、多かれ少なかれ、こうした「音素対立」による一貫性のあるシステムが見出されるという。

アフリカ音楽研究の立場から、ぼくがとくに興味をそそられるのは、能の太鼓の口唱歌だ。能の太鼓では右バチと左バチで交互打奏するとき、「テケテケ」（強く打つ場合）とか「ツクツク」（弱く打つ場合）と口唱歌で唱える。この場合、右手打奏を「テ」（te）と「ツ」（tsu）という音節で、左手打奏を「ケ」（ke）と「ク」（ku）という音節で表しているわけだ。したがって、右手打奏と左手打奏という奏法の違いを音素/t/（あるいは/ts/）と/k/の対立として表現していることがわかる。

じつは驚くべきことに、これとまったく同じことがアフリカの太鼓の口唱歌にも起こっている。

アトゥンパンの口唱歌

前節で、ファンティのトーキング・ドラムのアトゥンパンについてくわしく述べた。このアトゥンパンも含めて、ほとんどすべてのファンティの太鼓の演奏には口唱歌がついている。そして、その口唱歌に用いられる音節を比較してみると、奏法と音節との間にははっきりとした対応関係があることがわかる。その点を、ふたたびアトゥンパンを例に検討してみよう。

前節で取り上げたメッセージ「酒が飲みたい。酒を持ってこい」をアトゥンパンで打奏する場合、口唱歌はどのようになるのだろうか。**楽譜5-3**にその口唱歌の唱え方を示した。前節での楽譜と同様、上段には右側の高音太鼓、下段には左側の低音太鼓の打奏を記し、各音符の上には左右どちらのバチで打つのかを示すため、L.とR.の記号を付しておいた。また、口唱歌とファンティ語のメッセージ、およびその意味を楽譜の下に併記した。

楽譜5-3 太鼓ことばの口唱歌(1)

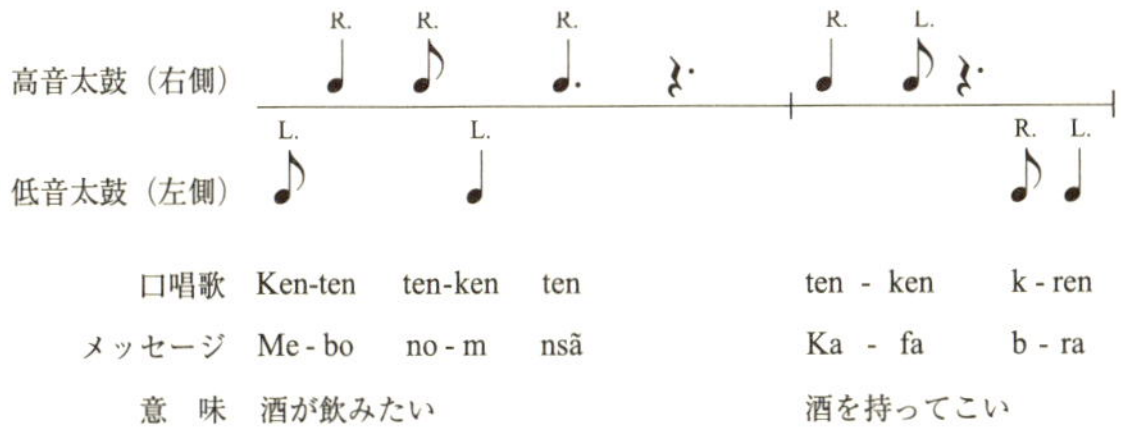

さて、この楽譜から一目瞭然なことは、左右どちらの太鼓を打つか、言い換えれば、低音か高音かにかかわらず、つねに左手打奏はken、右手打奏はtenで表されているということだ。この打奏法と音節との対応関係は、アトゥンパンばかりではなく、宮廷太鼓合奏フォントムフロムに用いられるすべての太鼓の口唱歌にほとんど例外なく当てはまる。すなわち、ファンティの楽師は、右手打奏と左手打奏との区別を一貫してファンティ語の音素/t/と/k/の対立によって表しているということである（ただ、口唱歌に用いられる音節は、楽師によって微妙に異なる場合がある）。

偶然か必然か、これは先ほど述べた日本の能の太鼓の口唱歌における音素の対立とまったく同じではないか。このあたりが、文化はいかに多様といえども、諸民族の文化の興味深いところだ。

さて、ファンティの太鼓の口唱歌が、右手と左手の打奏を一貫して音素/t/と/k/の対立によって表しているとすると、では、楽譜5－3の最後の右手－左手の打奏が口唱歌ではten kenではなく、krenとなっているのはどうしたことだろう。

じつは、ファンティの太鼓の口唱歌には、このkrenが頻出する。そし

楽譜5-4　太鼓ことばの口唱歌(2)

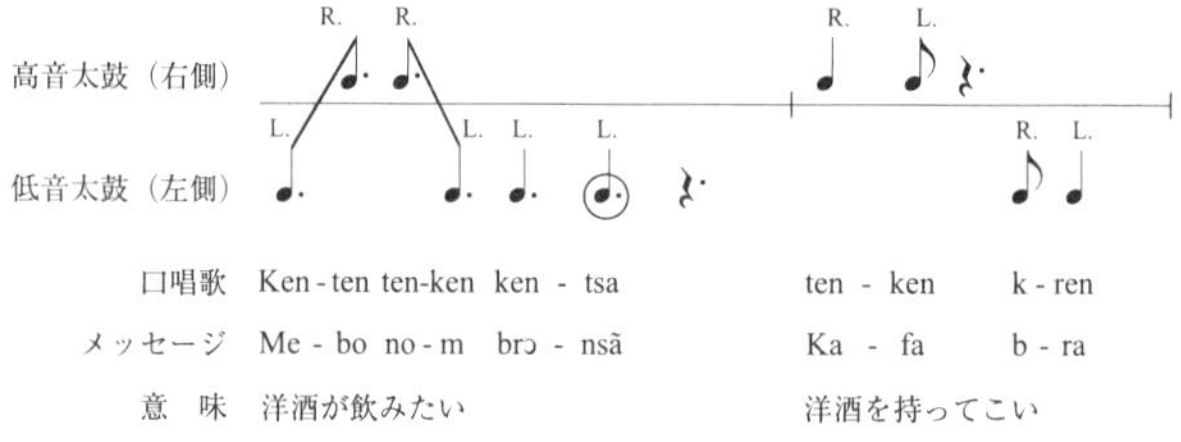

て、その場所を比較してみると、そこには共通した特徴があることがわかる。すなわち、右手バチから左手バチへ、あるいは左手バチから右手バチへ急速に「流れるように」打奏する場合に、ファンティはこの口唱歌を用いる。同じようにのように記譜できるリズムでも、口唱歌がten-kenであるか、krenであるかによって、その打奏法が微妙に異なる。ten-kenの場合には、両方の音にアクセントがつくが、krenの場合には、最初の音を前打音的に奏し、後者の音のみにアクセントがつく。だから、口唱歌は、演奏法を伝授する上でも重要なのである。このkrenの場合、やはりふつうの打奏と「流音的な」打奏との区別を表すために、/t/ /k/ 対 /r/ という音素の対立を口唱歌のなかで利用しているわけだ。

さて、最後にもうひとつ、興味深い例がある。先ほどの「酒が飲みたい。酒を持ってこい」という太鼓ことばには、ひとつのヴァリエーションがある。**楽譜5－4**に示したものがそれだ。「酒が飲みたい」の酒nsãは、ファンティの「伝統的な酒」（いわゆるジンやヤシ酒）のことで、この楽譜のファンティ語メッセージにあるbrɔ nsãのbrɔとはɔbrɔnyi（西洋人）に由来する言葉で、brɔ nsãとはいわゆる「洋酒」（ビールやウィスキー）のことである。この洋酒を要求するときの太鼓ことばのnsãに充てられた口唱歌のtsaという音節（○印部分）は、さて何だろう。これは、いわば「ストップ奏法」を表している。ふつうの打奏、すなわち、バチを打っ

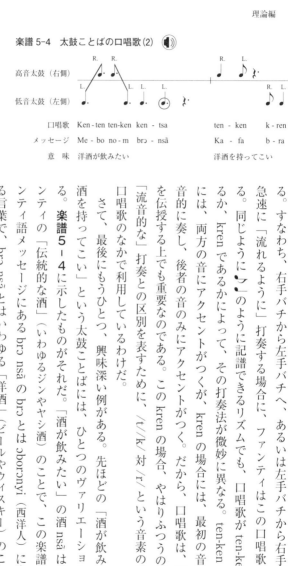

た直後にその反動で跳ね上げるのではなく、膜面を打つと同時にバチで膜面をおさえて弱音効果を出す奏法だ。この場合も、ふつうの奏法とストップ奏法との区別を /t/ /k/ 対 /ts/ という音素の対立で表している。

太鼓を教えるときに楽師の口から何気なく出てくる、一般には「些細なことがら」と思われがちな口唱歌の習慣にも、このようにしっかりとした体系が存在するということが、これでおわかりいただけたと思う。

四　オノマトペと声の記譜法

ルヴァレ文化のオノマトペ

さて、前節で検討したアフリカの口唱歌の体系に関する問題を、今度はザンビア、ルヴァレ社会の口唱歌を例に、さらに別な角度から掘り下げてみよう。ファンティの口唱歌とはちがって、ルヴァレの太鼓の口唱歌は、いわゆるオノマトペと非常に深い関わりをもっている。そこで、口唱歌の検討に入る前に、まずルヴァレ語のオノマトペについて少々見ておこう。

アフリカの多くの言語は、日本語と同様、オノマトペがたいへん豊かに発達している。ファンティ語もルヴァレ語も然り。たとえば、ルヴァレの人々は、蜂蜜が舌のうえで波打ってとろけていく甘さを「プウェレレレ」と、いかにもそれらしい音の響きで表現する。「チクリ」と刺さるとげは、彼らには「チュワッ」と刺さるらしい。カエルが「ジャボーン」と池に飛び込む音は「ジプワッ」、水遊びの「パチャパチャ」は「チャプワチャプワ」（似ている！）、「ドスン」という落下音は「ンブワ」、「サラサラ」流れる小川のせせらぎは「フワフワ」。日本語のオノマトペに対応するルヴァレ語をさがすことは簡単だ。

こうして何百ものルヴァレ語のオノマトペを収集していくと、いくつかの面白いことがわかってくる。たとえば、ルヴァレの伝統的な食べ物にセンガと呼ばれる一種の「かゆ」（ポリッジ）がある。興味深いことに、ルヴァレの人々は鍋のなかで「かゆ」を煮たてかき混ぜるときに出る音を、どうしたことか、三種に分けてオノマトペで表現する。「ンブルンブル」（mbulumbulu）、「ンブワランブワラ」（mbwalambwala）、「ンブウィリンブウィリ」（mbwilimbwili）、である。「かゆ」は鍋に入れる水の分量によって、薄めの「かゆ」ができたり、濃いめの「かゆ」ができたりする。そして、それによってかき混ぜるときに出る音が微妙にちがってくる。よく調べてみると、表現している「かゆ」の音は、「ンブルンブル」「ンブワランブワラ」「ンブウィリンブウィリ」の順で、濃いめのものから薄めのものに変わっていくらしい。つまり、「ンブル」は濃い「かゆ」の重い音、「ンブウィリ」は薄い「かゆ」の軽い音というように、かき混ぜたときの音の違いを /u/、/a/、/i/ と母音をたくみに使い分けることによって表現している。

同様のことは、「チャ」（cha）と「ンジャ」（nja）という一対のオノマトペについてもいえる。これはともに楽器の「がらがら（ラットル）」の音を表すオノマトペだが、「チャ」の方はどちらかというと軽い音（「チャラチャラ」）を、「ンジャ」の方は重い音（「ジャラジャラ」）を表す。つまり、軽い音と重い音との違いを無声子音の /ch/ と有声子音の /nj/ を使い分けることによって表しているわけだ。

もちろん、ルヴァレ語のすべてのオノマトペの表現にこのようなはっきりとした音の使い分けが見られるわけではないが、しかし、オノマトペが表そうとしている音の性質とオノマトペに用いられる子音・母音との間には何らかの関係がありそうなのである。

「マチャキリ」と「カラマタ」

こうしたオノマトペに関する議論がルヴァレの口唱歌を扱う際に重要になってくるのは、ルヴァレの口唱歌が基本的に「擬音表現」によっているからだ。彼らの太鼓音の「擬音表現」による口唱歌は、たとえば、「キンディンダ・キリンディンギサ」「テンブリャ」「チャキリワ」「クワッ・クワッ」など、いくらでも挙げることができる。この点を一層よくわかってもらうために、ルヴァレの村でのひとつの体験をお話ししよう。

一九九四年、ザンビア北西部のカザカ村に滞在していたときのことだ。このときのフィールドワークでは、毎日ルヴァレの楽師に集中的に太鼓演奏のレッスンを受けていた（**写真5－2**）。ある日、ぼくが口唱歌で「マチャキリ」と唱える太鼓パターンを練習していて、間違った打ち方をしたときがあった。すると、その楽師は「おまえの打っているのはマチャキリではなく、カラマタだ」と言って、まわりにいるみなと大笑いするのだ。そこで、こちらも少し気

写真 5-2　カザカ村での太鼓レッスン（右端　著者）

写真5-3　一人の太鼓奏者によるカチャーチャの演奏

を引き締めて打ち方を変えてみると、今度は「クリンバタになった」と言って、またみなで笑う。

このような経験を通して、ぼくはルヴァレの人々の太鼓音の聴き方が、言語音をベースにしているということを学ぶ。太鼓の音は本来、言語音とは直接的な関わりをもたない。それにもかかわらず、ルヴァレがこのように言葉の音を用いて太鼓の音を表現するということは、ちょうど先に挙げた「がらがら」の音と同様、オノマトペによって口唱歌を構成しているということだろう。

では、このマチャキリ・パターンをどのように太鼓で打奏するのか、それを説明しながら、さらに議論を進めていこう。ルヴァレの太鼓合奏のジャンルに、カチャーチャと呼ばれるイニシエーション儀礼の際に演奏される音楽がある。これは基本的に、高音太鼓、中音太鼓、低音太鼓の三台の樽型片面太鼓で合奏するもので（**写真5-3**、一人で三台以上の太鼓を演奏する場合もある。写真7-1も参照）、それぞれの太鼓の膜面中央には音高と音色を微調整するための調音ペーストが黒く円形に塗られている。このカチャーチャで中音太鼓ムプンドゥによって演奏されるパターンが、「マチャキリ」と口唱歌で唱えられるものだ。

楽譜5-5と**図5-5**に、このマチャキリ・パターンのリズム譜と打ち方を示した。このパターンは、膜面の中央と端を右手と左手で交互に打奏するものだ。中央部は調音ペーストとの境目あたりを両手指先で突くように打つのだが、その結果、乾いた高い音が出る。それに対して、膜面の端を両手の付け根（手のひら下部の隆起部分）で勢いよく打つと、響きのよい低音が出る。この二種類の音をたくみに左右の手で使い分けて連打すると、「マチャキリ」になる。まず、右手と左手の指先で「マ・チャ」と調音ペーストの縁あたりを突き（**写真5－4**）、次に右手と左手の付け根部分で膜面の端を「キ・リ」と打つ（図5－5、斜線は膜面が手のひらに接触する部分を大まかに表している）。これを均等なリズムで、しかも猛烈な速度でくり返す。そして、手首の力の脱却など、打ち方が理想的な形でうまくできると、

楽譜 5-5　マチャキリの打奏譜

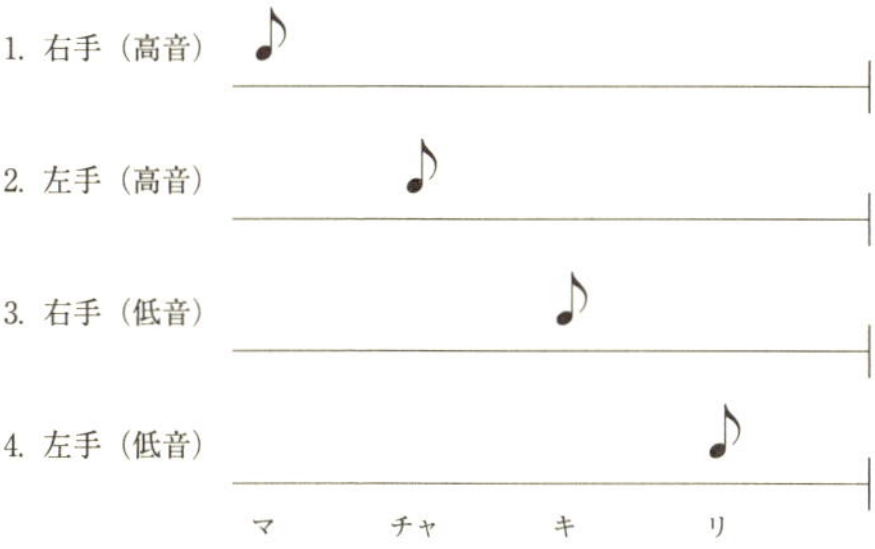

図 5-5　マチャキリ・パターンのの打奏法

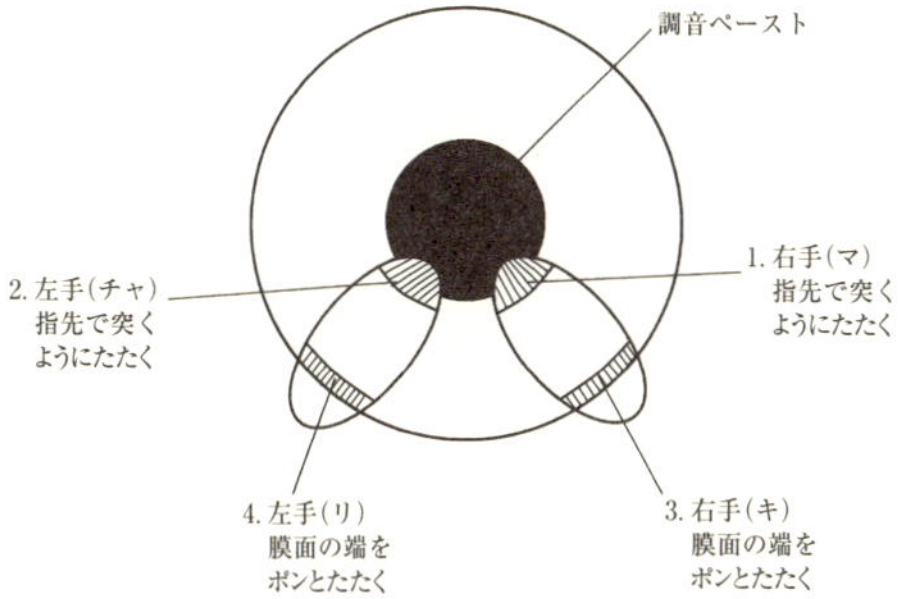

写真 5-4　マチャキリ・パターンの「マ」の打奏法

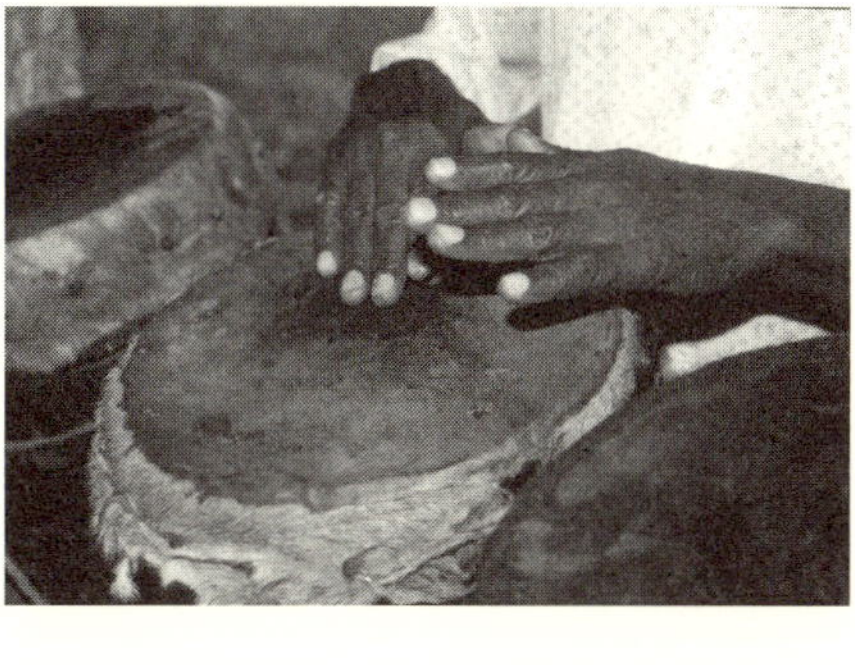

ぼくの経験では、日本人の耳にも実際に「マチャキリ・マチャキリ」と口で言っているように聞こえてくる。だから、逆に「マチャキリ」と聞こえてこないということは、打ち方のどこかがおかしいのだ。たとえば、打つ膜面の場所とか、打つ手の部分とか、リズムとか、どこかが間違っている。その場合には、ルヴァレの太鼓に慣れた耳には、別な言語音に聞こえてくるはずだ。

声の記譜法と音の象徴性

さて、では、本来言語音とは直接的な関わりをもたない太鼓の音を、なぜルヴァレは言葉の音として聞くことができるのだろうか。言い換えれば、ルヴァレのオノマトペによる口唱歌では、どのようなメカニズムで特定の太鼓音が特定の言語音に変換されているのだろうか。これはたいへんむずかしい問題だが、その解明に部分的に貢献できるかもしれない言語学の研究領域がある。「音象徴性」研究といわれている領域だ。「音象徴性」の概念は、言語を「約束に基づく記号体系」とする通常の言語学の考え方とはちがって、言語の音声そのものに特定の意味やイメージを喚起する力があるとする考え方によっている。

たとえば、同じ音高で母音や子音を発音しても、特定の母音や子音に（相対的に）「低い」とか「高い」、あるいは「重い」とか「軽い」というような特性を感じる傾向がわれわれにはあるといわれている。日本の学生五〇名くらいを集めて、ぼくが同じ音高で「イ」と「オ」を交互に何度も発音して、どちらが「重い」と感じるかを尋ねてみると、だいたい八割近くが「オ」の方が「重い」と感じると答える。また、多くが「オ」の方が「低い」ともいう。この問題は、オノマトペとも深く関わっている。先ほど、ルヴァレのオノマトペの例として挙げた三種の「かゆ」のかき混ぜ音の違いは、ルヴァレが各母音の特性をどのように感じるか、ということと密接に関係している。また、ルヴァレ語と同様、日本語でも、有声子音の方が無声子音より「重い」質の音をオノマトペで表す傾向があることが知られている。太鼓音の「トントン」と「ドンドン」、したたり音の「ポタポタ」と「ボタボタ」、あるいは、かじり音の「カリカリ」と「ガリガリ」といったように。これが、「音象徴性」とは何かを物語る具体的な例である。この言語音の特性に関しては、細々とではあるが、二〇世紀初頭からいろいろと研究がなされてきた。興味深いのは、この音象徴性は文化や民族の相違を越えて、かなり普遍的な性格をもつことを指摘する研究者がいることだ。

とはいえ、実際にルヴァレの音象徴性がどのようなものであるかは、調べてみなければわからない。そこで、ぼくはルヴァレの村で独自の方法によって、彼らの音象徴性の傾向を調査してみた。専門的なことになるので、ここでは調査方法の詳細については説明を割愛するが、いずれにしても調査結果を統計分析にかけてみると、ルヴァレの音象徴性の傾向がある程度はっきりと見えてくる。ここで結論だけを言えば、ルヴァレの場合、音象徴性の傾向は子音よりも母音により一層明確に表れていると言える。そして、母音では /u/-/a/-/i/ の順で「重い」から「軽い」と感じられること（三種の「かゆ」のかき混ぜ音の違いを思い出そう）、また、/u/ と /o/ はそれぞれ /e/ と /a/ より「重く」「低く」感じられることがわかった。しかし、子音に関しては、/ng/、/nd/、/mb/ などの鼻音は非鼻音より「重い」とする傾向があることなど、わずかなことしかわかっていない。

ところが、驚いたことに、これらルヴァレの音象徴性の傾向が、じつは彼らの太鼓の口唱歌のあり方に一貫して反映されているのだ。つまり、ルヴァレの口唱歌の音節は、決して恣意的に何の秩序もなく選ばれているものではない。ルヴァレの音象徴性の観点からすると、口唱歌に配された各音節と対応する各太鼓音の物理的な特性（ここでは「高・低」「軽・重」）との間には、たしかに相関関係が見られるということである。

研究手順として、ぼくはまず、コンピューター解析によって各太鼓音の特性を調べた。そして、計六曲の太鼓合奏曲の高音太鼓と中音太鼓（低音太鼓には固定した口唱歌がない）による一二のパターンについて、それぞれの太鼓音の特性（音の「高・低」）と口唱歌の音節（母音と子音）の音象徴性とを逐一比較照合していった。すると、わずかな例外を除いて、太鼓音の特性と対応する口唱歌の音節の音象徴性との間にはきわめて一貫したシステムがあることが明らかとなった。ただ、ここで重要にしてもっとも興味深いことは、ルヴァレの口唱歌の場合、大方の予想とは反対に、音節の選択は一貫してルヴァレの音象徴性に背反する形で行われている、ということである。

ふたたび「マチャキリ」を例に、このことを具体的にわかってもらうことにしよう。前述したように、この太鼓パターンは、「マ・チャ」のときに両手指先で膜面中央を突いて「高い音」を出す。それに対して、「キ・リ」のときには膜面の端を両手付け根部分で打って「低い音」を出す。ところが、口唱歌の「マチャキリ（machakili）」の音象徴性は、母音を見てみると、（便宜上、ここでは「高・低」「軽・重」を一括して「高・低」で表すことにする）「マ・チャ」は /a/-/a/ で相対的に「低い音」を、また「キ・リ」は /i/-/i/ で「高い音」を表している。したがって、「マチャキリ」の音象徴性は、母音に関する限り、「低」―「低」―「高」―「高」となり、太鼓音の「高」―「高」―「低」―「低」と正反対になっている（楽譜5－5参照）。

一方、この口唱歌の子音に関してはどうか。先ほどのルヴァレの音象徴性調査の結論のところでは詳細を割愛したが、じつはこの調査と統計分析の結果からは、ルヴァレの間では/m/は/k/より、また/ch/は/l/より「低く」感じられることがわかっている。そこで今度は、右手打奏と左手打奏に分けて考えてみると、右手打奏の「マ（ma）・キ（ki）」は太鼓音としては「高」―「低」であるが、子音の音象徴性は「低」―「高」と逆転していることがわかる。同様に左手打奏の「チャ（cha）・リ（li）」も、太鼓音では「高」―「低」であるが、口唱歌の「チャ・リ」の子音の音象徴性は「低」―「高」と逆になっている。

もっとも、ルヴァレの子音の音象徴性に関してはまだ不明な点が多く、ここまで太鼓音の特性と口唱歌の子音の音象徴性との関係を跡づけることができるのは、むしろまれである。ただ、母音の音象徴性に関する限り、わずかな例外を除いて、口唱歌の音節は実際の太鼓音の特性とは逆転した関係にある、ということははっきりと言える。

では、なぜ、ルヴァレの口唱歌では音節の選択が、音象徴性の観点から見ると、実際の太鼓音の特性とは逆転した関係になるのだろうか。これについては、目下のところ、何もわかっていない。しかし、まだ見えていないこの問題の奥に、あるいはアフリカ人の太鼓音の知覚に関する何か重要な示唆が秘められているのかもしれない。いずれにしても、この興味深い結果は、ファンティの口唱歌と同様、ルヴァレの太鼓の口唱歌にも明らかに一貫した体系が存在することを物語っている。

第六章　子どもと遊びと音楽と

一　わらべうたは大人の歌のひな形

小泉・ジョーンズ説

日本の著名な民族音楽学者、故小泉文夫はかつて『日本伝統音楽の研究1』のなかで、「わらべうたは民謡のもっとも基本的な要素を端的に示している」とまことに洞察に満ちた見解を述べた。子どもの歌は、大人の歌の構造上の特徴を基本的な形で表しているというのだ。

じつはこれとほぼ同じ時期に、アフリカ音楽研究の分野でも同様のことを説いていた人物がいる。名著『アフリカ音楽の研究』で知られるアーサー・ジョーンズである。彼はこの書の第二章冒頭で、アフリカ音楽の特徴は子どもの歌のなかにもっとも単純な形で表れると述べ、アフリカ音楽の分析を子どもの歌の分析から始めたのだった。

二人の発想と研究の手法は、驚くほど似ている。ただ、当時お互いの交流はなかったから、両者の間の直接的な影響関係は考えられない。『日本伝統音楽の研究1』が出版されたのは一九五八年、『アフリ

楽譜 6-1　日本のわらべうた

A　はやし言葉

1.
2.
か くれん ぼす るも の よっ とい で
こ のゆ びと まれ

B　かごめかごめ

か ご め か ご め か ごのな かの と りーは い つ い つ で やーる

カ音楽の研究』は一九五九年、しかも前者のもと原稿が『フィルハーモニー』誌に連載され始めたのは一九五四年だから、この新説発表は小泉の方が五年ほど先んじていたことになる。

もちろん、この説は世界のすべての子どもの歌に当てはまるというわけではない。しかし、日本やアフリカばかりではなく、ぼくの経験では、たとえば台湾山地民族の音楽など、世界の諸民族の、少なくともいくつかの音楽文化には確実に当てはまる。これは、やはり卓見と言っていい。

日本のわらべうた

そこでまず、小泉文夫のいう日本の伝統音楽の事例を見てみよう。**楽譜6-1AとB**は、日本人なら誰でも子どもの時分に唱えたことがあるであろうはやし言葉「かくれんぼするもの、よっといで」とわらべうた「かごめかごめ」である。どちらもD音とA音を中心音（小泉理論では「核音」という）とする完全四度の骨格が顕著で、そのどちらかの音で終止している。楽譜6-1Aは完全四度の骨格にさらに長二度下に一音（G音）付加された形であるが、楽譜6-1Bは逆に、完全四度の骨格の長二度上に一音（E音）付加されている。

楽譜6-2　木曽節

このようなわらべうたの構造から、小泉は日本民謡の旋律のいくつかの基本的な特徴を導き出している。ひとつは、日本民謡の旋律は完全四度（テトラコルド）を骨格として形成されること、もうひとつは、楽譜6－1Aのように、長二度の音程で隣接する二音（A―G）では上の音で終止すること、さらに楽譜6－1Bのように、隣接した三音（つまり、長二度＋長二度、E―D―C）では真ん中の音（D）で終止する（あるいは、真ん中の音が中心音となる）こと、などである。これらの特徴が大人の民謡のなかに発展した形で表れるというのが、小泉の主張だ。

　ではここで、大人の民謡の例として、有名な「木曽節」（**楽譜6－2**）をとり上げて、小泉説のいわんとするところを説明することにしよう。たしかに、この民謡では、わらべうたに露骨に表れていた構造上の特徴が一目瞭然というわけにはいかない。大きな理由のひとつは、旋律線の音域がわらべうたのように四度や五度ではなく、一オクターヴ、あるいはそれ以上に及んでいて、完全四度の骨格がわかりにくいということがある。しかし、注意深く旋律線を追っていくと、この民謡にも、わらべうたに関して小泉が指摘した特徴が見てとれる。

一般に大人の民謡では、一オクターヴのなかで二つの完全四度の骨格が接続されている。この木曽節の場合には、楽譜末尾に示したように、D—AとG—Dという二つの四度骨格が連結され、その骨格のなかにそれぞれ中間音としてC音とF音が付加されている。ここでA音の中心音としての重要性が見えにくいのは、A—G—Fと三音が隣接しているため、先に述べたように、真ん中のG音がより中心音としての重要性を増したからである。隣接した三音の真ん中の音が中心音になるという点では、E—D—Cも同様で、ここではD音が終止音になっている。

重要なことは、大人の歌は音楽文化のなかで「成熟した」人間のつくり出したものなので、いろいろと工夫されていて複雑な外観を呈するけれども、それが実際にはどのような構造に基づいているのかは、まだ「発達途上にある」子どもの歌を見ればわかりやすい、ということだ。まさにこれが、小泉理論の要の考え方である。

ルヴァレの遊び歌

まったく同じ発想で、ジョーンズも子どもの遊び歌（「わらべうた」）の分析からアフリカ音楽の検討を始めた。ジョーンズの『アフリカ音楽の研究』はガーナのエウェ社会の音楽をとくにリズムを中心に分析したものだが、その手始めとして、エウェの子どもの遊び歌について詳細に論じている。

ここでは、ジョーンズの議論にはこれ以上立ち入らず、むしろぼく自身がよく知るザンビア北西部の

楽譜6-3　カンガ・ナカンガ

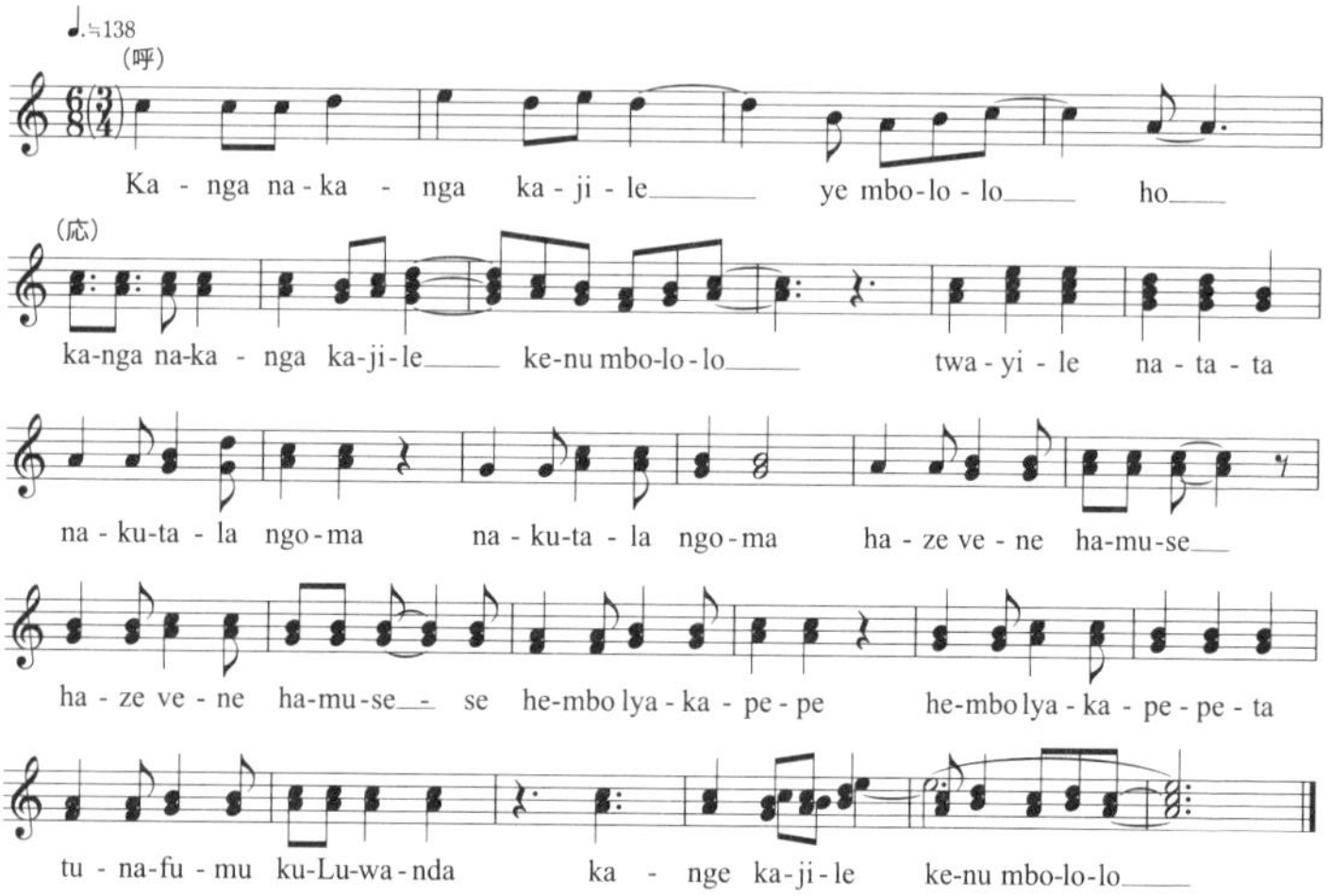

ルヴァレの音楽文化を例に、子どもの音楽が構造的にいかに大人の音楽の「ひな形」であるのかを示そうと思う。

そこで、まずルヴァレの大人の歌の特徴をもう一度思い出してもらうことにしよう。彼らの音楽にはいくつかのタイプがあるが、そのひとつは**楽譜6－3**の「カンガ・ナカンガ」（「二羽のホロホロチョウ」）に見られるものだ。これは、第三章第五節で触れた少年のイニシエーション儀礼ムカンダのククーワ歌謡の一曲で、曲が長いため、ここでは応唱部分を中心にその一部を示した。ここには、ルヴァレ音楽の特徴のいくつかが端的に表れている。

まずリズムに関しては、独唱の呼唱部分、合唱の応唱部分ともに三拍子系（四分の三拍子）と二拍子系（八分の六拍子）のリズムが交互に表れ、ヘミオラの構造が顕著である。曲によっては一貫して二拍子系（おもに八分の六拍子）のリズムをもつものもあるが、アフリカ音楽一般に特徴的なこのヘミオラ

楽譜 6-4　ナングフワ・ウィシ

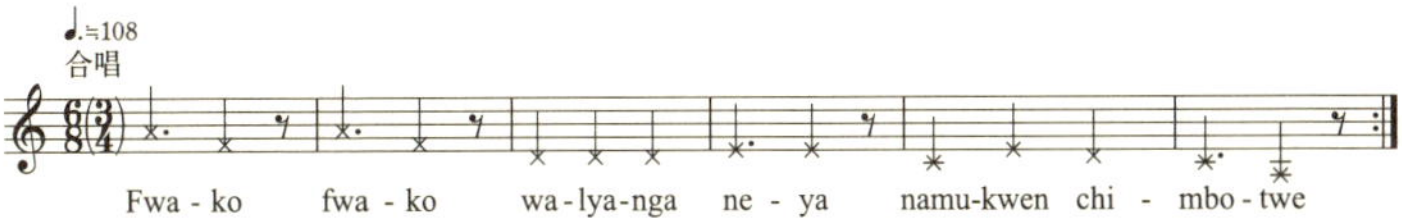
♩.≒108
合唱
Fwa - ko fwa - ko wa - lya - nga ne - ya namu-kwen chi - mbo - twe

は、ルヴァレ音楽の場合にもかなり広く見られる。

もうひとつの際立った特徴は、応唱部分に見られる平行三度の合唱である。ザンビアにはこのような平行三度唱法を得意とする民族集団がいくつか分布しているが、ルヴァレの場合にはこの平行三度の合唱が、楽譜6－3からもわかるように、二重に重ねられて三和音の平行唱になることもある。とりわけ、大勢の人々が歌う場合には、そのような重厚な三和音の合唱が応唱部分ではむしろ一般的だといっていい。

では、そのような大人の歌の特徴が、子どもの歌にはどのように表れるのだろうか。

まずリズムに関しては、ルヴァレの子どもの歌にはヘミオラの構造は大人の歌ほど多くは見られない。しかし、それでもかなりの例がある。

たとえば、日本の「押しくらまんじゅう」と似た遊びをしながら歌う「ナングフワ・ウィシ」（「ぼくは煙で死んじまう」、**楽譜6－4**）。この曲はみなで押し合いながら、歌うというより「唱える」ため、楽譜上にはっきりとした音程を記すことはできない。しかしリズムは、典型的なヘミオラの構造になっている。しかもそれが、楽譜6－3のように、複雑な旋律線のなかで巧妙に使われるのではなく、「ヘミオラの原型」といって良いようなリズムが、そのまま露骨に表われる。これが、小泉とジョーンズのいう、大人の歌の要素が子どもの歌のなかに「もっとも単純な形で

楽譜 6-5　ンバングレーヌ

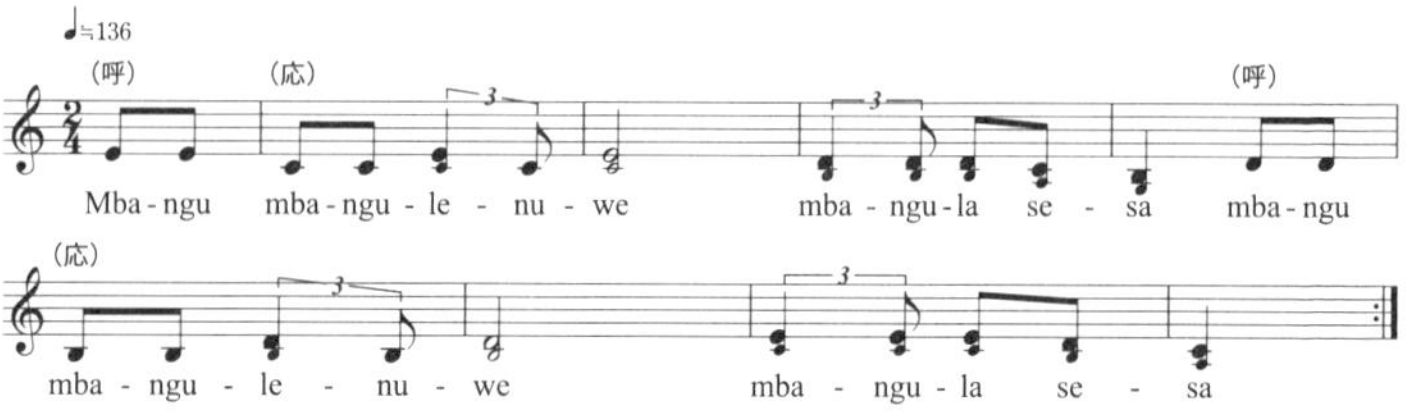

表れる」ということの意味である。

ただ、彼らの歌の場合には、数量的にはヘミオラの曲よりは、「ンバングレーヌ」（「突進しよう」、**楽譜６－５**）のように、四分の二拍子と解釈できるタイプの曲の方が多い（もっとも、このような歌でさえ、一小節内を二分割と三分割するリズム構造が目につく）。こちらの方が、子どもにとっては歌いやすい基本的なカテゴリーなのかもしれない。ヘミオラの曲が、むしろ成長してから歌うレパートリーに多いという点はかなり重要なポイントだ。

同様のことは、子どもの歌の「ハーモニー」に関してもいえる。子どもの歌では、多くの場合、応唱部分がユニゾンになっている。平行三度で歌うことは、ルヴァレの人々にとって幼少のうちからできることではなく、成長するにつれて学んでいく歌唱技術のひとつなのである。だから、歌う子どものなかにこの技術を充分に習得したものがいなければ、応唱部分はユニゾンになってしまう。ところが、逆にそのなかに一人でも卓越した子どもがいれば、応唱部分は平行三度になる。そんなわけで、彼らの応唱部分の「ハーモニー」の響きはふつう均等ではない。そのことを示すために、楽譜６－５と６－６では、主旋律に対して第二声部を小さな音符で記した。

さて、先に触れた「ンバングレーヌ」（楽譜６－５）は、「花いちもんめ」型の遊び歌である（これについては、次節で詳述する）。ここに示した平行三

楽譜 6-6　クソネケラ・ムカンダ

度は何度もユニゾンで反復された後、ようやく達成されたものだ。また、この曲には大人の歌のもうひとつの特徴も見られる。旋律を歌ってみるとわかるが、この曲の「和声」進行は基本的に二種の和音が交替することによってできている。この二種の和音の交替こそ、ほとんどすべてのルヴァレ音楽に共通する曲の構成原理なのである（第三章第五節参照）。

さらに、もうひとつの「花いちもんめ」型の遊び歌「クソネケラ・ムカンダ」（「手紙を書く」、**楽譜６－６**）を見てほしい。応唱部分の第二声部は、主旋律に対して必ずしも平行進行をしてはいない。ルヴァレの音楽は平行三度を主要な特徴とするが、しかし、実際には平行三度とは響きの結果にすぎず、第二声部が必ずしも平行に進行しているのではないことが、この例からわかる。これもじつは、大人の歌の応唱部分の声部進行を特徴づける重要な要素のひとつなのである。

このように見てくると、ルヴァレ社会の子どもの歌は、いくつかの重要な点において大人の歌の「ひな形」であると言える。これこそ、小泉・ジョーンズ説がもっとも強調した点だ。

しかし、そればかりではない。子どもの歌のこの分析は、同時に人間の音楽的能力というものがどのように発達していくものなのか、さらに人間の音楽的成長とはいったい何なのかを示唆に富む形で示している。

二　アフリカ版わらべうた

アフリカ版「花いちもんめ」

アフリカの子どもたちの遊びを調べてみて、驚くことがある。「花いちもんめ」だの「通りゃんせ」だの「お手玉」だの、日本の伝統的な子どもたちの遊びと同じもの、あるいは似たものがいくつもあるのだ。おそらくこれは、アフリカに限ったことではなかろう。世界中に同一の遊びの、いわばヴァリエーションのようなものが散らばっているのにちがいない。本章では、これから三節にわたって、アフリカ、とくにザンビアの子どもたちの遊びを紹介しながら、遊びに表れる人間の豊かな創意と工夫、さらに文化を越えた子どもたちの同質性といったものを見ていくことにしよう。

図6-1　ザンビアの十州と四集団の居住地域

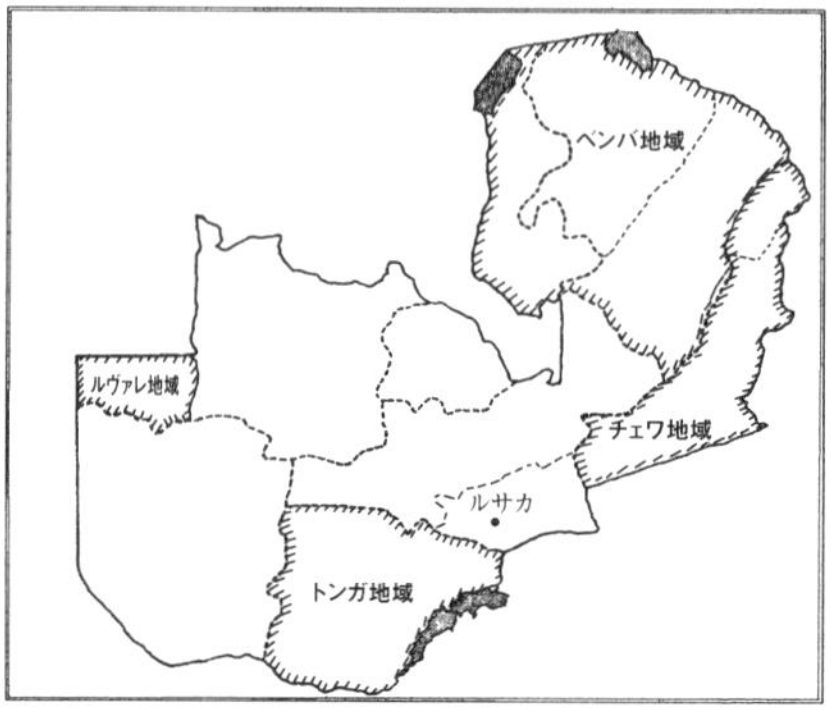

ザンビアには七〇を超える民族集団が居住するといわれているが、ここではとくにそのなかの四集団、すなわちベンバ、チェワ、トンガ、ルヴァレを扱うので、彼らがザンビアのどのあたりに住んでいるのかを、まず地図で確認しておこう（図6－1）。また、ザンビアの民族の多くは隣接諸国にも居住しているので、ここで述べる遊びはザンビアだけでなく、それらの諸国にも広く分布していると考えてよいだろう。

写真 6-1　ルヴァレのンバングレーヌ

楽譜 6-7　カムサレ

　さて、ザンビアには、日本の「花いちもんめ」と似た遊びがある。同人数の男女が別々に二列横隊になって、手をつないで向かい合う。まず、男の列が歌いながら前進し、女の列から一人選んで自分たちの列に加え、もとの位置に後退する。次に女の列が同じように男の列の方へ行き、一人選んでもとの位置に戻る。こうして、二組の間で交互に歌いながら、男女の交換を行う。この遊びを、北部のベンバ社会では「カムサレ」、東部のチェワ社会では「ワイララ」、北西部のルヴァレ社会では「ンバングレーヌ」（楽譜6－5参照）と呼んでいる（**写真6－1**）。

　たとえば、ベンバのカムサレの場合、**楽譜6－7**に示す歌が呼唱応唱形式で何度も反復される。前述したように、このような単純な子どもの歌にも、ヘミオラの構造がはっきりと表れる。また、応唱部分は平行三度で歌われることもある（ちなみに、ベンバの人々もルヴァレと同様、平行三度の合唱を得意とする）。歌詞の「カムサレ」（kamusale）はベンバ語で「選ぶこと」を意味し、「チンパンバ」（chimpamba）は意味のない調子合わせの言葉。「ムレサラ・バワマ」（mulesala bawama）は「すてきな男（女）を選べ」、「チコロラ・ムウィコ・アシャレ」（chikolola mwiko ashale）は意訳すれば「行儀の悪い子は残せ（選ぶな）」という意味になる。要するに、関心が異性の選別に向けられている。カムサレでは、実際、最後まで選ばれずに残ってしまう子どももいるという。

この遊びは、子どもたちの間での人気や男女間の好き嫌いを微妙に反映するので、日本の「花いちもんめ」に比べると、やや過酷な面をもった遊びといえよう。だから、これを行うのは、せいぜい六歳から一二歳くらいまでの少年少女たちだ。しかし、このような遊びが、「嫁えらび」「婿えらび」の模倣から来ているであろうことは、次のような事実からもうかがえる。

アフリカ版「歌垣」

世に「歌垣《うたがき》」と呼ばれている習俗がある。思春期を迎えた男女が集い、恋愛や求婚を目的に歌の掛け合いをやったり踊ったりする伝統的風習だ。日本の古代においては、男女の群集歌舞として盛んにおこなわれていたらしい。また、現在でも中国南部などアジアのいくつかの地域では、民間習俗のなかに「歌垣的なもの」は存在している。ここでは歌垣を、「求婚の契機となる男女の群集歌舞」と広く定義しておこう。

チェワ社会の「花いちもんめ」型のワイララをよく調べてみると、じつはこれが、彼らの「歌垣」でもあるということがわかる。つまり、ワイララはチェワの人々にとって年少者のための「花いちもんめ」型の遊びを意味するとともに、年長者のための歌垣をも意味するのだ。

チェワの歌垣は、次のように始まる。夜、村の広場に男女が集まる。女は一五、六、男は一七、八、あるいはそれ以上の年ごろの若者たちである。彼らはまず男女に分かれて二列横隊になって向かい合う。そして、二台の太鼓が激しく打奏されるなか、一人の男性（あるいは女性）が前に出てきて相手の列から自分の好みのパートナーを選び、みなの前でペアを組んで歌いながら踊る。まわりの男女も歌いながら、それをはやす。もし、この二人の気持ちが通じ合えば、言わずもがな、そのあとお付き合いが始まるというわけだ。

まったく同じ慣習が、南部のトンガ社会でも行われている。彼らはこれを「チンガンデ」と呼んでいるが、しかし、ここには「花いちもんめ」型の遊びはない。チンガンデの歌詞を調べてみると、「ここに来て、あの男たちを見てごらん」「ズボンはいちゃって、かっこいいわ」と異性への関心丸出しである。トンガの村では歌垣は昔から盛んに行われていたらしく、ある老婆は自分の伴侶はチンガンデで見つけたと冗談を言っていたほどだ。

アフリカ版「お手玉」

さて、日本と共通するもうひとつの遊びに「お手玉」がある。これが女の子の遊びという点では、日本もアフリカも変わらない。ただ、「お手玉」といっても、アフリカのお手玉は、日本のように、小さな布袋に数珠玉をつめたような「洗練された」ものではない。ただの「石ころ」である。とはいえ、ひとつのお手玉を投げ上げて、それが落ちる間に一定の動作をして互いの敏捷性を競い合うという、このゲームの根本精神はまったく同一である。この遊びを、ベンバは「チイェンガ」、チェワとトンガは「チヤト」、ルヴァレは「クヤタ」と呼んでいる。地域によってルールは多少異なるが、ここでは、ベンバのチイェンガを見てみよう。

このお手玉遊びは、ふつう少女二人あるいは三人で行う。まず、最初に地面に穴を掘り（円を描くだけでもよい）、そこにいくつかの石ころを入れる。先発者は、まず小さなボールあるいは石を投げ上げて、それを受けとめる前に穴から石を全部出す。そして、次のひと投げで、穴の外にある石ころをひとつ穴のなかに入れる。この動作を何度もくり返して全部の石を穴に入れ終わったら、一段階（「ムワナ・チモ」）が終了。ただ、石を穴に入れる際、その石を穴の外のほかの石にぶつけてはいけない。ぶつけたり、ボールを落としたりしたら、後発者と交代である。

そして、無事「ムワナ・チモ」を終了したものは、「ムワナ・チビリ」（二つ入れ）に進む。最初に戻り、今度はひと投げで石を二つずつ穴に入れていく。これに成功したものは、さらに「ムワナ・チタツ」（三つ入れ）に挑戦する（**写真6－2**）。

写真6-2　ベンバのチイェンガ

さて、ベンバの子どもたちは、この遊びをさらに面白くするために、あるルールを思いついた。ほか

の地域ではふつうお手玉遊びに歌はつかないが、ベンバの子どもたちは短い歌（楽譜6－8）をつくり、それを息継ぎなしに何度も反復しながら（歌詞は「運が尽きちまう」の意）、息の切れる前に一回の「ムワナ」を終了しなければならない、というルールを考え出したのだ。

子どもたちの発想の豊かさと、遊びの面白さを追求する欲望の深さに驚くばかりである。

楽譜6-8　チイェンガ

♩≒180
3
3
Wi-chi　nda-pwi-li-la　chim-ka-nga　nda-pwi-li-la

三　社会教育としての遊び

遊びを問う

子どもの遊びのなかに、「教育」あるいは「文化化」（自分の生まれた社会の文化を習得していくこと）の要素があることを見逃すわけにはいかない。たとえば、数人でたわいのない遊びをしている時でさえ、そこで子どもは協調性を学ぶだろうし、その文化固有の行動パターンのいくつかを学んでいく。ただ、ぼくが言いたいのは、そうした一般的な意味ではなく、文字通り、遊びとは子どもを教育し、子どもに文化を習得させていくものだということである。アフリカで暮らしていると、子どもの遊びが本来もっていたであろう、そうした社会教育上の意味がまだ失われずに残っているという印象を強く受ける。

ところが、われわれのような社会では、そんな形で遊びが意識されることはまずない。たとえば、「かくれんぼ」の遊びは、ものの片隅に隠れた子どもが鬼に見つけら

楽譜6-9　ンシラヤ

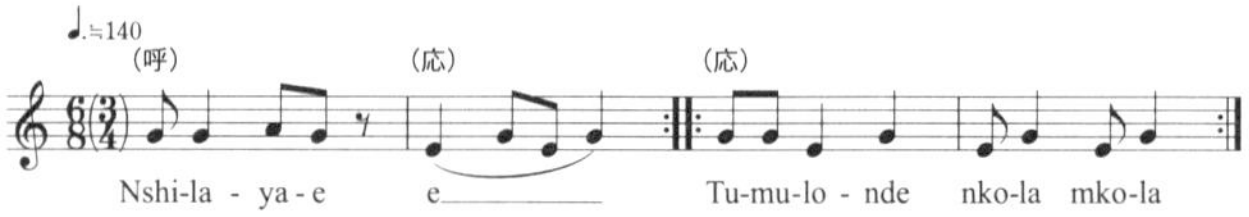

れる瞬間に緊張が絶頂に達し、その緊張とスリルがこの遊びの醍醐味になっている。

しかし、アフリカのサバンナの奥地の村では、「かくれんぼ」とは狩猟のまねごとなのである。すなわち、隠れる側はさしずめ狩人におわれて必死に逃げまどい、木陰に身を隠す野ウサギかインパラ。鬼は晩の食事にありつこうと槍をもって獲物を追いかけ回す人間。このことに気がつくと、「かくれんぼ」がまったく違った遊びに見えてくる。つまり、サバンナの子どもたちにとって、この「かくれんぼ」とは、大人の世界の狩猟を擬似体験させてくれるものなのである。

狩りを学ぶ

ザンビアには、「かくれんぼ」型の遊びが広く見られる。「ンシラヤ」（ベンバ）、「スイヤヨ」（チェワ）、「ンカンガカイェ」（トンガ）など名称もさまざまで、遊び方も大きく三つのタイプに分かれる。まず、一人の鬼が複数の人間を探すタイプ（日本型「かくれんぼ」）、次に、複数の鬼が一人を探すタイプ、三番目に、二つのグループに分かれて、一方が他方を探すタイプ、である。

日本の「かくれんぼ」とは正反対の、複数の鬼が一人を探すタイプのベンバのンシラヤは、とくに狩猟の状況を想起させる。しかし、その場合にも、アフリカの子どもの遊びらしく、呼唱応唱形式の歌がついている（**楽譜6－9**）。

まず、一人の子どもが「ンシラヤ」（nshilaya,「まーだだよ」、原意は「ぼくはまだ行ってないよ」）と歌いながら逃げていく。みなはその場にとどまって、それに合わせて「エー」（e.「オーケー」）と答える。やがて、「ンシラヤ」の声が聞こえなくなると、みな一斉に「トゥムロンデ・ンコラ・ンコラ」（tumulonde nkola nkola,「彼の後をつけて行こう」、「ンコラ・ンコラ」は掛け声）と合唱しながら、四方八方に散って、彼を探し始める。そして、最初に彼を見つけたものが、今度は隠れる側にまわる。

ここで興味深いのは、見つけられたものが罰として次の鬼になる日本の「かくれんぼ」とは逆に、見つけたものが今度は逃げまわる獲物の側にまわるという点だ。彼らにとっては、一匹の獲物が多くの狩人からいかに逃げおおせるかが、最大の関心事になっている。

生活を学ぶ

さて、「ままごと」遊びが大人の日常生活をまねていることは確かだとしても、しかし、それが大人の生活への準備をしているとか、練習をしているとかといった意識は、日本の場合、ほとんどない。所詮、子どもの遊びだ。ところが、アフリカでは、「ままごと」遊びの社会教育上の意義は、大人の間で概してよく理解されている。つまり、「ままごと」とは、子どもに大人の生活を模倣させ、それによって将来への準備をさせるものなのだ。

ザンビアでは「ヴィディンボ」（チェワ）、「マドゥントゥワ」（トンガ）、「マンゴンゴ」（ルヴァレ）などと呼ばれ、一二歳くらいまでの少年少女たちがやっている（ただ、最近ではあまり見られなくなったという）。地域によって名称の違いはあるが、その内容はほとんど変わらない。

楽譜6-10　カンクルウェ

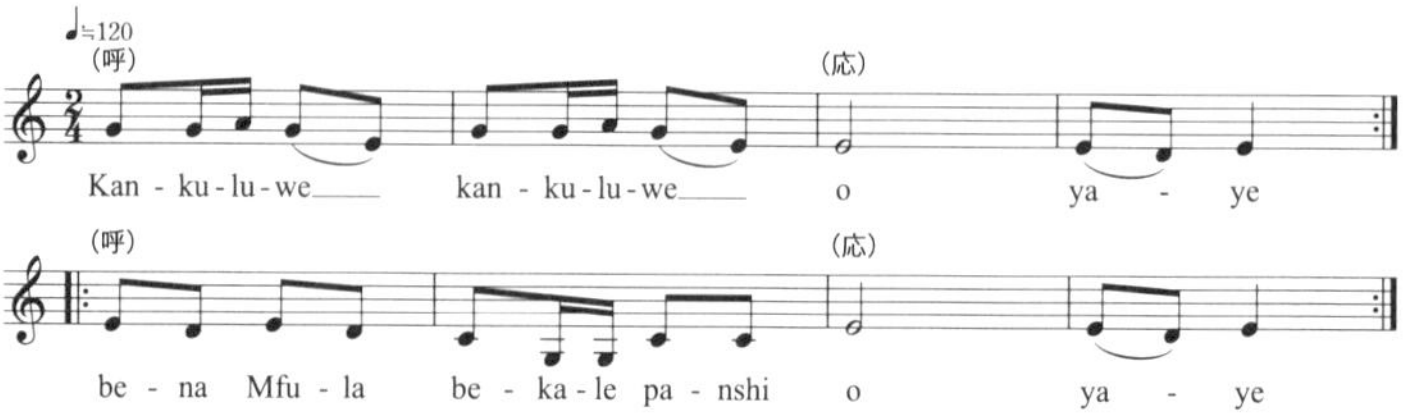

とくに収穫期が終わったころ、少年少女が集まってブッシュのなかに草木で小屋をつくる。そこで、ある子どもたちは夫婦になり、またある子どもたちはニワトリやハイエナの役を演じる。「朝」にはニワトリが時を告げ、ハイエナが餌をあさる。男たちは起き出して狩りや漁に出かけ、女たちは家で食事の用意をしたり、人形を赤子に見立ててあやしたりする。

この「ごっこ遊び」は、文化的な脈絡の違いこそあれ、会社に出勤する父親とそれを見送る母親を演じる日本の子どもたちの「ごっこ遊び」と本質的に何ら変わるところはない。

アイデンティティを学ぶ

さて、露骨といって良いほど教育的だと思われる遊びに、ベンバ社会の「カンクルウェ」がある。これは歌いながら、各自が自分の帰属する集団へのアイデンティティを意識するように工夫された遊びだ。

少年少女たちが円陣を組み、みなで手をつないで前後に手を揺らしながら、歌を歌う。その際、呼唱する子どもは歌のなかに、たくみにクラン（共通の出自をもつ社会集団）の名前を入れていく。楽譜6-10は、その一例である。

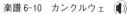

写真6-3　ベンバのカンクルウェ

呼唱：カンクルウェ、カンクルウェ（kankuluwe, 意味ナシ）
応唱：オーヤーイェ（oyaye, 掛け声）
呼唱：ベナ・ムフラ・ベカレ・パンシ
　（bena Mfula bekale panshi, ムフラ・クランの人たちはすわれ）
応唱：オーヤーイェ（oyaye, 掛け声）

ここでは、呼唱者は二回目の呼唱部分で、「ムフラ（雨）」というクランの名前を挿入している。すると、ムフラ・クランの子どもたちは、みな次の応唱部分で「オーヤーイェ」と歌いながら、その場にしゃがまなければならない（**写真6－3**）。こうして、次々とクラン名が呼ばれ、全員がしゃがむと、今度は該当するクランの子どもたちは、次々に立ち上がる（その場合、歌詞の「すわれ」（「ベカレ・パンシ」）が「立て」に言い換えられる）。

このようにして子どもたちは、自分の出自を意識するとともに、仲間のクランも知るようになる。さらに、さまざまな民族集団が共存する都市部では、クラン名の代わりに民族集団名がこの遊びに用いられる。そこでは、クランよりも民族集団の方がはるかに重要な意味をもっているからである。「カンクルウェ」の遊びは、こうして子どもたちにとってアイデンティティの意識を養う場となっている。

四　遊びと賭博

汎アフリカ的な盤上遊戯

ものの本によると、日本の賭博の起源は大陸から伝来した古制の「すごろく」(「盤双六」)だったとか。この「すごろく」は現在の双六(「絵双六」)とはかなり異なるものだが、いずれにしても遊びと賭博とは紙一重。子どもの遊びも大人の手にかかると、ギャンブルに「変身」するところがある。ここでは、そんな例をアフリカから紹介することにしよう。

もう三〇年以上も前のことになる。初めてザンビアのサバンナの奥地に入って行ったとき、ひとつの光景が目を引いた。二人の少年が向かい合って地面にしゃがみ、楽しそうにゲームをしている。地面に小さな穴をいくつもつくり、その穴に木の実を順に入れていくその遊びは、のちにザンビア各地で見たし、さらにザンビアから遠く離れた東アフリカのタンザニアでも行われているのを目にした。

それればかりではない。その後、西アフリカのガーナを訪れると、そこでも人々が、今度は木製の盤にいくつも小さな穴をつくり、夢中になって同種のゲームに興じていた。ガーナでは「オワリ」と呼ばれていたが、調べてみると、このゲームが西アフリカ全域に広く分布していることがわかった。どうもこのゲームは、さまざまなヴァリエーションを伴って、アフリカのかなり広い地域に共通して見られる汎アフリカ的な遊びのひとつであるらしい。さらにその後、この遊びがカリブ海地域や南アメリカ(ブラジルなど）でも行われていることを知った。
二人で向かい合って対戦する「盤上遊戯」であること、「王将」こそいないが、相手の「駒」をひとつひとつ取っていくことが勝敗の決め手になることなどから、あえてこのゲームをここでは「アフリカ将棋」と呼ぶことにしよう。

アフリカ将棋とギャンブル

アフリカ将棋は、少年ないし成人男子の間で行われているもっともポピュラーなゲームで、ザンビアでは「ンソロ」（ベンバとチェワ）、「チソロ」（トンガ）、あるいは「ムラヴァラヴァ」（ルヴァレ）などの名前で知られている。地域によって多少のヴァリエーションはあるが、先に相手側の木の実（あるいは小石）をすべて取った方が勝者となるというゲームの原則は、どこへ行っても変わらない。そして、ルールを知ってみると、単純ながら、アフリカ人の知恵と工夫になるほどと思う。

ここでは、もっとも簡単なルヴァレのムラヴァラヴァを紹介することにしよう。

まず、地面に縦四列、横八列の小さな穴をあけて盤をつくる。そして、それぞれの穴に二個ずつ木の実を入れる。この木の実はンドゥンブワと呼ばれ、ふつうムサリャという木の緑色の実を用いるが、小石を代用してもよい。この盤をはさんで二人が向かい合い、ルールに従って互いのンドゥンブワの取り合いをする。縦に四列並んだ穴の手前二列が自分の側である（図６－２）。

図の先発者Aがまず、自分の側にある任意の穴、たとえばXの穴を選ぶとすると、その穴からンドゥンブワを取って左回りに隣の穴（つまり、Y_2とY_1の穴）にひとつずつ入れていく。すると、二個のンド

図6-2　ムラヴァラヴァの遊び方

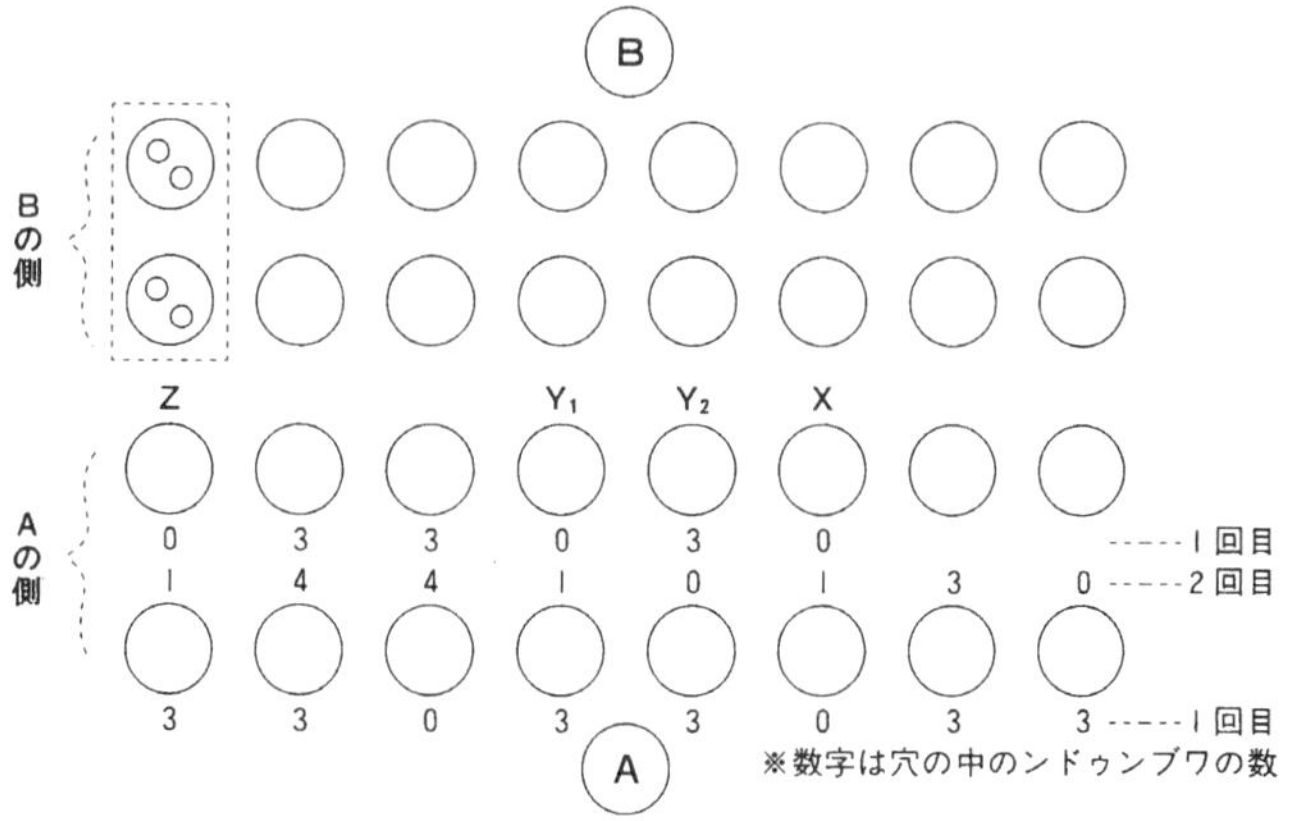

ゥンブワを入れ終わったY_1の穴に三個のンドゥンブワがたまる。このンドゥンブワを入れ終わったところが、ンドゥンブワ入れの次の開始点になる。今度は、この三個のンドゥンブワを同様に左回りに隣の穴にひとつずつ入れていき、この動作を自分の側の二列で五回くり返すと、Y_2の穴に四個のンドゥンブワがたまる（図に記したンドゥンブワの数を参照）。これで、ほぼ一巡したことになる（一回目終わり）。さらにこの四個のンドゥンブワを隣の穴にひとつずつ入れていくと（二回目）、Zの穴で入れ終わり、そこにひとつのンドゥンブワが残る。このように、入れ終わったときに穴にンドゥンブワがひとつしか残らなかった場合、その時点でAの番は終わり、相手Bの番となる。

重要な点は、その際、自分の側に属する二列の内側（縦四列の二列目）で終わったならば、その向かいにある相手側（B）の二つの穴（図に示した枠内の二つの穴）のンドゥンブワをすべて取ることができる、ということだ。こうして取ったンドゥンブワは、自分の脇に置いておく。そして、先に相手のンドゥンブワをすべて取った側が「勝ち」

ということになる。

やってみると、なかなか頭をひねるゲームであることがわかる。ンドゥンブワ入れの回を重ねるごとに、双方ともカラ穴が増えていく。そんななかで、列の内側で入れ終わることを考え、日本将棋と同様、先の先を読んで、最初の出発の穴を決めなければならない。しかも、内側で入れ終わったとしても、向かい側の相手の穴がカラ穴であったならば、何にもならない。というわけで、これは、かなり知的なゲームだといっていい。

写真6-4　社交場でのンソロ（首都ルサカ）

読者諸氏も、このアフリカ将棋に挑戦してみよう。

さて、このアフリカ将棋は、知的であるがゆえに、大人の世界ではギャンブルになる。ザンビアの首都ルサカのコンパウンド（低所得者住宅地）の社交場では、大人たちが真剣な表情で、コンクリート製のンソロの盤が備えられており、大人たちが真剣な表情で、このアフリカ将棋に興じている（写真６－４）。なぜ真剣かといえば、お金を賭けているからだ。そこでは、あえてゲームをむずかしくするために、横の列は八列から二四列に拡張され、各穴には三個ずつンドゥンブワが入れられている。しかも、いくつかの穴は故意に最初からカラにされているのだ。遊びの面白さを追求する人間の深き欲望が、ここでも顔をのぞかせる。

ビーズ遊びと賭け

さて、遊びと賭博といえば、成人女性の「ビーズ遊び」に言及しないわけにはいかない。これは、男性のンソロに匹敵するポピュラーな遊びで、「イチバリ」（ベンバ）ないし「チバリ」（チェワとトンガ）と呼ばれ、ザンビア各地で広く行われている。

アフリカでは、ビーズはつなぎ合わせて頭飾りにしたり、儀礼に使ったりと、女性にとってたいへん価値あるものであるため、お金の代わりにビーズが賭けに使われる。そして、その賭け方は単純明快である。

各自が特定の色のビーズをもち寄り、ひとつの皿の上にそれぞれいくつかのビーズをのせる。そして、皿を振り上げて、ビーズを皿に受ける。その際、皿から一番多くこぼれた色のビーズの持ち主が勝者となり、皿に残っているビーズをすべてもらうことができる。また、チェワやトンガの社会では、混ぜたビーズを上から軽く皿（あるいはボウル）に投げ入れて、その際、皿からこぼれたビーズの数で勝敗を決めるというやり方も行われている。

いずれにしても、日本の「丁半」ではないが、一瞬の勝負に賭けるのは文化を越えた「賭博の常」か。

実践編

第七章　アフリカの太鼓で合奏しよう

一　机をたたいてポリリズム

理屈を越えてアフリカを学ぶ

一九九〇年代、「ワールド・ミュージック」の最盛期にたびたび来日して音楽ファンを沸かせた二つの世界的なアフリカ・パーカッション・グループがある。東アフリカ、ブルンジの「ドラマーズ・オブ・ブルンジ」と西アフリカ、セネガルの「ドゥドゥ・ンジャイエ・ローズ・パーカッション・オーケストラ」である。彼らの演奏の迫力はたいへんなものだし、「これぞ、アフリカの太鼓」と感銘を受けた人も多かったにちがいない。しかし、そんな感動に水を差すようだが、じつは彼らの演奏は、決してアフリカの太鼓合奏の典型的なスタイルではない。

あのように十数人が、あるいは数十人がほぼ全員で同じ太鼓パターンを演奏するといったスタイルは、むしろアフリカの太鼓合奏としては特殊なものだ。しかしそれが、かえって日本の「和太鼓」などとの近親性を感じさせ、日本の聴衆にとっては親しみやすかったのかもしれない。アフリカの太鼓音楽の「入門」としては、むしろ日本の聴衆にとってふさわしいものだったと言えるだろう。

しかし、アフリカの太鼓合奏独自の醍醐味を知ろうと思ったら、このレベルに甘んじていてはいけない。アフリカの太鼓には、それとはまったく別の音の世界があるからだ。本章では、そうしたアフリカ独自の太鼓合奏曲を素材にその初歩の初歩を手ほどきして、アフリカ音楽ならではのおもしろさ、楽しさを味わってもらおう。友達数人での「音の遊び」に、あるいは学校での生徒の「異文化体験」に役立ててほしい。

さて、これまで理論編でアフリカ音楽についてさんざん「理屈」をこねていながら、たいへん矛盾するようだが、アフリカ音楽を理解するには「理屈」は役に立たない。少なくとも、「理屈」だけでは充分ではない。実際に体験しなければダメである。

そこでまず、机の前にすわり、両手で机をたたく準備をしよう。両手でたたく机の場所は、できるだけ高さの違う音の出る場所をあらかじめ選んでおこう。すでに述べたように、アフリカの太鼓音楽ではリズムばかりではなく、音色や音高など音のさまざまな要素が絡み合って、音響上独特なダイナミズムがつくり出されるからだ。あともうひとつ、当然のことながら、これは合奏の練習なので一人ではできない。隣から誰か知り合いを呼んでこよう。

ベンバの太鼓合奏曲ングワイ

さて、南部アフリカ、ザンビア北東部にベンバと呼ばれる人々が住んでいる（図6－1参照）。北西部に住むルヴァレと同様、彼らも現コンゴ民主共和国南部から移住してきたバントゥー系の民族で、和声

楽譜 7-1　太鼓合奏曲ングワイ

A　第一パターン

B　第二パターン

C　二つのパターンの合奏

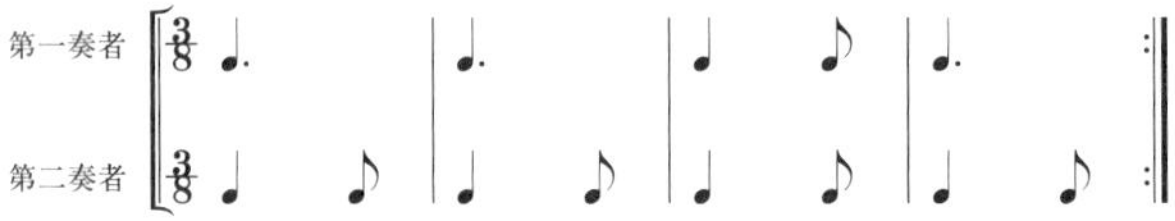

的な合唱が上手なばかりでなく、太鼓音楽を豊かに発達させている。そんなベンバのレパートリーのなかに、ングワイという二台の太鼓のための合奏曲がある。まず、これに挑戦してみよう。

この合奏曲では、第一奏者は**楽譜7－1A**のように、三拍子で右手－左手－右手－右手－左手とたたく。右手と左手は音高の異なる机の場所を打つことにしよう。また、第二奏者は**楽譜7－1B**のように、三拍子のリズムを右手と左手で交互にたたいていく。両者でこれを延々とくり返すのだ。

では、次に、これら二つの太鼓パターンを**楽譜7－1C**のように、二人で合奏してみよう。

これでは、何の変哲もないリズム練習になってしまう。アフリカではこれら二つのリズムを、そのように組み合わせて打つことはまずない。それは、アフリカ本来のリズム感覚とは相容れないものだ。

では、ングワイの演奏では、これら二つのリズムをいったいどのように組み合わせるのだろうか。

じつはここが、西洋人とアフリカ人の音楽的発想の根本的に異なるところだ。これをぼくはいつも、西洋音楽の「合わせる美学」とアフリカ音楽の「ずらす美学」の相違として説明している。ここでふたたび、第一章で問題にした「ポリリズム論」の基本を思い出してもらわなければならない。西洋音楽的感覚では、二つの太鼓パターンが同じ三拍子であるならば、通常それらのパターンを同時に開始して拍子を「合わせる」ことを旨とする。ところが、アフリカ人は、それをあえてしない。あえて「ずらす」のである。

ングワイの演奏では、第二奏者は楽譜7−1Bのリズムを第一奏者のリズム（楽譜7−1A）の三拍目から開始する。それも、最初からそのような形で合奏することは通常はない。それは、アフリカ人にとっても、それほど簡単なことではなかろう。第二奏者は、**楽譜7−2A**に示すように、まず自分の三拍子のパターンの一拍目だけをしかるべき場所（楽譜7−1Aの三拍目）に入れていき、それを何回かくり返して、自分のパターンの開始点を確定するのである。ここで「開始点を確定する」とは、自分の打っているビートが三拍子の三拍目ではなく、第一奏者の拍子とは独立した自分の三拍子の一拍目であるという感覚を獲得することである。

さて、ここまでを二人で机に向かってやってみよう。

まず、第一奏者は、第二奏者が自分のパターンにどう絡んでくるか、なんていうことには一切関知せず、ひたすら延々と自分のパターンを固守する。他人のパターンを聴かないこと。第二奏者のパターンに煩わされると、自分のパターンが崩れてくるからだ。一方、第二奏者は、第一奏者のパターンをよく聴かなければならない。第一奏者が彼のパターンをくり返すのを何度も聴いて、ここだと思ったところで、第二奏者は自分のパターンの一拍目を楽譜7－2Aのように入れていく。この感覚は、ぼくの経験では、「縄跳び」の感覚に似ている。つまり、二人の回す縄が何度も自分の方に向かって来るのだが、その縄の最良のタイミングを見計らって、自分は回転する縄のなかに入っていかなければならない。それと同じように、第二奏者は第一奏者のパターンの三拍目に、最良のタイミングで自分の一拍目を入れていくのだ。

じつはこれは、われわれにとっては思いのほかむずかしい。そして、テンポを上げれば上げるほど、むずかしくなる。まずは、速度表示にこだわらず、できるだけゆっくりとしたテンポで始めよう。

さて、うまくできただろうか。

「ずらす美学」の神髄

では、次に進もう。

第二奏者のたたく太鼓パターンは、じつのところ、実際の演奏では楽譜7－1Bのようには聞こえない。このリズムは、じつは♩ ♪♩ ♪ではなく、♪♩ ♪♩のように聞こえる。これは、のちに述べるように、汎アフリカ的な太鼓パターンのもっとも基本的なリズム型である。したがって、実際には第二奏者は、**楽譜7－2B**のように、第一奏者のパターンの二拍目から♪♩ ♪♩（左手－右手、右手－左手）というように入っていくのが良い。言い換えれば、第二奏者は、楽譜7－2Aのように奏しながら、自分のパターンの三拍目を、楽譜7－2Bのように加えていく。

ここで、二人で楽譜7－2Bに挑戦してみよう。

楽譜 7-2　ングワイの合奏

A　第二奏者の「入り」

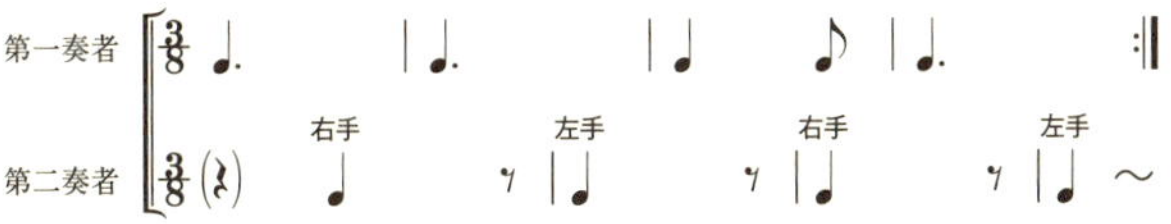

B　合奏

C　ングワイの合成リズム型

第一奏者のパターンの反復のなかで、第二奏者がタイミングよく自分のパターンの一拍目を入れることができたら、その合奏をしばらくの間、続けていこう。そして、第二奏者が自分の開始点を確定することができたと感じたら、楽譜７－２Ｂのように、自分の三拍目をしかるべき場所に入れていく。

さて、二人の演奏が、**楽譜７－２Ｃ**に示すような「合成リズム型」に聞こえたならば、正確に演奏しているということになる。しかし、演奏しながら、自分たちの合奏を聴こうとすると、自分の打奏するパターンが崩れていくので、合奏を録音してのちに再生して確かめるか、あるいは第三者に聴いてもらうのが良いだろう。

西洋音楽（ポピュラー音楽を含む）を知るものにとって、これがいかにむずかしいか、それを体験によってわかってほしいのである。読者の皆さんは、まさに今、アフリカの「ずらす美学」の神髄に迫ろうとしている。そしてこれこそが、西洋音楽の側から見た、アフリカ音楽のむずかしさなのである。

ただここで、ひとつ注意しておかなければならないことがある。西洋の楽譜に慣れた読者は、楽譜7－2Bを見て、これなら楽譜7－2Aをやらずに直接楽譜7－2Bをやる、つまり、第一奏者が一拍目をたたいた後に、すぐに第二奏者が第一奏者の二拍目、三拍目を左手－右手と打っても同じではないか、その方がはるかに簡単だと考えるかもしれない。しかし、その「簡単だ」と感じる理由は、それが西洋音楽的な感覚と考え方であって、アフリカ的な感覚ではないからである。アフリカ音楽の場合には、第二奏者のビートの始まりはあくまでも右手（あるいは左手）の四分音符であって、そのリズムは第一奏者のリズムから独立していなければならない。そうでないと、アフリカ的なポリリズムが形成されない。

とはいえ、第二奏者が自分のパターンを第一奏者に合わせていくことは、初心者にとってはすこぶるむずかしい。そこで最初は、西洋音楽的な感覚でも良いので（楽譜7－2Aを無視して）、第二奏者は第一奏者の二拍目、三拍目に左手－右手、右手－左手とくり返しゆっくり打って、全体のリズムの絡み合いを会得するのもひとつの方法だろう。そののち、できればアフリカ的な感覚に戻ることにしよう。

さて最後に、この合奏がひょっとしてうまくできなかった読者のために、ひとつのエピソードをここで紹介しよう。一五年以上前、東京藝術大学音楽学部で「アフリカの音と文化」というテーマで集中講義をやったことがある。作曲専攻だの、声楽専攻だの、打楽器専攻だの、受講者には実技の学生が多かった。そして、その初回の授業を、ぼくはこのングワイの実技で始めたのである。ところが、三〇人あまりいた学生のうち、だれ一人としてこのベンバの曲に太刀打ちできなかった。もちろん、授業の初回で、まだ学生の耳がアフリカ音楽に慣れていなかったとか、ぼくの太鼓実技の指導力がまだ充分ではなかったということもあったかもしれない。

しかし、いずれにしても、アフリカのドラミングの世界は、とてつもなく奥が深い。

二　ルヴァレの太鼓合奏曲ムウォコロ

ムカンダ開始の儀式と太鼓合奏

さて、ングワイの練習で、アフリカの太鼓音楽は個々のリズムは単純なのだが、それらのリズムをどうかみ合わせるか、そのかみ合わせ方が太鼓合奏の醍醐味なのだということがおわかりいただけたと思う。

では、これからは、具体的な太鼓の打奏法や口唱歌など、太鼓演奏の詳細を一つひとつ説明しながら、より実際的な太鼓合奏の疑似体験をしてもらうことにしよう。ただ、たいへんに残念なことは、手元にアフリカの太鼓がないことだ。それを埋め合わせるために、まず次の準備をしてほしい。

白いコピー用紙を利用して、直径二五センチの円板を切り抜く。そして、その円板の中央に直径七センチくらいの円を描き、その円を黒いマジックインキで塗りつぶす。これが、太鼓の膜面の代用品である。これを三枚用意してほしい。本章では、これから三曲の太鼓合奏曲を学ぶが、いずれの場合も、この膜面代用品が必要である。

この膜面代用品を机の上にセロハンテープなどで固定してほしい。その際、たいへんむずかしい要求になるが、できれば、円板の中央をたたくと、円板の端よりも幾分高めの音がでる机の部分を見つけて代用品をはり付けることができれば、理想的だ（そのような場所が見つからなければ、はり付ける場所はどこでもよい）。この太鼓合奏の練習では、少なくとも三人の太鼓奏者と一人の「拍子取り」、計四人が必要である（最後の「ニャウの太鼓」では太鼓奏者は四人）。まず、頭数をそろえよう。そして、三人が膜面をはり付けた机の前にすわり、あとの一人はのちの指示を待って、机の前にすわるだけで良い。これで、準備万端。

さて、ここで最初に学ぶのは、本書で何度も登場している、ザンビア北西部に住むルヴァレの人々の演奏する太鼓合奏である。第一章第四節で、ルヴァレがムカンダと呼ばれる少年のイニシエーション儀礼を行っていることについて説明した。このムカンダは、少年たちを割礼してブッシュの小屋に隔離している期間、音楽や舞踊などさまざまな教育を施す「伝統的な学校制度」と言ってもよいものだ。

少年たちが割礼される前日の午後、村の広場で「開始の儀式」が行われる。ここでは、三台一組の太鼓を伴奏に、男性と女性が入り混じって、さまざまな祝祭のジャンルの歌と踊りに興じる。伝統的には、ムカンダはわれわれの社会でいう「成人式」にあたるものなので、「開始の儀式」も「終了の儀式」も村中が湧きたち、祝いのムード一色になる。このときに演奏される太鼓音楽のジャンルには、カチャーチャ、ウレンゴ、ムウォコロなどさまざまなものがあるが、これから学ぶのは、このなかのムウォコロである。ムウォコロの太鼓パターンを学ぶにあたり、この合奏がどのような場で、またどのような雰囲気のもとで行われるのかをまず頭に入れておこう。

ルヴァレの太鼓と太鼓記譜法

ルヴァレの太鼓は、いま述べたように、ふつう祝祭の機会などに歌と踊りの伴奏として演奏されるが、その場合、少なくとも高音、中音、低音の三台の太鼓が用いられる。それぞれンゴマ・ヤソンゴ、ムプンドゥ、ンゴマ・ヤシナ（ンゴマとは「太鼓」の意）と呼ばれている。いずれも長さ一一〇センチほどの、胴体がゆるく湾曲した樽型片面太鼓で、丸太をくりぬき、片端に牛皮をくぎ付けしたものである。膜面の中央には、直径七センチほどの大きさで調音ペーストが円形に黒く塗られている。この調音ペーストは、音高ばかりではなく、膜面の各部分の音色を決定する重要な役割を果たす。三台の太鼓は横棒に並べて立てかけられ、それぞれ三人の奏者が両素手で打奏する（**写真7－1**）。なお、太鼓の側面を二本のバチでたたく「拍子取り」（ミカカジ）については、のちに詳述する。

写真7-1　四人のルヴァレ奏者による太鼓合奏

前にも触れたように、アフリカの太鼓演奏ではリズムばかりではなく、音高や音色など音のさまざまな要素が等しく重要なため、膜面のどの部分をどのように打奏するかを正しく習得しない限り、リズムだけをまねしても演奏したことにはならない。たとえば、ペースト部にどのくらい近い膜面の場所を打つかによって、音高や音色は微妙に変わってくる。そこで、ぼくは不十分ながら、各太鼓パターンの音高や打奏法がある程度わかる、独自の「太鼓記譜法」を考案した。

では次に、その「記譜法」の見方について、高音太鼓を例に説明することにしよう。図7-1Aには、おもに右手と左手の打奏する膜面の場所が示してある。斜線は膜面が手のひらに接触する部分を大まかに表し、番号は楽譜7-3Aの各音との対応を示している。また、具体的な打奏法の要点は番号ごとに文字で記した。楽譜7-3Aはいわゆる「リズム譜」であるが、音符の上下の位置は音高を表すものではない。各パターンにおける音高の違いは合奏譜（楽譜7-3E）に大まかに示してある。また、リズム譜の下には、アルファベットで口唱歌を記した。

ムウォコロのパターン

さて、では、ムウォコロの各パターンの演奏法を、高音太鼓、中音太鼓、低音太鼓、「拍子取り」の順に詳しく説明していくことにしよう。なお、各パターンの音源は、音楽之友社のウェブサイトからダウンロードすることができる（巻末の「付録音源一覧」を参照）。

(1) 高音太鼓パターン（図7-1A、楽譜7-3A）

この高音太鼓のパターンは「クワッ・クワッ」(kuwa kuwa)（）と打つ（楽譜7-3A）。このリズム型は、ルヴァレばかりではなく、中部・南部アフリカ、そして西アフリカにも広く見出されるもっとも基本的な太鼓パターンのひとつである（もちろん、リズム型は同一でも、その演奏法は地域によって異なる）。図7-1Aに示したように、「ク」（1）の打奏では、右手の指の部分で膜面の端をポンとたたいて響かせる。それに対して、「ワッ」（2）の打奏では、左手の指の部分で膜面の端から少し中央よ

楽譜 7-3　太鼓合奏曲ムウォコロ
A　高音太鼓パターン

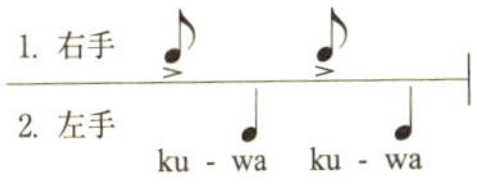

図 7-1　ムウォコロの打奏法
A　高音太鼓の打奏法

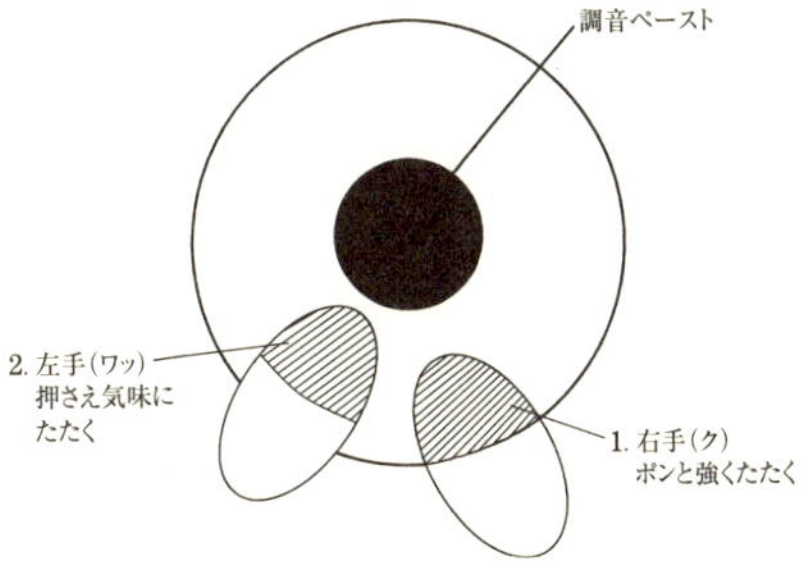

りのところを膜面をやや押さえ気味にたたく。それによって響きは抑制され、いくらか重い感じの音になる。

　このパターンの打奏で初心者がよく陥る誤りは、「ク」を「前打音」的にたたくこと、つまり、非常に短くすべり込むように「ワッ」の打奏に移っていくことだ。その場合、「ワッ」がパターンの中心的な音になるが、そうではなく、「ク」に少しアクセントをつけて明瞭にたたき、あくまでも「ク」がこのパターンの中心的な音に聞こえるようにたたかなければならない。そうでないと、ほかの太鼓のパターンが入って行くことができない。たった二音の簡単なパターンのように見えるが、どっこい、このパターンは初心者にとってはもっともむずかしいパターンである。

(2)　中音太鼓パターン（**図7－1B、楽譜7－3B**）

　この中音太鼓のパターンは、第五章第四節で詳述したマチャキリ・パターンのヴァリエーションだと考えてよい。大きく分けて二種類の打奏法によっている。ペースト部の端を指先で突くようにたたく奏法（1と2）と膜面の端を手の付け根（手のひら下部の隆起部分）でポンと響かせて打つ奏法（3と4）である。前者の打奏法で

楽譜7-3B　中音太鼓パターン

図7-1B　中音太鼓の打奏法

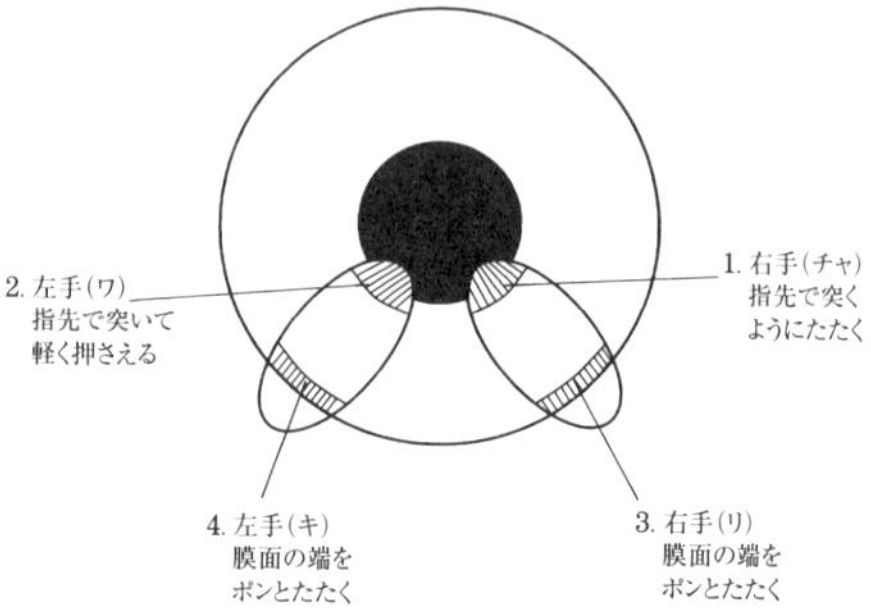

は、乾いたやや高い響きの音が出るが、後者の打奏法では、よく響くが、その音はかなり低くて重い。この中音太鼓のパターンはそのような音高や音色の違いから、「チャキリワ」（chakiliwa）と口唱歌で唱えられる（「マチャキリ」（machakili）との関係で言えば、「マチャキリ」の「マ」が「チャキリワ」の「ワ」に対応し、口唱歌の始まりが一音ずれている）。興味深いことは、楽譜7－3Bに記した最後の四分音符は「チャキリワ」には含まれていない、つまり、口唱歌では唱えられない、ということだ。

　また、このパターンの各音の打奏順序にも注意を要する。まず右手の指先でペースト部を突いた後（1、「チャ」）、左手の付け根で膜面の端をたたく（4、「キ」）。続いて同様に右手の付け根（3、「リ」）、左手の指先（2、「ワ」）、右手の指先（1）と打っていく。とくに左手の指先の打奏（2）では、突くと同時に指先で膜面を軽く押さえて響きを一瞬止める。これは、ぼくが「ストップ奏法」と呼ぶもので、打奏の直後に打った手でそのまま膜面を押さえて振動を止める打奏法である。このストップ奏法は、パターンによっては、手のひらで打奏する場合もある。いずれにしても、振動が抑制されるため、一種の弱音効果が得られる。

楽譜 7-3C　低音太鼓パターン

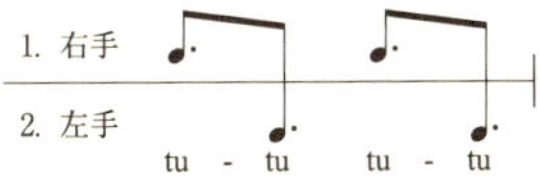

図 7-1C　低音太鼓の打奏法

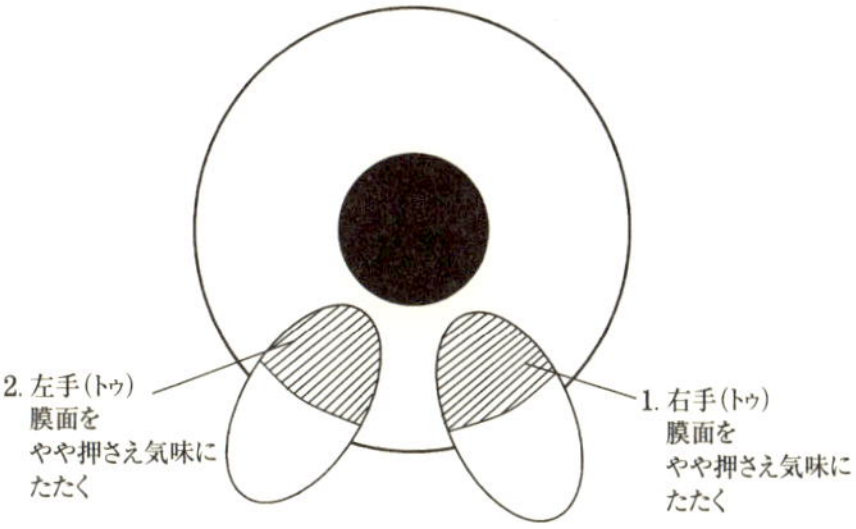

(3)　**低音太鼓パターン（図7－1C、楽譜7－3C）**

この低音太鼓はいわゆる「マスター・ドラム」で、もっとも熟達した奏者が担当する。高音太鼓と中音太鼓がミニマル・ミュージックさながらに同じパターンを延々と反復するなか、低音太鼓が次々とパターンを変えながら即興演奏していく。そのパターンはたいへん長く複雑なものであるため、それをそのままここで扱うことはできない。そこで、ここではもっとも基本的にして簡単なパターンを紹介することにしよう（なお、慣れてきたら、付録の音源を参考に、自由即興を試みてもよいだろう）。図7－1Cに示したように、膜面の端とペースト部の中間部分を左右交互に手の指の部分でやや押さえるようにしてたたく。響きは抑制され、やや鈍い低音が出るが、口唱歌ではその音は「トゥ・トゥ・トゥ・トゥ（tu tu tu tu）」と表現される。ちなみに、この「トゥ・トゥ・トゥ・トゥ」のパターン（楽譜7－3C）は、高音太鼓のクワッ・パターンとは、音価比にして三対二の垂直的へミオラを形成する。

(4)　**ミカカジ・パターン（楽譜7－3D）**

ルヴァレ語で「ミカカジ」とは、太鼓に合わせて「拍子を取る」

楽譜 7–3D　ミカカジ・パターン

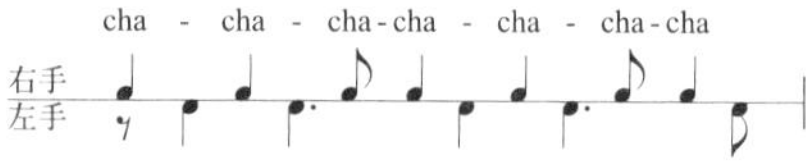

ことを意味する。すなわち、第二章第二節で説明した「タイム・ライン・パターン」のことである。このことから、タイム・ライン・パターンという考え方は、研究上の専門用語としてばかりではなく、伝統的なルヴァレの音楽思考のなかにも観念として存在しているということがわかる。ムウォコロのミカカジ・パターンは、楽譜7－3Dに示したもので、第二章第二節の議論に即して言えば、楽譜2－4の標準リズム型Cに当たる。タイム・ライン・パターンは、ザンビアのなかでも民族集団によってさまざまな楽器（あるいは音具）で奏されるが、ことルヴァレの太鼓合奏に関する限り、ミカカジは写真7－1に見るように、一人の奏者が太鼓の胴の側面を二本のバチでたたいて演奏する。このパターンを左右のバチでどのように奏するかは個人によって異なるので、ここでは一例として左右のバチの打つリズムを右手と左手に分けて楽譜に記載した。

　このパターンを机の上で打つときには、ボールペン二本とか箸、もっと理想的には、写真にあるような木の棒二本を使って、机の角などよく通る音の出る場所を見つけて打つことにしよう。ちなみに、ミカカジ・パターンの口唱歌は、「チャ・チャ・チャ」(cha cha cha) あるいは「ンゴ・ンゴ・ンゴ」(ngo ngo ngo) と、同一音の反復で唱えられる。

(5) 合奏練習（**楽譜7－3E**）

　では、これら四つのパターンを使って合奏してみよう。問題は、いま学んだ四つのパターンが実際の演奏でどのように絡み合うかである。演奏はまず中音太鼓の独奏で始まる。中音太鼓がチャキリワ・パ

楽譜 7-3E　ムウォコロの合奏譜

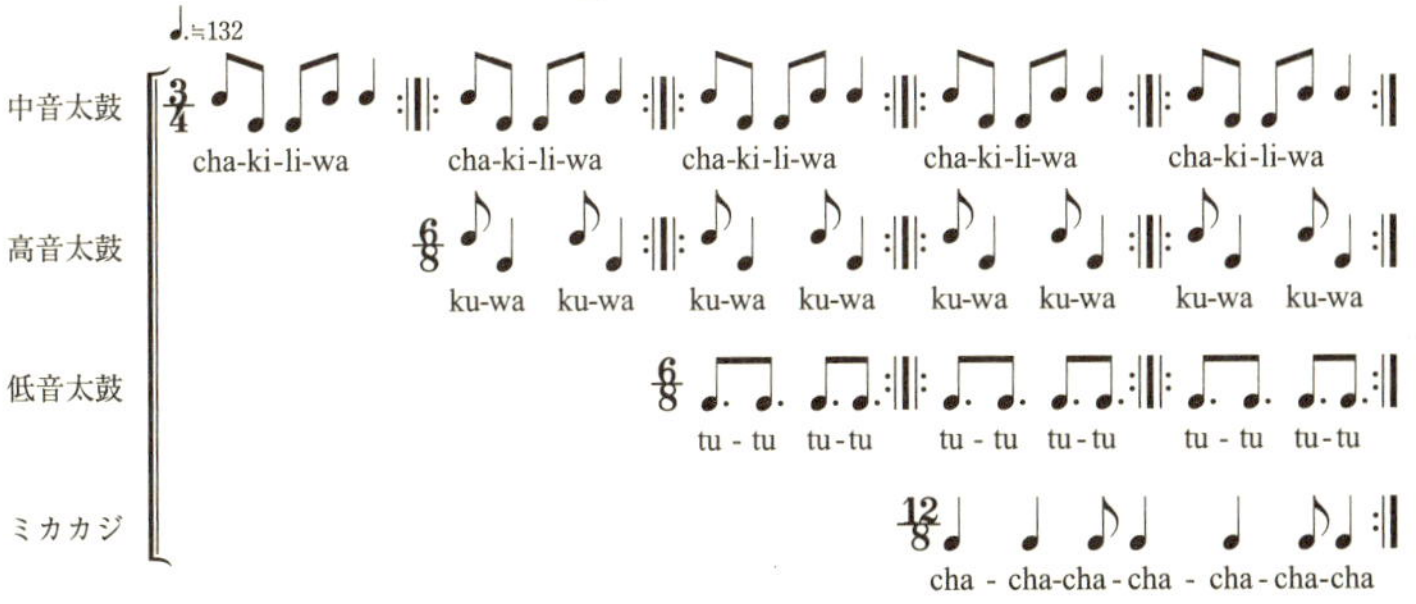

＊大体の音高の差を音符の上下関係で示している

ターンを延々と反復するなか、やがて高音太鼓が入っていく。その「入り」の要領は、中音太鼓の「チャ」に、高音太鼓の「クワッ」の「ク」を合わせるように開始するということである。二人が合奏を続けるなか、適当な時期を見計らって、今度は低音太鼓が加わる。その「入り」も、低音太鼓の最初の「トゥ」が中音太鼓の「チャ」に合うように始める。三人の合奏が安定してきたら、最後はミカカジである（なお、ミカカジが低音太鼓より前に開始されることもある）。このパターン（標準リズム型）も、中音太鼓の「チャ」に合わせて開始する。

　このように、このムウォコロは、ほかの多くの太鼓合奏曲（たとえば、ングワイ）とはちがって、各パターンの「入り」の基準点が同一（中音太鼓の「チャ」）であり、初心者向きの、きわめて合奏しやすい曲になっている。しかし、最初は、ゆっくりとしたテンポで練習することにしよう。慣れてきたら、しだいにテンポを上げていく。そして最後は、できるだけ速いテンポで合奏してみよう。それが、実際のルヴァレの演奏にもっとも近い響きということになる。

三　ルヴァレの太鼓合奏曲チヤンダ

初潮の儀式

ルヴァレ社会に生きる少女たちは、初潮を迎えると特別な儀式をしなければならない。すでに大人になったことを社会的に認知する、いわば「成人式」を行うのだ。これを彼らは「ムワリ（初潮を迎えた女の子）の儀式」と呼んでいる。

サバンナ奥地のルヴァレの村では、どこそこにムワリが出たというと、そのニュースはアッという間に村々に伝わっていく。今度はどんな女の子が成人するのか、村の若者たちにとっても、それは大きな関心事だ。村の広場は黒山の人だかり。太鼓がはげしく鳴り響き、踊りをはやす男たちの叫び声が聞こえる。近づいて行って、そっと背伸びをしてのぞいてみると、年若い女の子が恥じらいながら、腰を振って踊っているのが見える。

三台の太鼓のすさまじい連打のなか、女の子は恥ずかしそうに控えめに踊るけれど、まわりでは親戚のおばさんたちがその場を盛り上げようと、たけり狂ったように荒々しく踊りまわる。恥じらいと狂乱、少女の愛らしさとグロテスクな化粧、強烈な太鼓の連打と金切り声。すべてがじつに激しく、そして巧みに演出されていた（**写真7－2**）。まさに、「生の凝縮された表現」とでも言うべきものだ。

さて、ムワリになったばかりの少女は、日常生活から離れ、数か月間、草ぶきの小屋に隔離される。そして、この期間に後見人の老婆からいろいろなタブーや生活上の教訓、また歌や踊りを教わるのである。またこの間、ムワリはときどき公衆の前に出てきて、みなに踊りを披露しなければならない。やや性的な意味合いをもつ「腰振りダンス」のお披露目である。

やがて隔離期間が終わると、村を上げての盛大な祭りとなる。このときムワリは、黒山の人だかりのなかで、例の「腰振りダンス」を何度も踊る。昔はこの祭りが終わると、少女はそのまま許嫁《いいなずけ》と結婚生活に入ったという。つまり、ムワリの儀式とは、少年のためのムカンダと同様、成人式であり「伝統的な学校」であるとともに、往時には「結婚式」の役割も担っていたわけだ。

写真 7-2　ムワリの儀式

これから学ぶ太鼓合奏曲は、このムワリの「腰振りダンス」のために演奏される太鼓音楽のひとつ、チャンダである。

チャンダのパターン

チャンダの音楽は、ムウォコロと同様、三台の太鼓（高音太鼓、中音太鼓、低音太鼓）とミカカジで演奏される。そしてここには、ムウォコロとはまた違った音の絡み合いの醍醐味がある。個々のパターンにはいくつかのヴァリエーションがあるが、ここではもっとも基本的なパターンを紹介しよう。

楽譜7-4　太鼓合奏曲チヤンダ
A　高音太鼓パターン

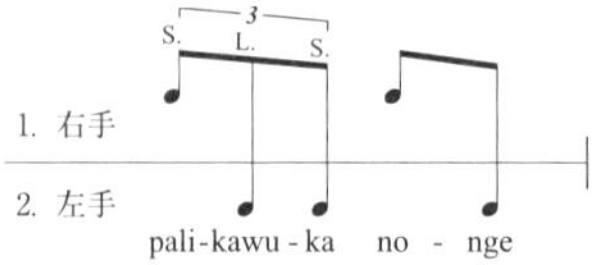

図7-2　チヤンダの打奏法
A　高音太鼓の打奏法

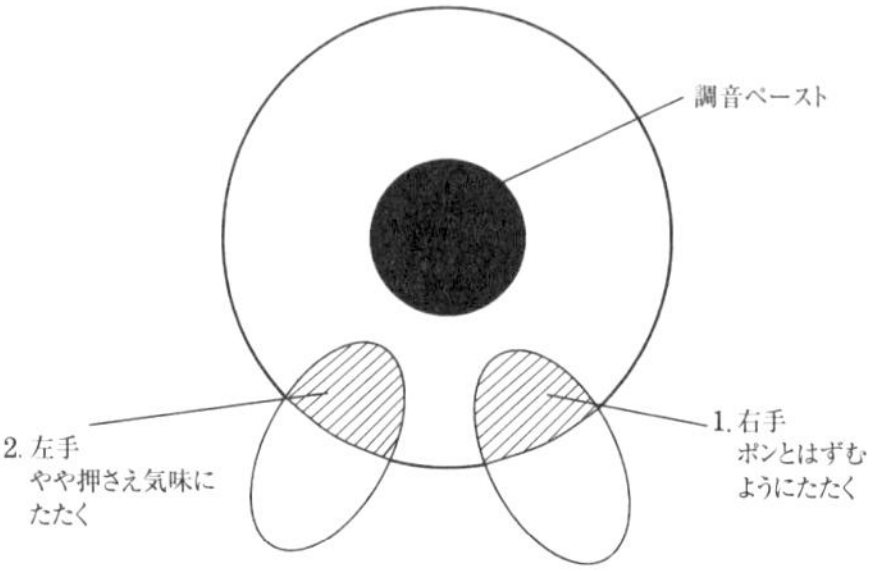

(1)　高音太鼓パターン（図7－2A、楽譜7－4A）

この高音太鼓のパターンは、「パリカウカ・ノンゲ」（palikawuka nonge）という口唱歌で覚える。この句には特別な意味はない。打奏する音の数と口唱歌の音節数が必ずしも一致していないことに注意しよう。

図7－2Aに示したように、右手は指の部分で膜面の端をポンとはずむようにたたく（1）。左手も指の部分で膜面の端をたたくが、やや押さえ気味にたたく（2）。その結果、右手の軽い響きに対して、左手の音はやや鈍い響きとなる。この要領で楽譜7－4Aのように、右手－左手－左手－右手－左手と打つ。

この際、「パリカウカ」のリズムに注意しよう。真ん中の音（「カウ」kawu）は両端の音より心もち長めに奏する（Sは「短め」、Lは「長め」の意）。決して、西洋音楽のいわゆる「三連符」のようにたたいてはいけない。またのようになってもいけない。ここが、西洋の記譜法では表すことのできないアフリカ・リズムのむずかしい所である（ただ、まったくの初心者の場合には、あまり細かいことにこだわらず、これを通常の三連符として奏しても構わないだろう）。

楽譜 7-4B　中音太鼓パターン

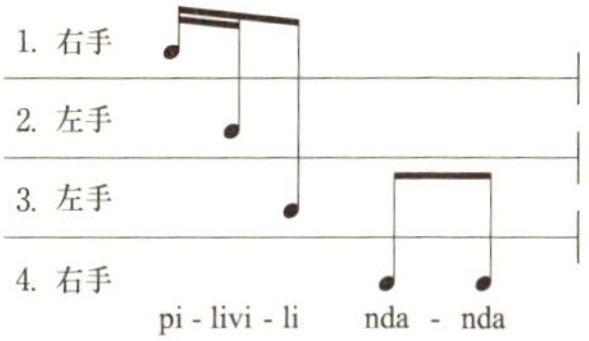

図 7-2B　中音太鼓の打奏法

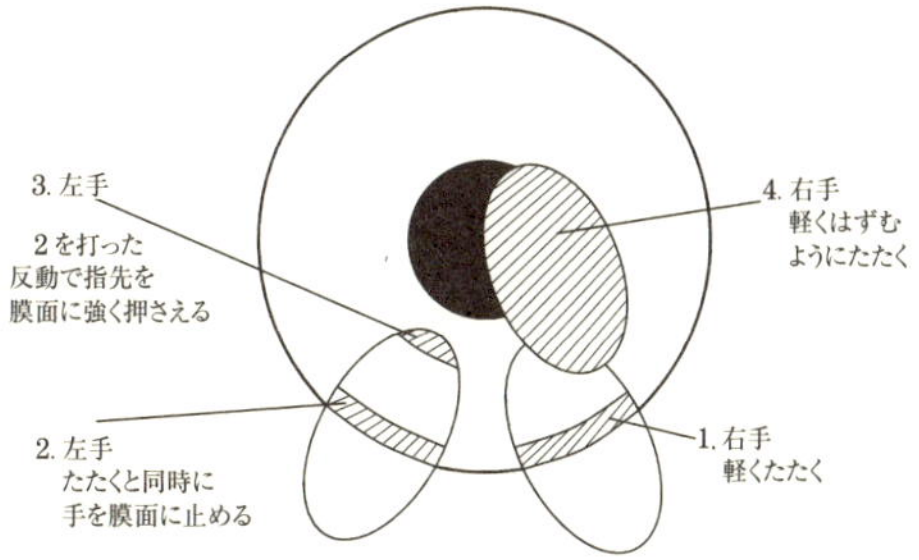

写真 7-3　チヤンダの中音太鼓の（3）の打奏

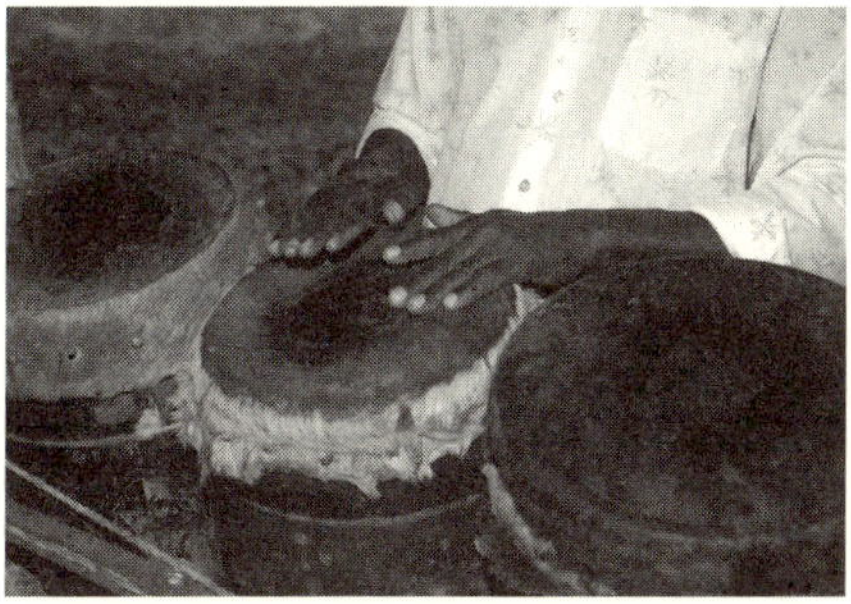

(2)　中音太鼓パターン（**図7－2B、楽譜7－4B**）

この中音太鼓の「ピリヴィリ・ンダンダ」(pilivili ndanda) のパターンは、左手がややむずかしい。図7－2Bに示したように、まず右手のひらの先、つまり、指の付け根あたりで膜面の端を軽くたたく（1）。次に、左手も指の付け根あたりで膜面の端をたたくが、右手の場合とは異なり、たたくと同時にそのまま指の付け根を膜面に止める（2）。そして間髪を入れず、浮いている左手の指先で直前の打奏（2）の反動を利用して、膜面をやや強く押さえる（3、**写真7－3**）。次に、右手の指とひら全体を使って、膜面中央のペースト部付近を軽くはずむように「ンダンダ」と二回打つ（4）。これを、楽譜7－4Bに示したリズムで反復する。このパターンでは、左手の、とくに指先で膜面を押さえる音（3）がややこもってはいるが、際立って聞こえる。

楽譜 7-4C　低音太鼓パターン

図 7-2C　低音太鼓の打奏法

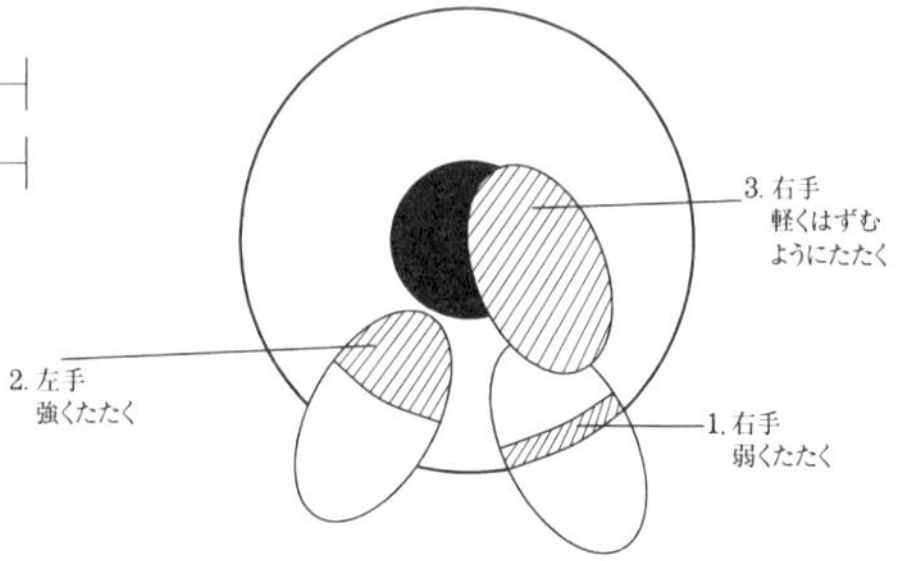

(3) 低音太鼓パターン（図7－2C、楽譜7－4C）

この低音のマスター・ドラムのパターンはいくつかあるが、そのもっとも簡単なものは、「トゥトゥティ・ンダンダ」(tututi ndanda)と口唱歌で唱えるもので、中音太鼓のパターンとよく似ている。まず、右手の指の付け根あたりで膜面の端を弱くたたき（1）、次に左手の指の部分で膜面のやや中央寄りのところを強くたたく（2）。そして次に、右手の指とひら全体でペースト部付近を、中音太鼓の「ンダンダ」と同じ要領で、はずむように二度打つ（3）。これを、楽譜7－4Cに示したリズムでくり返すのである。ただ、これはマスター・ドラム奏者が即興するパターンのひとつにすぎないので、これをただ反復していても、興味深い低音太鼓の演奏にはならないことを付け加えておこう。低音太鼓に慣れてきたら、付録の音源をまねて、即興演奏してみるのも良いだろう。

(4) ミカカジ・パターン（楽譜7－4D）

二本のバチで太鼓の側面をたたくミカカジ・パターンは、チヤンダでは楽譜7－4Dのように奏される。ここでたいへんに興味深いのは、ムウォコロのミカカジ・パターン（標準リズム型）は八分の

楽譜 7-4D　ミカカジ・パターン

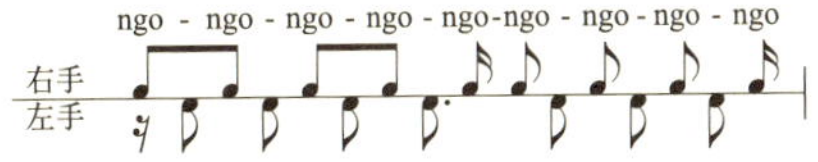

楽譜 7-4E　チヤンダの合奏譜

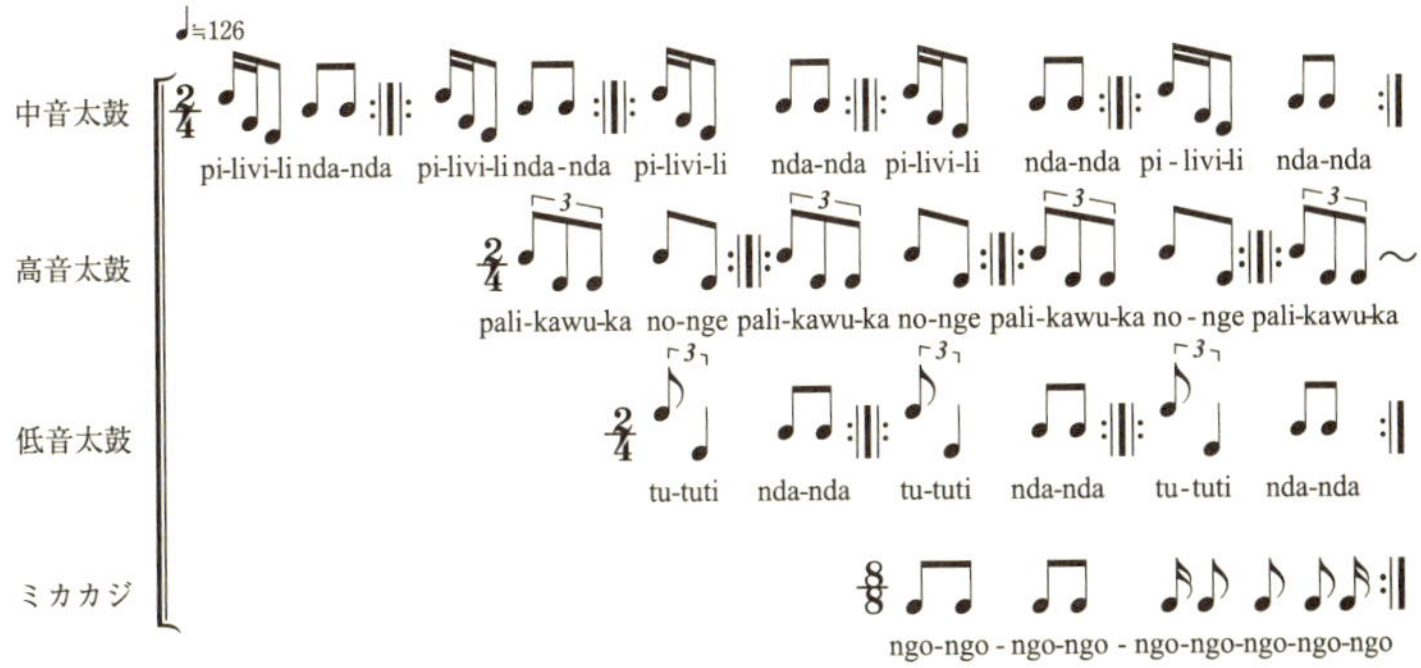

一二拍子のリズム構造であったのに対して、チヤンダのミカカジ・パターンは八分の八拍子であることだ。これは、各太鼓の拍子構造と密接に関係している。その違いは、簡単に言えば、ムウォコロは三拍子系（あるいは八分の六拍子系）の音楽（中音太鼓パターン、楽譜7－3Bを参照）であるのに対して、チヤンダは二拍子系の音楽（中音太鼓パターン、楽譜7－4Bを参照）である、という点にある。口唱歌は、ムウォコロと同様、「チャ・チャ・チャ」か「ンゴ・ンゴ・ンゴ」と唱えられる。

(5)　合奏練習（**楽譜7－4E**）

さて、では、これら四つのパターンは、実際どのように絡み合うのだろうか。

ルヴァレの太鼓合奏は、つねに中音太鼓から始まる。すでにムウォコロの合奏で見たように、中音太鼓のパターンが反復されるなか、やがて高音太鼓が入り、次に低音太鼓、そしてミカカジと次々に演奏に加わっていく。この曲は、各パートの「入り」のタイミングは比較的やさしい。高音太鼓の「パリカウカ」は中音太鼓の「ンダンダ」で入り、低音太鼓とミカカジはそれぞれ中音太鼓の「ピリヴィリ」に合わせて開始する（また演奏によっては、高音太鼓の「パリカウカ」が中音太鼓の「ピリヴィリ」に合わせて始まることもある）。なお、楽譜7－4Eの合奏譜からはわかりにくいが、それぞれの「入り」は楽譜にあるように次々に続くのではなく、前の演奏（たとえば、中音太鼓の独奏、あるいは中音・高音太鼓の合奏）が何回もくり返され安定してきたら、次の楽器を入れるようにする。

ここではあまり細かいことにはこだわらず、各パターンの絡み合いの妙を体験してみよう。

四　チェワのニャウ結社の太鼓合奏

秘密結社「ニャウ」

さて、マラウィおよびザンビア東部にチェワと呼ばれる人々が住んでいる（図6－1参照）。このチェワ人はバントゥー系民族で、前述のルヴァレとはさまざまな共通点をもつが、しかし、チェワ独自の文化的伝統も保持してきた。そのひとつが、ニャウと呼ばれる男性の秘密結社である。

このニャウはチェワの仮面結社で、少年たちは一二歳前後になると、全員この結社に加入する。ちょうどルヴァレのムカンダと同様、少年たちはブッシュのなかに「隔離」され（といっても、夜は村の小屋で過ごす）、仮面のつくり方や仮面舞踊の踊り方など、さまざまな事柄を伝授される。ルヴァレのムカンダと同様、このニャウ結社も明らかに、アフリカの「伝統的な教育制度」と言えるものである。彼らの仮面（ニャウと呼ばれる）は死者の霊や動物などを模したものだ。もちろん、仮面を装着しているのが人間であるという事実は、村では結社の成員にとって重大な秘匿事項となっている。

さて、この仮面が村に登場するのは、死者の霊を送り出す葬送儀礼が行われるときだ。夜、村の広場にかがり火がたかれ、ブッシュから次々に仮面をつけたニャウの踊り手たちが出てきて、激しい太鼓のリズムにのって踊り始める（**写真7－4**）。そして、この仮面舞踊は夜明けまで続く。

これから学ぶ太鼓合奏は、この仮面舞踊の際に演奏される太鼓音楽のひとつである。

写真 7-4　チェワのニャウ結社の仮面舞踊
（G・クービック氏提供）

ニャウの太鼓パターン

ニャウの仮面舞踊の太鼓音楽を演奏するには、少なくとも五台の太鼓が必要である。比較的小型の高音太鼓二台、それに中音太鼓と低音太鼓がそれぞれ一台ずつ。いずれも樽型か杯型の片面太鼓である。これら四台の太鼓の織りなすリズム伴奏の「地」のうえに、ンバルレと呼ばれる杯型をしたマスター・ドラムが劇的に即興演奏をくり広げていく。各太鼓のパターンは仮面舞踊によって異なるが、ここではそのひとつを紹介しよう。ただ、ンバルレの即興演奏は複雑さをきわめるた

楽譜7-5　ニャウの太鼓合奏
A　ンビティ・パターン

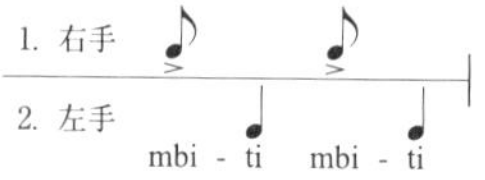

図7-3　ニャウの太鼓打奏法
A　ンビティ・パターンの打奏法

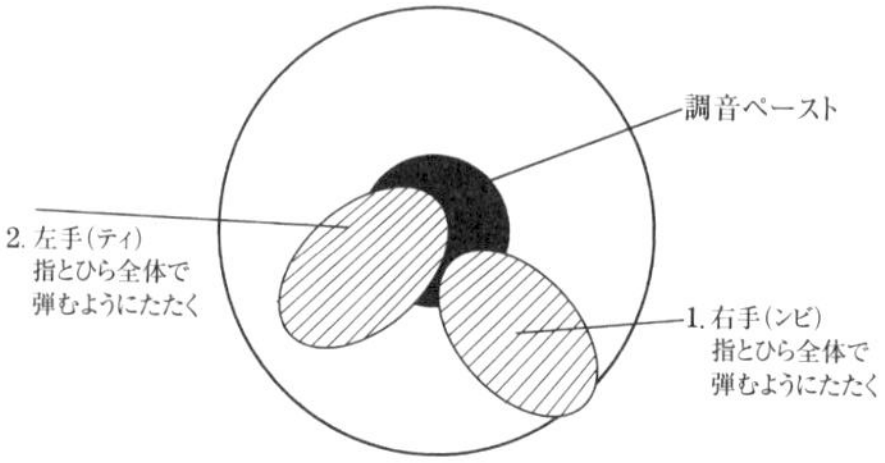

め、最後に少し触れる程度にして、ここでは四台の太鼓によるリズム伴奏の絡み合いの醍醐味を味わってみよう（この練習ではもう一枚、膜面代用品が必要である）。また、この太鼓合奏では、それぞれのパターンに名称がついている。そこでここでは、それらのパターン名を使って説明していくことにする。なお、ケレム・パターンとサンピンゴ・パターンはくり返し演奏していくうちに、リズム型が少し変形・発展していくが、ここではそれには触れず、あくまでももっとも基本的で簡明なパターンのみを扱う。

(1)　ンビティ・パターン（高音太鼓、**図7－3A**、**楽譜7－5A**）

小型の高音太鼓のパターンは、「ンビティ・ンビティ」（mbiti mbiti）という口唱歌で唱えられる。図7－3Aに示したように、左手を右手より幾分膜面中央寄りに構えて右手と左手を交互に、指とひら全体で膜面中央付近を♪♩と弾むようにたたく（楽譜7－5A）。その際に、膜面中央のペースト部に接触するのは、指の部分である。リズム型を崩さずに、このパターンを正確に打奏し続けるのは、相当むずかしい。

すでに触れたように、このパターンは、汎アフリカな太鼓パター

楽譜 7-5B　ケレム・パターン

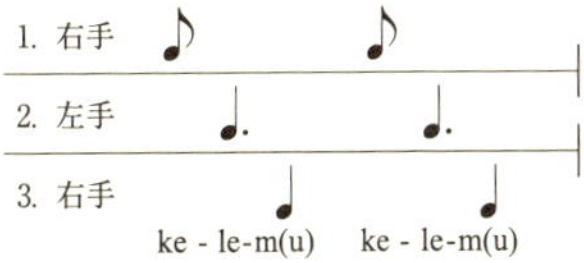

図 7-3B　ケレム・パターンの打奏法

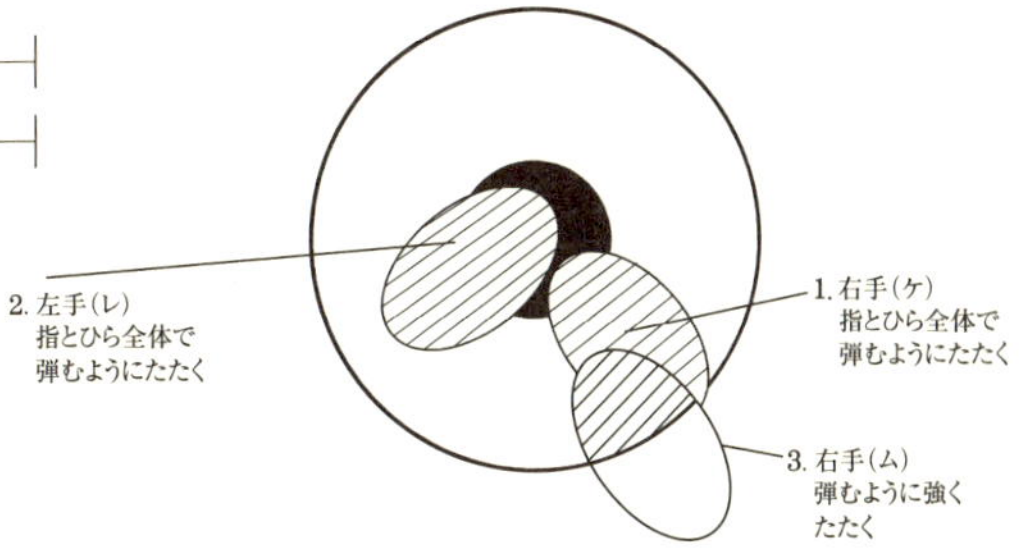

ンの基本型である。ベンバのングワイ（第二奏者のパターン）にも、ルヴァレのムウォコロ（高音太鼓パターン）にも現れたものだ。これを、ルヴァレが「クワッ・クワッ」と唱えるのに対して、チェワが「ンビティ・ンビティ」と唱えるのは、膜面の打つ場所や打奏法が微妙にちがうため、音高や音色が異なること、また、この高音太鼓の方がルヴァレの高音太鼓（ンゴマ・ヤソンゴ）よりはるかに小型で高音であること、などによるものだろう。

実際、この口唱歌が太鼓の響きに対するチェワの音感覚に基づいていることは、次のような事実からもわかる。かつてぼくがこのパターンを学んでいたとき、右手を膜面の中央より少し離れたところで打ったことがあった。この場合、本来の音よりやや低い響きになる。すると、チェワの太鼓奏者は「それはンビティじゃなくて、ンバティだ」と言って、ぼくの打ち間違いを正してくれたのである。

(2)　ケレム・パターン（高音太鼓、**図7－3B**、**楽譜7－5B**）

もうひとつの高音太鼓は、ケレムと呼ばれるパターンを奏し、口唱歌でも「ケレーム」(kelem) と唱える。これは、図7－3Bに示したように、ンビティ・パターンと同じ要領で右手－左手（「ケレー」）と膜面中央付近を打ち（1、2）、次に膜面の右端を右手の指の部分で弾むように「ム」とたたく（3）。全体のリズムは楽譜7－5Bのようになる。

(3)　サンピンゴ・パターン（中音太鼓、**図7－3C、楽譜7－5C**）

リズム合奏の「地」をつくる、さらにもうひとつのパターンはサンピンゴと呼ばれ、中音太鼓で奏される。パターンの口唱歌は「ケンデ・ンゲンデ・ンゲッケン」（kende ngende ngeken）である。このパターンも「ンビティ」や「ケレム」と同じ要領で、まず膜面の中央付近を図7－3Cのように（手の位置に注意）、「ケンデ・ンゲンデ」（右手－左手－右手－左手、1、2、3、4）と打つ。ただ、二回目の右手の打奏（3、「ンゲ」）は、弾まずに膜面を押さえてストップ奏法になる。次に「ケレーム」の「ム」と同様、膜面の右端を右手の指の部分で弾むようにひと打ちし（5、「ンゲッ」）、続いて同じ右手で膜面中央付近を「ケンデ」の「ケ」と同じ要領でポンとたたく

図7-3C　サンピンゴ・パターンの打奏法

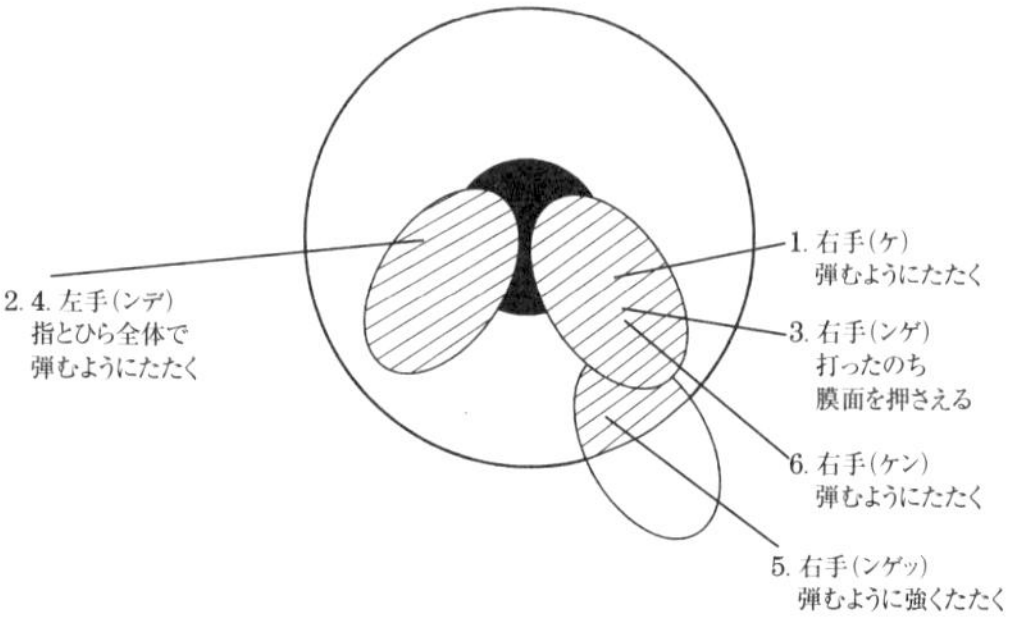

楽譜7-5C　サンピンゴ・パターン

楽譜 7–5D　ングンダ・パターン

図 7–3D　ングンダ・パターンの打奏法

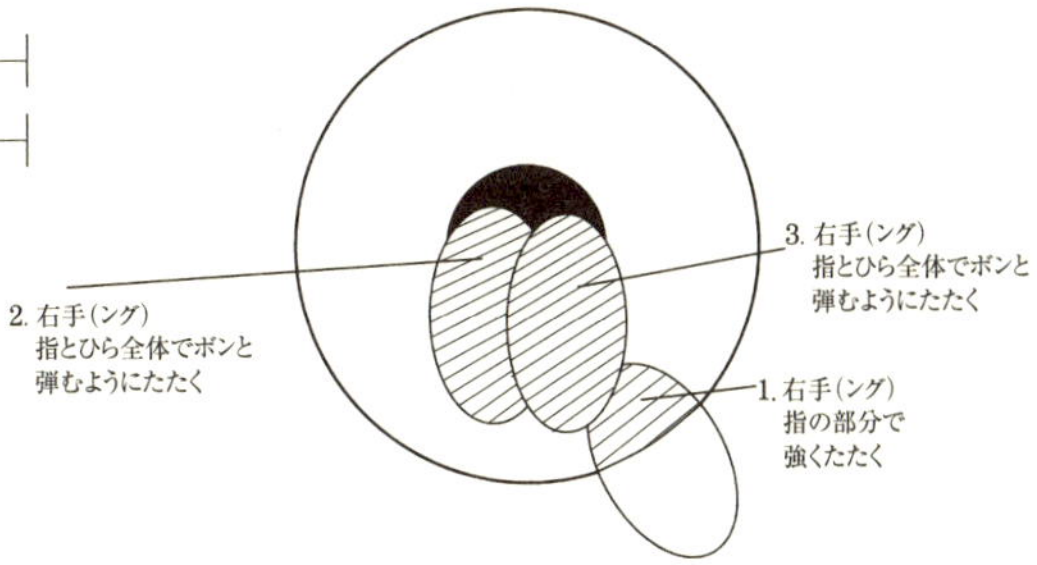

（6、「ケン」）。この一連の打奏を、楽譜7－5Cに示したリズムでくり返す。合奏の際には、「ケンデ・ンゲンデ」の打奏は、ンビティ・パターンと重なり合うことになる。このパターンは、ンビティ・パターンと同様、合奏のなかで正確に演奏し続けるのはかなりむずかしい。

(4)　ングンダ・パターン（低音太鼓、**図7－3D、楽譜7－5D**）

比較的大型の低音樽型太鼓で打奏されるこのパターンは、ングンダと呼ばれる。これは全体のリズムの進行の要をなす、もっとも基本的なリズム型である。右手だけで三拍子のリズムをきざむ（楽譜7－5D）。図7－3Dに示したように、まず右手の指の部分で膜面の右端をたたき、次に指とひら全体を使って膜面中央付近をボンボンと弾むように二回打つ。その際、二回の打奏はペースト部の左寄りから右寄りへと打つ場所を少しずらす。この低音の響きは、口唱歌で「ング・ング・ング」（ngu ngu ngu）と表現される。また、高音太鼓の「ンビティ」が子どもの声にたとえられるのに対して、この「ング・ング・ング」は成人男子の声であるとされる。

楽譜7-5E　ニャウの合奏譜

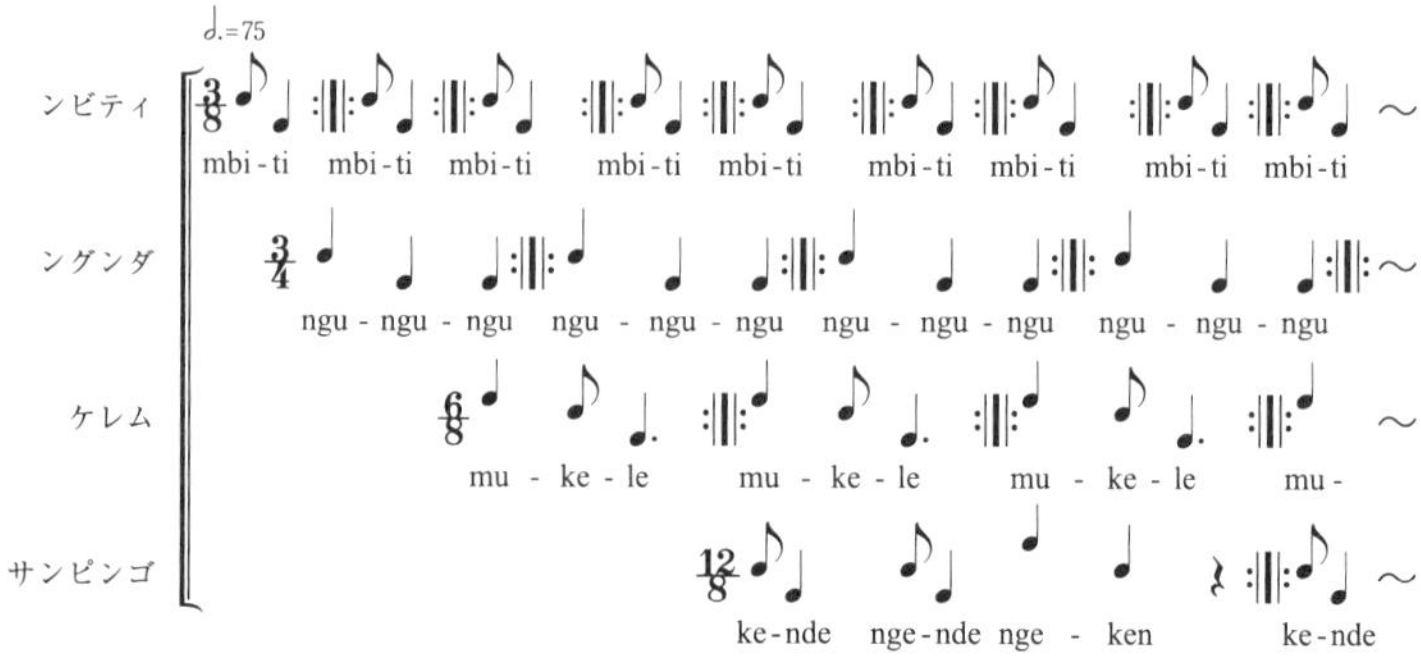

(5) 合奏練習（楽譜7－5E）

このニャウの太鼓合奏は、すでに練習したムウォコロやチヤンダに比べると、太鼓パターンの絡み合いがむずかしく、難易度からすると中級レベルの音楽である。また、最初に練習したングワイのリズム構造をさらに発展させたタイプの音楽で、アフリカのいわゆる「ずらす美学」の何たるかを示す典型的な例となっている。

ニャウの太鼓合奏は、ンビティ・パターンから始まる。このパターンが何度も反復されるなか、ングンダが加わる。このングンダの「入り」が、この合奏ではもっともむずかしい。ンビティ・パターンはリズム構造の上では八分の三拍子といえるが、この三拍子の三拍目にングンダ・パターンの四分の三拍子を開始する。「入り」の要領としては、ちょうどングワイの第二奏者のように（楽譜7－2A）、まずングンダ・パターンの三拍子の一拍目だけを「ンビティ」の「ティ」の直後（八分の三拍子の三拍目）に入れていき、それを何回かくり返して、ングンダ・パターンの開始点を確定する。確定することができたら、このパターン全体を打ち始めよう。ただ、実際の合奏でこのングンダ・パターンを正確に入れていくことは、初心者には至難の業だ。しかし、アフリカのさまざまな太鼓音楽を経験し、音楽的感性が少しでもアフリカ化していくと、この「入り」はほとんど感覚的にわかるようになる。

最初は、ンビティ・パターンを非常にゆっくりと奏して、ングンダ・パターンの一拍目の入る感覚を覚えよう。その感覚がわかるまでテンポを速めてはいけない。先にも触れたように、ングンダ・パターンはこの曲のすべてのリズムを統合する要であり、ングンダ・パターンがしっかりと確定できないと、そのあとの二つのパターンを入れていくことができない。だから、まず、ンビティ・パターンとングンダ・パターンの合奏を徹底的に練習しよう。

二つのパターンの合奏がうまくできたら、そこにケレム・パターンを入れていく。ただ、実際のケレム・パターンは「ケレーム」ではなく、楽譜7－5Eに示したように、「ムッケレー」というように入って行く。そしてその「入り」は、ングンダ・パターンの三拍目に合うようにする。しかし、「ムッケレー」をただちにングンダ・パターンの三拍目から始めることは、初心者にはむずかしい。そこで、ちょうどンビティ・パターンの反復のなかで、ングンダ・パターンの一拍目だけをたたいてパターンの開始点を確定したときと同じように、まず「ムッケレー」の「ム」だけをングンダ・パターンの三拍目に合わせて打ってみよう。そしてケレム・パターンの開始点が確定できたら、パターン全体を打ち始める。ちなみに、このパターンが「ムッケレー」ではなく「ケレム」と称される理由は、全体のリズム進行の要であるングンダ・パターンを起点に考えると、このパターンは「ケレム」となるからだ。ンビティ、ングンダ両パターンの合奏にケレム・パターンをうまくのせることができたら、次にサンピンゴ・

楽譜 7-5F　マスター・ドラムの即興演奏

(1) 冒頭部分

(2) 中間部分

パターンを入れていく。サンピンゴ・パターンは、ケレム・パターンの「ムッケレー」の「ム」に合わせて開始すればよいので、「入り」はそれほどむずかしくはない。ただ、サンピンゴ・パターンは全体の長さがケレム・パターンの二倍になること、また前半の「ケンデ・ンゲンデ」の部分はンビティ・パターンとぴったりと合わなければならないことに留意しよう。とにかく、ンビティ・パターンに対してングンダ・パターンを正確に入れていくことができれば、あとはそれほどむずかしくはないだろう。

さて、このように四つのパターンが折り重なって、マスター・ドラムのンバルレによる即興演奏のためのリズム伴奏の「地」がつくられる。ンバルレの即興演奏のパターンは、踊り手の仮面の種類によって異なる。しかし、いずれにしても、この即興演奏は初心者向きではないので、ここでは詳細には立ち入らず、参考までに一例を簡単に示すにとどめる。**楽譜7-5F**は、「チャズンダ」と呼ばれる仮面をつけた踊り手のための即興演奏の例で、演奏が発展するにつれてリズム型は一層複雑になり、拍子が目まぐるしく変化していく（楽譜7－5Fの⑴は冒頭部分、⑵は中間部分）。先ほど紹介した四つのパターンの絡み合いのうえに、さらにこの複雑なパターンがのって来ることを想像してほしい。

波打つリズム

では、ンビティ、ングンダ、ケレム、サンピンゴの各パターンがそれぞれ開始点を確定し、正確に「リズムの綾」を織りなすまで、ゆっくりとしたテンポで何度も何度も練習しよう。そして、合奏に自信が出てきたら、少しテンポを上げてみよう。

さて、このリズム伴奏の「地」に関して、ひとつ重要なことを指摘しておかなければならない。まず、ぼく自身の経験からお話ししよう。かつてこのニャウの太鼓演奏の練習で、ぼくがサンピンゴ・パターンを受けもって合奏していたときのことだ。ぼくは、頭のなかにリズム譜を描いて、正確に打奏していた。もちろん、全体の合奏とも合っているはずであった。ところが、指導していたチェワの太鼓奏者は、ぼくのサンピンゴが「遅れている」と言う。西洋音楽的な感覚で言えば「問題ない」はずなのに、それを「遅れている」と指摘するほど、アフリカの楽師は耳がいいのか、それほどアフリカ音楽は厳密さを要求するものなのか、とそのときは驚嘆したものだった。しかし、しだいにアフリカの太鼓合奏に慣れてくると、そうした地元の楽師が「遅れている」と判断する基準は、決して個々のパターンのリズムの「正確さ」ではなく、それらが合わさった時に自然に浮かび上がってくる一種の「ゲシュタルト」、ぼく流に言えば、「波のうねりの形」なのだ、ということがわかって来た。

ここで学んだ四つの太鼓パターンを正確に合奏することができると、そこに独特なリズムの抑揚が生

図7-3E　ニャウの太鼓合奏のゲシュタルト

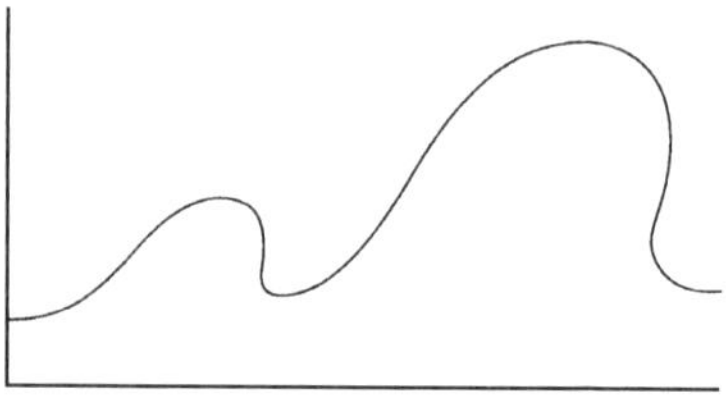

まれる。それは、各パターンにおける太鼓音の音価、音高、音色などが複合的に混ざり合った結果生じる、一種の「旋律」を伴った「波のうねり」のような響きである。これは、第二章第一節で述べた、ゲルハルト・クービックのいう「内在的リズム」の一種だと考えてよい。その「波のうねり」が延々とくり返される。それをあえてイメージとして線で書き表せば、図7-3Eのようになろうか。

　アフリカの太鼓合奏というのは、決してリズムだけの合奏ではない。音高や音色など、その他さまざまな要素がしかるべき形でぴったりと合わさって、はじめて正確な、言い換えれば、あるべき姿の「波のうねり」が生まれて来る。逆に、これら四つのパターンの一音でも微妙に遅れたり、ずれたりすると、たちまちあるべき「うねりの形」は崩れてしまう。その場合、熟達した太鼓奏者であれば、その崩れた「波のうねり」を聴いて、どの太鼓の何がいけないのかを指摘することができるだろう。個々の太鼓のリズムが問題なのではない。「波のうねり」が問題なのだ。その意味で、アフリカの太鼓合奏には、よほどの厳密さが要求される。

　ただ、まことに残念なことに、いま述べたことは、本物の太鼓で合奏してはじめてわかることであって、机の上をたたいて「リズム合奏」してみても、このことを身をもって体験することはできない。

　とは言え、あきらめるのはまだ早い。厳密に音高の異なる机の箇所を探して、それぞれのパターンの打奏をしたならば、あるいは「波のうねり」まがいのものが聞こえて来るかもしれない。試してみよう。

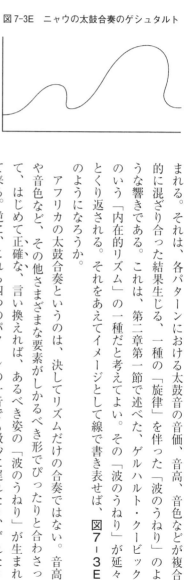

かつて友人のミシガン大学教授が、西アフリカ、リベリアのバイ社会でフィールドワークをしていた折、「ミニマル・ミュージック」の旗手スティーヴ・ライヒの音楽を地元の楽師たちに聞かせたことがあった。すると、彼らは「こりゃ、われわれの音楽だよ」と叫んだという。

ニャウの太鼓を練習したあとでは、なるほど、それがうなずける。

あとがき

本書執筆の動機ときっかけは、すでに「はじめに」にくわしく書いた。

さて、書き始めようとしたとき思い出したのが、かなり前に執筆したアフリカ音楽に関する連載原稿のことであった。一九九六年一月から翌九七年一二月にかけて二四回シリーズで、音楽之友社の月刊誌『教育音楽　中学・高校版』にアフリカ伝統音楽のさまざまな話題をピックアップして「アフリカ音楽プロムナード」と題する連載をした。この原稿をうまく利用することはできないだろうか。ただ、この原稿は二〇年近く前のもので、この間、アフリカ音楽の研究はかなり進展してしまっている。また、定期刊行物の連載の常として、執筆者に許される原稿の分量はきわめて限られていて、そのなかでそれぞれのテーマを完結させなければならない。そのため、執筆者は往々にして舌足らずになったり、関係する事例を充分にもり込むことができなかったりで、深いフラストレーションに陥るものだ。そのようなわけで、今回、「アフリカ音楽プロムナード」のもと原稿はほぼ全面的に改稿し、その後に進展したアフリカ音楽研究の成果を踏まえながら、それぞれの内容を二、三倍に膨らませた。さらに第四章を書き下ろし、まったく新しい形に再構成してでき上がったのが、本書である。

もちろん、念頭にあった読者層は音楽好きの一般読者、とくに「はじめに」で触れたような音楽的意識の高い一般読者である。具体的に言えば、アフリカ伝統音楽に関する中級レベルの解説書を目指した。一五年前に上梓した『アフリカの音の世界——音楽学者のおもしろフィールドワーク』（新書館）が一般向けのアフリカ音楽入門書だとすれば、二年前に出版した『アフリカ音楽学の挑戦——伝統と変容の音楽民族誌』（世界思想社）は音楽学者や文化人類学者など専門家向けの学術書である。先ほど触れた音楽的意識の高い一般読者にとって、前者はかなり物足りないであろうし、そうかと言って、後者では相当背伸びすることが要求される。そうした読者にとって必要なのは、自然に入っていける、まさに両者の中間レベルに位置する解説書なのだというのが、そもそものぼくの認識であった。

さて、こうして書き終わってみると、部分的には当初想定したより若干レベルの高くなったところもあるという印象を受けないでもない。読者諸氏のご批判を乞いたいと思う。

本書執筆に当たっては、ここ三〇年来、友人、そして「先生」としてさまざまな形で励ましやご教示をいただいているウィーンのゲルハルト・クービックさんにたいへんにお世話になった。本書のいたるところに「ゲルハルト・クービック」の名前は登場する。ゲルハルトに本書出版の構想を手紙で伝えると、折に触れてさまざまなアドバイスが手紙で届いた（彼はコンピューターも電子メールも一切やらない）。そればかりでなく、日本では入手不可能な二編のドイツ語論文のコピーまで送ってくれた。彼はこの本がウィーンの自宅に送られてくることを楽しみにしている。日本語は読めないけれど、楽譜を見れば、何を議論しているのかがわかると言ってのける。

昨年のゴールデンウィークにわざわざウィーンのゲルハルト宅を家族で訪れた。ぼくが六五歳、彼は八一歳。今生での最後の「お別れ」のつもりだった。しかし、彼は足腰も強く、強健である。一か月後にマラウィに飛んで南部アフリカ地域のフィールドワークをやる予定が入っていた。また、彼はジャズ・クラリネットの名手でもあり、アフリカの若い音楽家たちとジャズバンドを組んでアフリカ、ヨーロッパを演奏旅行することもなお続けている。その後、八月にザンビアで調査中のゲルハルトから長い手紙が届いた。ムカンダをはじめ、アフリカのさまざまな伝統的慣習が消滅寸前にあることを嘆いている手紙だった。これまでの恩を考えると、ゲルハルトにはどんなに感謝してもしすぎることはない。改めてここに謝意を表したい。

また、今回、音楽家の坂本龍一さんには、事前に本書の全原稿をお送りして、超多忙のなか、目を通していただいた。そして、坂本さんは本書に温かい言葉を寄せてくださった。テレビ番組で一緒に仕事をさせていただいて、坂本さんのアフリカ音楽に対する関心と造詣の深さは並々ならぬものであることを知った。そんな坂本さんから心温まるエールをいただいたことをたいへんに嬉しく思う。坂本さん、ありがとうございました。

最後に、本書の出版企画を積極的に進めてくださった音楽之友社と、何度も拙稿を読み直し適切なアドバイスをしてくださった同社出版部の上田友梨さん、そして、かつて『教育音楽　中学・高校版』の連載でお世話になった同社の岸田雅子さんに心からお礼を申し上げます。

二〇一六年四月

塚田健一

◎著者紹介

塚田健一（つかだ・けんいち）

東京藝術大学大学院音楽研究科修士課程修了。ベルファスト・クイーンズ大学大学院社会人類学科博士課程修了。Ph.D。広島市立大学名誉教授。民族音楽学・文化人類学専攻。国際伝統音楽学会理事、国際アフリカ音楽舞踊センター理事、ユネスコ無形文化遺産審査委員（アフリカ担当）などを歴任。音楽学と人類学の境界領域で、これまでアフリカのほか、台湾山地、パプアニューギニア、沖縄などの音楽文化の研究に従事。主な著書に『アフリカの音の世界』（新書館、2000）、『世界は音に満ちている——音楽人類学の冒険』（新書館、2001）、『Kenichi Tsukada & Ryuichi Sakamoto Selections: Traditional Music in Africa』（共著、エイベックス、2012）、『アフリカ音楽学の挑戦——伝統と変容の音楽民族誌』（世界思想社、2014、田邊尚雄賞）、『文化人類学の冒険——人間・社会・音楽』（春秋社、2014）など。

アフリカ音楽《おんがく》の正体《しょうたい》

2016年6月10日　第1刷発行
2021年10月31日　第4刷発行

著者　塚《つか》田《だ》健《けん》一《いち》

発行者　堀内久美雄

発行所　株式会社　音楽之友社
〒162-8716
東京都新宿区神楽坂6－30
電話03(3235)2111㈹
振替 00170-4-196250
http://www.ongakunotomo.co.jp/

Printed in Japan

装丁：渡辺一郎／印刷：星野精版印刷／製本：ブロケード
ISBN978-4-276-13570-3　C1073

索 引

た行

な行

は行

ま行

や行

ら行

わ行

参考文献

＊本書では，一般向きの書物の体裁にするため，あえて本文中に出典を明記していない。そのため，ここではほぼ本文の記述の順序に即して，引用した文献を掲載している。また，引用箇所をわかりやすくするため，単行本の場合には関係した章を括弧内に示した。なお，それぞれのテーマに関連した文献は膨大な量にのぼるため，ここでは本文で引用した文献のみを挙げた。

第一章

岡倉登志 1999『西欧の眼に映ったアフリカ――黒人差別のイデオロギー』東京：明石書店。（第1章及び第3章）

McCall, J. 1998. "The Representation of African Music in Early Documents." In Ruth M. Stone, ed. *The Garland Encyclopedia of World Music*, vol. 1: *Africa*. New York: Garland, 74–99.

Wallaschek, Richard. 1970（1893）. *Primitive Music*. New York: Da Capo Press.（Chap.1）

Stanley, Henry M. 1891. *In Darkest Africa: Or the Quest, Rescue, and Retreat of Emin, Governor of Equatoria*, vol. 1. New York: Charles Scribner's Sons.（Chap.16）（https://archive.org/stream/indarkestafrica01henr#page/436/mode/2up アクセス：2015/07/25）

Hornbostel, Erich M. von. 1928. "African Negro Music." *Africa* 1: 30–62.

Jones, Arthur M. 1934. "African Drumming." *Bantu Studies* 8: 1–16.

Jones, Arthur M. 1959. *Studies in African Music*. 2 vols. London: Oxford University Press.

Blacking, John. 1955. "Some Notes on a Theory of African Rhythm Advanced by Erich von Hornbostel." *African Music* 1(2): 12–20.

メリアム，アラン・P. 1980『音楽人類学』（藤井知昭・鈴木道子訳）東京：音楽之友社。

Merriam, Alan P. 1959. "African Music." In William Bascom and Melville Herskovits, eds. *Continuity and Change in African Culture*. Chicago: University of Chicago Press, 49–86.

Chernoff, John M. 1979. *African Rhythm and African Sensibility: Aesthetics and Social Action in African Musical Idioms*. Chicago: University of Chicago Press.（Chap.2）

Locke, David. 1982. "Principles of Offbeat Timing and Cross-Rhythm in Southern Eve Dance Drumming." *Ethnomusicology* 26(2): 217-246.

Pantaleoni, Hewitt. 1972. "Three Principles of Timing in Anlo Dance Drumming." *African Music* 5(2): 50-63.

Kauffman, Robert. 1980. "African Rhythm: A Reassessment." *Ethnomusicology* 24(3): 393-415.

Agawu, Kofi. 1995. *African Rhythm: A Northern Ewe Perspective*. Cambridge: Cambridge University Press. (Chap.7)

ンケティア，クワベナ 1989『アフリカ音楽』（龍村あや子訳）東京：晶文社．

塚田健一 2014『アフリカ音楽学の挑戦――伝統と変容の音楽民族誌』世界思想社。（第4章）

Brandel, Rose. 1959. "The African Hemiola Style." *Ethnomusicology* 3(3): 106-116.

Jones, Arthur M. 1954. "African Rhythm." *Africa* 24: 26-47.

第二章

クービック，ゲルハルト 1986『人間と音楽の歴史――東アフリカ』東京：音楽之友社。（序論）

Kubik, Gerhard. 1960. "The Structure of Kiganda Xylophone Music." *African Music* 2(3): 6-30.

Kubik, Gerhard. 1962. "The Phenomenon of Inherent Rhythms in East and Central African Instrumental Music." *African Music* 3(1): 33-42.

Kubik, Gerhard. 1994. *Theory of African Music*, vol. 1. Wilhelmshaven: Florian Noetzel Verlag. (Chap.1)

Jones, Arthur M. 1959. *Studies in African Music*, vol.1. London: Oxford University Press. (Chap.1 & Chap.9)

Jones, Arthur M. 1954. "East and West, North and South." *African Music* 1(1): 57-62.

Jones, Arthur M. 1949. *African Music in Northern Rhodesia and Some Other Places*. The Occasional Papers of the Rhodes-Livingstone Museum No.4. Livingstone: Rhodes-Livingstone Museum. (Chap.2)

塚田健一 2014『アフリカ音楽学の挑戦――伝統と変容の音楽民族誌』世界思想社。（第5章及び第12章）

塚田健一 2000『アフリカの音の世界――音楽学者のおもしろフィールドワーク』東京：新書館。（第3章）

Kubik, Gerhard. 2010. *Theory of African Music*, vol. 2. Chicago: University of Chicago Press. (Chap.6)

King, Anthony. 1960. "Employments of the 'Standard Pattern' in Yoruba Music." *African Music* 2(3): 51-54.

Kubik, Gerhard. 1972. "Oral Notation of Some West and Central African Time-Line Patterns." *Review of Ethnology* 3(22): 169-176.

Vansina, Jan. 1969. "The Bells of Kings." *Journal of African History* 10(2): 187-197.

Kubik, Gerhard. 1998. "Intra-African Streams of Influence." In Ruth M. Stone, ed. *The Garland Encyclopedia of World Music*, vol. 1: *Africa*. New York: Garland, 293-326.

Vansina, Jan. 1995. "New Linguistic Evidence and 'the Bantu Expansion'." *Journal of African History* 36: 173-195.

Ehret, Christopher. 2001. "Bantu Expansion: Re-envisioning: A Central Problem of Early African History." *The International Journal of African Historical Studies* 34(1): 5-40.

Phillipson, David W. 1977. *The Later Prehistory of Eastern and Southern Africa*. London: Heinemann. (Chap.8)

Kubik, Gerhard. 2008. "Zur Mathematik und Geschichte der afrikanischen time-line Formeln." In Albrecht Schneider, ed. *Systematic and Comparative Musicology: Concepts, Methods, Findings*. Frankfurt am Main: Peter Lang, 359-398.

Waterman, Richard A. 1948. "'Hot' Rhythm in Negro Music." *Journal of the American Musicological Society* 1: 24-37.

White, Bob W. 2002. "Congolese Rumba and Other Cosmopolitanisms." *Cahiers d'études africaines* 168: 663-686. (http://etudesafricaines.revues.org/161 アクセス：2015/07/25)

Mukuna, Kazadi wa. 1998. "Latin American Musical Influences in Zaïre." In Ruth M. Stone, ed. *The Garland Encyclopedia of World Music*, vol.1: *Africa*. New York: Garland, 383-388.

ムクナ，カザディ・ワ 1993「コンゴリーズ」（塚田健一訳），S・セイディ編『ニューグローヴ世界音楽大事典』第七巻，東京：講談社，145-147。

Mukuna, Kazadi wa. 1992. "The Genesis of Urban Music in Zaïre." *African Music* 7(2): 72-84.

Brandel, Rose. 1961. *The Music of Central Africa: An Ethnomusicological*

Study. The Hague: Martinus Nijhoff. (Chap.2 & Chap.4)

Brandel, Rose. 1959. "The African Hemiola Style." *Ethnomusicology* 3(3): 106-116.

ンケティア，クワベナ 1989『アフリカ音楽』（龍村あや子訳）東京：晶文社。（第 12 章）

Agawu, Kofi. 2003. *Representing African Music: Postcolonial Note, Queries, Positions*. New York: Routledge. (Chap.4)

Senghor, Leopold. 1956. "African-Negro Aesthetics." *Diogenes* 16: 23-38.

Merriam, Alan P. 1981. "African Musical Rhythm and Concepts of Time-Reckoning." In Thomas Noblitt, ed. *Music East and West: Essays in Honor of Walter Kaufmann*. New York: Pendragon Press, 123-141. Reprinted in Alan P. Merriam (1982), *African Music in Perspective*. New York: Garland, 443-461.

Kauffman, Robert. 1980. "African Rhythm: A Reassessment." *Ethnomusicology* 24(3): 393-415.

Agawu, Kofi. 1995. *African Rhythm: A Northern Ewe Perspective*. Cambridge: Cambridge University Press. (Chap.1)

第三章

Burchell, William J. 1824. *Travels in the Interior of Southern Africa*, vol.2. London: Longman. (Chap.16) (http://repository.up.ac.za/bitstream/handle/2263/17283/010_p400-449.pdf　アクセス：2015/07/25)

Bowdich, Thomas Edward. 1966 (1819). *Mission from Cape Coast Castle to Ashantee*. London: Frank Cass. (Chap.10)

Wallaschek, Richard. 1970 (1893). *Primitive Music*. New York: Da Capo Press. (Chap.4)

Hornbostel, Erich M. von. 1928. "African Negro Music." *Africa* 1: 30-62.

Jones, Arthur M. 1949. *African Music in Northern Rhodesia and Some Other Places*. The Occasional Papers of the Rhodes-Livingstone Museum No.4. Livingstone: Rhodes-Livingstone Museum. (Chap.2)

Jones, Arthur M. 1959. *Studies in African Music*, vol.1. London: Oxford University Press. (Chap.9 & Chap.10)

Kubik, Gerhard. 1968. *Mehrstimmigkeit und Tonsysteme in Zentral- und Ostafrika*. Österreichische Akademie der Wissenschaften. Wien: Hermann Böhlaus Nachfolger. (Teil I-III)

Kubik, Gerhard. 1994. *Theory of African Music*, vol.1. Wilhelmshaven: Florian Noetzel Verlag. (Chap.3)

Kubik, Gerhard. 1986. "A Structural Examination of Homophonic Multi-Part Singing in East and Central Africa." *Anuario Musical* 39/40: 27-58.

Blacking, John. 1967. *Venda Children Songs*. Johannesburg: Witwatersrand University Press. (Chap.4)

Berliner, Paul. 1978. *The Soul of Mbira: Music and Traditions of the Shona People of Zimbabwe*. Berkeley: University of California Press. (Chap.2)

Kirby, Percival. 1932. "The Recognition and Practical Use of the Harmonics of Stretched Strings by the Bantu of South Africa." *Bantu Studies* 6(1): 30-46.

Kirby, Percival. 1968 (1934). *The Musical Instruments of the Native Races of South Africa*. 2nd edition. Johannesburg: Witwatersrand University Press. (Chap.8 & Chap.9)

塚田健一 2014『アフリカ音楽学の挑戦――伝統と変容の音楽民族誌』京都：世界思想社。(第 6 章)

第四章

Krabill, James R. 2014. "Culturally Appropriate Music: Lessons Learned from Mission History in Africa." *Mission Frontiers*, September 2014 issue. (http://www.missionfrontiers.org/issue/article/culturally-appropriate-music アクセス：2015/07/25).

Schellenberg, Murray. 2009. "Singing in a Tone Language: Shona." In Akinloye Ojo and Lioba Moshi, eds. *Selected Proceedings of the 39th Annual Conference on African Linguistics: Linguistic Research and Language in Africa*. Somerville, MA: Cascadilla Proceedings Project, 137-144.

Jones, Arthur M. 1959. *Studies in African Music*, vol. 1. London: Oxford University Press. (Chap. 10).

Agawu, Kofi. 1988. "Tone and Tune: The Evidence for Northern Ewe Music." *Africa* 58(2): 127-146.

Blacking, John. 1967. *Venda Children Songs*. Johannesburg: Witwatersrand University Press. (Chap.4).

Herzog, George. 1934. "Speech-Melody and Primitive Music." *Musical Quarterly* 20(4): 452-466.

Schellenberg, Murray. 2012. "Does Language Determine Music in Tone

Languages?" *Ethnomusicology* 56(2): 266-278.
Schneider, Marius. 1969 (1934). *Geschichte der Mehrstimmigkeit: Historische und Phänomenologische Studien*. Tutzing: Hans Schneider.
Schneider, Marius. 1943-1944. "Phonetische und Metrische Korrelationen bei Gesprochenen und Gesungenen Ewe-Texten." *Archiv für Vergleichende Phonetik* 7(1/2): 1-15.
Hornbostel, Erich M. von. 1928. "African Negro Music." *Africa* 1: 30-62.
塚田健一 2014『アフリカ音楽学の挑戦――伝統と変容の音楽民族誌』京都：世界思想社。(第 6 章)
ザックス，クルト 1969『音楽の起源』(皆川達夫・柿木吾郎共訳) 東京：音楽之友社。(第 1 章)
ザックス，クルト 1970『音楽の源泉――民族音楽学的考察』(福田昌作訳) 東京：音楽之友社。(第 5 章)
小泉文夫 1958『日本伝統音楽の研究 1――民謡研究の方法と音階の基本構造』東京：音楽之友社。(第 3 章)

第五章

Carrington, John F. 1949. *Talking Drums of Africa*. London: Carey Kingsgate Press. (Chap.1-Chap.4)
Betz, R. 1976 (1898). "Die Trommelsprache der Duala." In Thomas A. Sebeok and D. J. Umiker-Sebeok, eds. *Speech Surrogates: Drum and Whistle Systems*. The Hague: Mouton, 158-258.
川田順造 1988『聲』東京：筑摩書房。(第 5 章)
横道萬理雄・蒲生郷昭 1978『口唱歌大系――日本の楽器のソルミゼーション』東京：CBS・ソニー。OOAG 457-461. レコード解説書。
塚田健一 2014『アフリカ音楽学の挑戦――伝統と変容の音楽民族誌』京都：世界思想社。(第七章)

第六章

小泉文夫 1958『日本伝統音楽の研究 1――民謡研究の方法と音階の基本構造』東京：音楽之友社。(第 2 章)
Jones, Arthur M. 1959. *Studies in African Music*, vol.1. London: Oxford University Press. (Chap.2)
大林太良他編 1998『民族遊戯大事典』東京：大修館書店。(第 2 部)

第七章

Jones, Arthur M. 1934. "African Drumming." *Bantu Studies* 8: 1-16.
吉田憲司 1992『仮面の森――アフリカ・チェワ社会における仮面結社，憑依，邪術』東京：講談社。（第3章）
塚田健一 1992「絡み合う音の世界――ニャウの太鼓」『たいころじい』6: 14-19.

CD 資料

『Kenichi Tsukada & Ryuichi Sakamoto Selections: Traditional Music in Africa』Commmons : Schola vol.11（日本語 CD ブック）東京：エイベックス。
『南米の黒人音楽――神々への讃歌』Nonesuch WPCS-5243.
『驚異のイリンバ・アンサンブル』JVC VICG-5011.

付録音源一覧

下記の音源は，すべて著者のフィールド録音によるものである。本文中に音源マークを付して、聴くことのできる音源の該当箇所を記した。下記の一覧において、楽譜番号に＊のついたものは，楽譜と同一曲であるが，楽譜のもととなった音源ではないことを示している。また，◎印のついたものは楽譜を掲載していない参考音源で，本文で触れている箇所の頁数を併記した。なお，[ ] 内にそれぞれの音源の録音時期と録音場所を示した。

音源は、右のQRコードを読み取るか、http://www.ongakunotomo.co.jp/useful/africa/ と入力して、音楽之友社ウェブサイト特設ページより、ストリーミング再生またはダウンロードすることができる。なお、特設ページは、音楽之友社ウェブサイトの『アフリカ音楽の正体』のページからもアクセスできる。

第1章　ポリリズム

楽譜1-5　日の入りの歌［1984/2，サクテンバ村（ザンビア，チャブマ地方)］

第2章　綾をなす太鼓のリズム

◎　宮廷太鼓合奏フォントムフロム（p.50-51)［1993/9，ケープコースト（ガーナ，中部州)］

◎　太鼓合奏曲ムウォコロの標準リズム型C（p.63)［1994/9，カザカ村（ザンビア，カボンポ地方)］

楽譜2-6A　ルヴァレ人の記憶法「カニケ・ムンデホ・スンガモ」［1983/11，カフワレ村（ザンビア，チャブマ地方)］

第3章　豊饒なハーモニー

◎　第二ハーモニー文化クラスターの合唱（p.109)［1982/9，チサカララ村(ザンビア，チャブマ地方)］

楽譜3-18A　トゥワララ・クチホンゴの歌唱旋律［1983/11，カフワレ村（ザンビア，チャブマ地方)］

楽譜3-18B　トゥワララ・クチホンゴの歌唱旋律［1984/2，サクテンバ村（ザンビア，チャブマ地方)］

楽譜3-21*　サウォノ［1983/11，カフワレ村（ザンビア，チャブマ地方)］

第 4 章　旋律の妙

楽譜 4-2　トゥワララ・クチホンゴの呼唱旋律［1984/2，サクテンバ村（ザンビア，チャブマ地方）］
楽譜 4-4A　トゥワララ・クチホンゴの即興旋律［1984/2，サクテンバ村（ザンビア，チャブマ地方）］
楽譜 4-4B　トゥワララ・クチホンゴの即興旋律［1984/2，サクテンバ村（ザンビア，チャブマ地方）］
楽譜 4-7　ルヴァレ人のククーワ歌謡「カンゴングウェ」［1983/11，カフワレ村（ザンビア，チャブマ地方）］

第 5 章　トーキング・ドラム

楽譜 5-2　メッセージの太鼓打奏［1993/9，シウドゥ村（ガーナ，ケープコースト）］
楽譜 5-3　太鼓ことばの口唱歌（1）［1993/9，シウドゥ村（ガーナ，ケープコースト）］
楽譜 5-4　太鼓ことばの口唱歌（2）［1993/9，シウドゥ村（ガーナ，ケープコースト）］
楽譜 5-5　マチャキリの打奏［1994/9，カザカ村（ザンビア，カボンポ地方）］

第 6 章　わらべうた

楽譜 6-3*　カンガ・ナカンガ［1983/11，カフワレ村（ザンビア，チャブマ地方）］
楽譜 6-4　ナングフワ・ウィシ［1995/9，カフワレ村（ザンビア，チャブマ地方）］
楽譜 6-5　ンバングレーヌ［1995/9，カフワレ村（ザンビア，チャブマ地方）］
楽譜 6-8　チイェンガ［1995/9，カウンダ広場（ザンビア，ルサカ）］
楽譜 6-10　カンクルウェ［1995/9，カウンダ広場（ザンビア，ルサカ）］

第 7 章　太鼓合奏

楽譜 7-1　太鼓合奏曲ングワイ［机上模擬太鼓によるデモンストレーション］
　A　第一パターン
　B　第二パターン
楽譜 7-2　ングワイの合奏［机上模擬太鼓によるデモンストレーション］
　A　第二奏者の「入り」
　B　合奏

楽譜 7-3　太鼓合奏曲ムウォコロ［1995/9，カフワレ村（ザンビア，チャブマ地方）］

A　高音太鼓パターン

B　中音太鼓パターン

C　低音太鼓パターン

D　ミカカジ・パターン

E　合奏

楽譜 7-4　太鼓合奏曲チヤンダ［1995/9，カフワレ村（ザンビア，チャブマ地方）］

A　高音太鼓パターン

B　中音太鼓パターン

C　低音太鼓パターン

D　ミカカジ・パターン

E　合奏

楽譜 7-5　ニャウの太鼓合奏［1985/3，ベルファスト・クイーンズ大学（イギリス）］

A　ンビティ・パターン

B　ケレム・パターン

C　サンピンゴ・パターン

D　ングンダ・パターン

E1　合奏

E2　マスター・ドラム演奏付き合奏

F　マスター・ドラムの即興演奏

楽譜出典

＊原典の楽譜は，必要に応じて記載の仕方を変更している場合がある。
＊本出典に表示されていない楽譜は，すべて著者の採譜によるオリジナル楽譜である。

楽譜 1-1. Hornbostel, Erich M. von. 1928. "African Negro Music." *Africa* 1: 50.
楽譜 1-2. Jones, Arthur M. 1934. "African Drumming." *Bantu Studies* 8: 14.
楽譜 1-3. Blacking, John. 1955. "Some Notes on a Theory of African Rhythm Advanced by Erich von Hornbostel." *African Music* 1(2): 18.
楽譜 1-4A&B. Agawu, Kofi. 1995. *African Rhythm: A Northern Ewe Perspective*. Cambridge: Cambridge University Press, p.191.
楽譜 1-5. 塚田健一 2014『アフリカ音楽学の挑戦——伝統と変容の音楽民族誌』京都：世界思想社，p.84.
楽譜 1-6. グラウト，D. J. 1969『西洋音楽史＝上』（服部幸三・戸口幸策共訳）東京：音楽之友社，p.180.
楽譜 1-7. セイディ，S. 編 1994『ニューグローヴ世界音楽大事典』第 16 巻，東京：講談社，p.255.
楽譜 1-8. *W. A. Mozart: Klaviersonaten* Band II. München: G. Henle Verlag, p.178-179.
楽譜 1-9.『演歌・歌謡集——スタンダード・ベスト 100』東京：国際楽譜出版社，p.152.
楽譜 2-1. Kubik, Gerhard. 1962. "The Phenomenon of Inherent Rhythms in East and Central African Instrumental Music." *African Music* 3(1): 34.
楽譜 2-2. Kubik, Gerhard. 1962. "The Phenomenon of Inherent Rhythms in East and Central African Instrumental Music." *African Music* 3(1): 35.
楽譜 2-3. J. S. Bach: *Das Wohltemperierte Klavier*, Teil I. München: G. Henle Verlag, p.8.
楽譜 2-5 A&B. Kubik, Gerhard. 2010. *Theory of African Music*, vol. 2. Chicago: University of Chicago Press, p.65 & p.61.
楽譜 2-6 B&C. Kubik, Gerhard. 2010. *Theory of African Music*, vol. 2. Chicago: University of Chicago Press, p.65 & p.72.
楽譜 2-6 D. Kubik, Gerhard. 1972. "Oral Notation of Some West and Central African Time-Line Patterns." *Review of Ethnology* 3(22): 169.

楽譜2-7. Waterman, Richard A. 1948. "'Hot' Rhythm in Negro Music." *Journal of the American Musicological Society* 1: 28.

楽譜2-10 A, B&C. Kubik, Gerhard. 2008. "Zur Mathematik und Geschichte der afrikanischen time-line Formeln."In Albrecht Schneider, ed. *Systematic and Comparative Musicology: Concepts, Methods, Findings*. Frankfurt am Main: Peter Lang, p.392.

楽譜2-13 A&B. Brandel, Rose. 1961. *The Music of Central Africa: An Ethnomusicological Study*. The Hague: Martinus Nijhoff, p.74.

楽譜3-1. Burchell, William J. 1824. *Travels in the Interior of Southern Africa*, vol.2. London: Longman, p.438. (http://repository.up.ac.za/bitstream/handle/2263/17283/010_p400-449.pdf)

楽譜3-2. ンケティア，クワベナ 1989『アフリカ音楽』（龍村あや子訳）東京：晶文社，p.166.

楽譜3-3. ヴリーゲン，ロベルト 1961『ポリフォニーに見る歓び——9世紀より16世紀までの多声音楽史』東京：音楽之友社，p.34.

楽譜3-4. ンケティア，クワベナ 1989『アフリカ音楽』（龍村あや子訳）東京：晶文社，p.167.

楽譜3-6. 塚田健一 2014『アフリカ音楽学の挑戦——伝統と変容の音楽民族誌』京都：世界思想社，p.152.

楽譜3-7 A&B. Kubik, Gerhard. 1994. *Theory of African Music*, vol.1. Wilhelmshaven: Florian Noetzel Verlag, p.172.

楽譜3-8 A&B. Kubik, Gerhard. 1994. *Theory of African Music*, vol.1. Wilhelmshaven: Florian Noetzel Verlag, p.174.

楽譜3-11 A, B&C. Blacking, John. 1967. *Venda Children Songs*. Johannesburg: Witwatersrand University Press, p.109.

楽譜3-11 E. Blacking, John. 1967. *Venda Children Songs*. Johannesburg: Witwatersrand University Press, p.168.

楽譜3-13. Kubik, Gerhard. 1994. *Theory of African Music*, vol.1. Wilhelmshaven: Florian Noetzel Verlag, p.181.

楽譜3-15. Kirby, Percival. 1932. "The Recognition and Practical Use of the Harmonics of Stretched Strings by the Bantu of South Africa." *Bantu Studies* 6(1): 35.

楽譜3-16 A&B. Kirby, Percival. 1968 (1934). *The Musical Instruments of the Native Races of South Africa*. 2nd edition. Johannesburg: Witwatersrand University Press, p.224.

楽譜3-16 C. Kirby, Percival. 1968 (1934). *The Musical Instruments of the Native Races of South Africa.* 2nd edition. Johannesburg: Witwatersrand University Press, p.241.

楽譜3-17 A&B. 塚田健一 2014『アフリカ音楽学の挑戦――伝統と変容の音楽民族誌』京都：世界思想社, p.152.

楽譜3-18 A&B. 塚田健一 2014『アフリカ音楽学の挑戦――伝統と変容の音楽民族誌』京都：世界思想社, p.146.

楽譜3-21. 塚田健一 2014『アフリカ音楽学の挑戦――伝統と変容の音楽民族誌』京都：世界思想社, p.162.

楽譜3-22 A&B. 塚田健一 2014『アフリカ音楽学の挑戦――伝統と変容の音楽民族誌』京都：世界思想社, p.140.

楽譜4-1. Jones, Arthur M. 1959. *Studies in African Music*, vol.2. London: Oxford University Press, pp.11-12.

楽譜4-2. 塚田健一 2014『アフリカ音楽学の挑戦――伝統と変容の音楽民族誌』京都：世界思想社, p.147.

楽譜4-3. 後藤裕編 2001『プロフェッショナルコース　全音歌謡曲大全集(9)』東京：全音楽譜出版社, p.455.

楽譜4-4 A&B. 塚田健一 2014『アフリカ音楽学の挑戦――伝統と変容の音楽民族誌』京都：世界思想社, p.146.

楽譜4-5. Schneider, Marius. 1943-1944. "Phonetische und Metrische Korrelationen bei Gesprochenen und Gesungenen Ewe-Texten." *Archiv für Vergleichende Phonetik* 7(1/2): 11.

楽譜4-6. Hornbostel, Erich M. von. 1928. "African Negro Music." *Africa* 1: 42.

楽譜4-7. 塚田健一 2014『アフリカ音楽学の挑戦――伝統と変容の音楽民族誌』京都：世界思想社, p.149.

楽譜4-8. 小泉文夫 1958『日本伝統音楽の研究 1――民謡研究の方法と音階の基本構造』東京：音楽之友社, p.156.

楽譜4-9. 小泉文夫 1958『日本伝統音楽の研究 1――民謡研究の方法と音階の基本構造』東京：音楽之友社, p.162.

楽譜5-1. Betz, R. 1976 (1898). "Die Trommelsprache der Duala." In Thomas A. Sebeok and D. J. Umiker-Sebeok, eds. *Speech Surrogates: Drum and Whistle Systems.* The Hague: Mouton, p.163.

楽譜6-1 A&B. 小泉文夫 1958『日本伝統音楽の研究 1――民謡研究の方法と音階の基本構造』東京：音楽之友社, pp.112-113.

楽譜6-2. 山本文茂他 2012『高校生の音楽 1』東京：音楽之友社, p.72.

楽譜6-3. 塚田健一 2014『アフリカ音楽学の挑戦——伝統と変容の音楽民族誌』京都：世界思想社，p.156.

楽譜7-1 A&B. Jones, Arthur M. 1934. "African Drumming." *Bantu Studies* 8: 2.

楽譜7-2 A, B&C. Jones, Arthur M. 1934. "African Drumming." *Bantu Studies* 8: 2-3.